Louis E. Bumgartner

JOSÉ DEL VALLE DE AMÉRICA CENTRAL

Traducción de Octavio Rubén Sánchez Barrientos

ERANDIQUE
COLECCIÓN

TEGUCIGALPA, HONDURAS, DICIEMBRE DE 2024

ÍNDICE

NOTA DEL EDITOR

En palabras del traductor de este libro, Octavio Sánchez, "es la mejor obra que hasta hoy se ha escrito sobre Valle y Centroamérica en los períodos inmediatamente anteriores y posteriores a 1821".

Y agrega: "Creo que la traducción de José del Valle de Bumgartner no podía continuar esperando, pues no solo muestra a un hombre que con su ejemplo nos enseña que la vida es una lucha constante en contra de la mediocridad, sino que, además, nos introduce en una región que tuvo todo para contar, desde su creación, con un pujante cuerpo social capaz de sacarle lo mejor a los cuernos de la abundancia".

Leer a Valle, decían dos de los más grandes estudiosos de la obra y vida del Sabio (Ramón Oquelí y Matías Funes), es un deber de todos los hondureños.

Lamentablemente, El Prócer, por decisión de las autoridades políticas, ha permanecido enclaustrado, lejos de su pueblo. Y no es casualidad o una decisión fortuita.

Pero eso, por fortuna, se acabó.

Comprometidos en nuestra misión de aportar al rescate de la memoria histórica y al fortalecimiento de la identidad nacional, Colección Erandique publica *José del Valle de América Central*, que se suma a otras dos obras sobre El Sabio: Soñaba el abad de San Pedro y yo también sé soñar; y Honduras, Bolívar, Napoleón y otros escritos.

En menos de un año, hemos puesto al alcance de los lectores hondureños una trilogía sobre José Cecilio del Valle. Y estamos seguros de que vendrán más publicaciones.

Ojalá que para el 2024 los hondureños puedan conocer un poco más del pensamiento de grandes hondureños que, como Valle, hicieron de la política una herramienta al servicio del bien común.

Esto nos demuestra que la política y la ética sí pueden caminar de la mano. El aporte de Octavio Sánchez a la bibliografía nacional

1

es invaluable. Nuestro aplauso para él por su iniciativa de hacer todo lo posible para que el libro de Louis E. Bumgartner viera la luz en español allá por 1997, es decir, hace veintiséis años.

Bastante tiempo ha pasado desde entonces. Sin embargo, muchas cosas siguen igual… para desgracia de un país que merece mejor suerte.

Es como si nos hubiéramos detenido en el tiempo. Increíblemente, las palabras del traductor no pierden validez.

"Cuando escribo estas líneas, la nación hondureña cree vivir uno de los peores momentos de toda su historia. El país no mira un horizonte y quienes nos gobiernan, o quienes pueden llegar a gobernarnos, no tienen idea de lo que hay que hacer con Honduras".

Pero aún podemos hacer mucho por Honduras. Todavía hay esperanza.

Con ese sentimiento de optimismo, el equipo de Colección Erandique (Ingeniero José, Tesla Rodas, Jéssica Cordero, Andrea Rodríguez, Juan Pagoaga, Zona Creativa y Robert Henry), continuará trabajando para que obras como *José del Valle de América Central* estén al alcance de los lectores a un precio cómodo.

…Y yo también sé soñar. En este caso, ese sueño es que muchos hondureños descubran a Valle a través de este libro.

Óscar Flores López

NOTA DEL TRADUCTOR

JOSÉ CECILIO DEL VALLE, MÁS QUE UN HOMBRE, UNA FUNCIÓN

"La mano más poderosa no tiene imperio sobre el pensamiento; y mientras haya en el Globo un sólo hombre que piense, las ideas de este hombre se irán dilatando por toda la tierra".

José Cecilio del Valle

[1]

Cuando sin muchas dificultades Centroamérica conquista su independencia en 1821, pocos hombres la soñaron como una democracia. Casi todos sus ciudadanos, incluyendo los más ilustres, creyeron que una variedad de la autocracia -muy cercana a Iturbide y el Imperio Mexicano- nos llevaría a realizarnos como nación.

Nuestra Acta de Independencia no fue más que la declaración unilateral de un puñado de habitantes de la Ciudad de Guatemala quienes, para preservar sus privilegios y disminuir el descontento popular, decidieron que lo más conveniente era pronunciarse en favor de la independencia, convocar a un congreso por medio del cual decidir sobre la suerte de nuestras naciones y permitir que continuara gobernando el mismo Capitán General que España nos había dado.

Al inicio no se vislumbra la intención de cumplir con los principales puntos del Acta, ni ánimo de mejorar las condiciones generales de la población o de permitir siquiera que la mayoría los ciudadanos de estas tierras, y no unos pocos, decidieran el destino de Centroamérica. Es hasta algunos meses después, cuando ya estando creadas todas las condiciones materiales para permitir la anexión formal a México, que un excepcional hombre nacido en el sur de Honduras comienza a hablar de la necesidad de respetar el contenido del Acta de Independencia para que todos los ciudadanos, representados en un Congreso, decidieran la suerte de la nación.

A pesar de que ese hombre nunca fue un demócrata verdadero, su experiencia personal en la actividad política de la República Federal lo llevó a creer que sólo permitiendo a los pueblos escoger libremente a sus gobernantes la nación progresaría, los ciudadanos se educarían y se alejarían de nuestra realidad política juegos tan sucios como aquel que impidió que en 1824 se convirtiera en Presidente de Centroamérica.

Ese hombre nació el 22 de noviembre de 1777 y su vida entera giró en torno al cumplimiento de la función de pensar por el país. Durante los cincuenta y seis años que Don José Cecilio del Valle tuvo para amar, escribir y pensar sobre su entorno trató de comprenderlo y de sentar las bases para que las dificultades se resolvieran. La pobreza de nuestro espíritu evitó que se realizara como gobernante, pero no impidió que se realizara como ser humano y que descubriera que la felicidad sólo puede alcanzarse en el trabajo constante, en el hecho de sentirse útil y partícipe necesario para la buena marcha del entorno en el que habitamos.

Con la mejor intención de iniciar una sana discusión en torno a nuestro rico pasado intelectual -que desgraciadamente contrasta con una pobre tradición empresarial y democrática- comprometí mi tiempo con la traducción del libro de Louis E. Bumgartner "Jose del Valle of Central America".

A mi juicio, esta es la mejor obra que hasta hoy se ha escrito sobre Valle y Centroamérica en los períodos inmediatamente anteriores y posteriores a 1821. Creo que la traducción del Valle de Bumgartner no podía continuar esperando, pues no solo muestra a un hombre que con su ejemplo nos enseña que la vida es una lucha constante en contra de la mediocridad, sino que, además, nos introduce en una región que tuvo todo para contar, desde su creación, con un pujante cuerpo social capaz de sacarle lo mejor a los cuernos de la abundancia.

Cuando escribo estas líneas, la nación hondureña cree vivir uno de los peores momentos de toda su historia. El país no mira un horizonte y quienes nos gobiernan, o quienes pueden llegar a gobernarnos, no tienen idea de lo que hay que hacer con Honduras.

El cuerpo de esta ubérrima tierra, que vio la creación del calendario maya, el más perfecto que civilización alguna haya ingeniado, se encuentra paralizado. Todo nos hace pensar que estamos frente al inicio de una gran crisis apocalíptica, casi todo alimenta la desesperanza; pero unos pocos aún creemos que sólo el severo estudio de nuestra realidad, pasada y presente, puede hacernos ver un horizonte y devolvernos la esperanza.

Fue don Ramón Oquelí, uno de los hondureños que más muestras ha dado de creer en la idea de que estudiándonos vamos a encontrar el buen camino, quien por primera vez me habló de la existencia de esta completísima obra sobre la vida de uno de los más notables hombres que ha producido Honduras. Hace casi tres años me di cuenta de que en 1963 Louis E. Bumgartner había publicado la más completa biografía de Don José Cecilio del Valle, el personaje que a través de la política y la palabra bien expresada, pretendió evitar que Centroamérica desperdiciara la más clara oportunidad de sentar las bases de una sólida democracia, comprometida con la realización del hombre en un ambiente de libertad, seguridad jurídica y constante progreso socioeconómico. En 1994 me impresioné al saber que durante casi diez años Bumgartner había dedicado su vida a estudiar la realidad de la región en que vivió "el más inteligente de los centroamericanos." Igualmente sorprendido quedé al darme cuenta que esa investigación tenía muy pocas cosas en común con las ideas que de aquel período se nos transmiten en las aulas de nuestra patria.

El José Cecilio del Valle que nos muestra Bumgartner es un humano al que los apremios judiciales de su padre -que tenía un litigio pendiente con su hermana, la madre de Dionisio de Herrera-le llevan casi por accidente a la Capital de la Capitanía General. Sin ser esa la intención de sus padres, esa forzada permanencia en Ciudad Guatemala hizo que el joven Valle descubriera la vocación que definiría su vida. Gracias a ese incidente judicial, el escudo de los Valle, más allá de sus grandilocuentes pretensiones, encontró alguien en quien realizarse.

Con detalles poco conocidos, Bumgartner nos describe un mundo cruel, nacido de la discriminación y la pobreza, pero que a través de sus universidades supo crear un entorno inteligente capaz de insuflar de genio creador a varias de las luces más brillantes de la América. La Universidad de San Carlos de Borromeo en la que se educa Valle, no tenía nada que envidiarles a las mejores universidades de la Europa del siglo XVIII. En ella se pensaba, se escribía y se discutía con propiedad y rigor académico sobre los grandes temas del momento, tanto de la ciencias sociales como de las ciencias perfectas.

Nos muestra además un Valle, que si bien nunca se sintió hondureño, jamás se sintió guatemalteco, pues la discriminación y el desprecio de que fue objeto hicieron que constantemente recordara su origen, y todos sus esfuerzos y sus luchas las tuvo que dar para probar que ni él ni sus paisanos eran menos que otros habitantes de la Capitanía General.

También nos enseña que al igual que muchos otros hombres que han creído en un mañana mejor para la región, Valle sintió la frustración de vivir en un lugar en el que se irrespeta el talento, en donde ser ladrón o ser honrado no viene al caso, en donde tener una buena recomendación vale más que estar excepcionalmente capacitado, y eso le hizo buscar durante muchos años su salida de Centroamérica. Para suerte nuestra nunca pudo salir de la Centroamérica colonial. Para desgracia nuestra pocas cosas han cambiado, todavía hay familias y hombres que creen ser dueños del país, todavía hay gente que cree que la mejora radical en las condiciones de vida y educación de nuestra población no les favorece porque se acabarían sus privilegios.

Cuando llegó la independencia Valle demostró toda su habilidad política. Creó las bases para la independencia, defendió el Estado de derecho y la libertad de decisión de nuestros pueblos, nos separó de México e infructuosamente buscó convertirse en el primer presidente de una nación que necesitaba de la sensatez de un sabio.

A lo largo de su vida probó ser un hombre de lealtades y pasiones. Fue leal a la corona cuando debía serlo, fue leal a la independencia y a la República cuando estaba obligado a hacerlo, pero ante todo fue leal a su conciencia. Esa lealtad para consigo mismo lo llevó diariamente a estudiar con pasión la política, la economía, la literatura y todo aquello que en dieciocho horas de actividad diaria se pudiera estudiar. Esa lealtad hizo que nunca se traicionara a sí mismo y le abrió las puertas de la historia, es la que le permitió sentarse en la misma mesa con los otros gigantes de nuestra república.

Meditó sobre el futuro de América y la vio como la han visto muchos: rica, fuerte, culta, desarrollada y justa. Pero lo que lo hizo diferente, y lo que hizo diferentes sus meditaciones, es nuestra certeza de que en los albores de nuestra existencia como nación él era el único que sabía cómo llevarnos a materializar esa visión.

Hoy se ha perdido mucho de su legado. Ya quedan pocos o no queda ninguno, con posibilidades reales de convertirse en gobernante, que estudie con tanta pasión y devoción la realidad humana y natural de su pueblo. Pocos desean sacrificarse y esforzarse como él lo hizo, pareciera que a los aspirantes de hoy sólo les interesa enriquecerse y ofender con sus riquezas mal habidas a un país que resalta por tener una de las poblaciones más pobres del planeta.

¿Pero qué podemos hacer quienes todos los días nos levantamos con la convicción de que este país cuenta con todos los recursos materiales y humanos para ser radicalmente diferente? No nos queda más que trabajar con amor y sin descanso, leer y estudiar a los pocos hombres de nuestra historia que resisten cualquier prueba. A Francisco Morazán -quien es quizá el primero en creer en la democracia- hombre cuyas convicciones personales lo impulsaron a convertirse en el héroe y mártir de un movimiento que buscaba acabar con los privilegios coloniales, otorgarle más libertades y poder de decisión a los ciudadanos. No podemos menos que comprometernos con los ideales liberales de Rosa; con la vida sencilla y ejemplar de Juan Manuel Gálvez, el único presidente de este siglo que ha sabido que la presidencia es un cargo para mortales y no para dioses.

Sólo buscando en los cimientos sobre los que se ha edificado nuestra realidad, es que podremos asumir la gran responsabilidad que tenemos por delante, la responsabilidad de mantener viva nuestra democracia. ¿Cuántas veces ha llamado la democracia a nuestras puertas? Desde nuestra independencia lo ha hecho muchas veces, pero hasta 1980 siempre terminábamos pidiéndole que se marchara. El 23 de abril de 1980 la democracia nuevamente llamó a nuestra puerta, con recelo, con desgano y con la convicción de que su visita sería pasajera, le permitimos entrar en nuestras vidas.

Para mí y para quienes nacimos o crecimos viviendo en una democracia limitada y llena de imperfecciones no puede haber marcha atrás. Todos nuestros inseguros pasos deben ser hacia adelante y para no tropezar, debemos tener la convicción de que ya otros se esforzaron tanto como lo tendremos que hacer nosotros, y este libro recoge la vida de uno de los mejores ejemplos de esos ciudadanos que se esforzaron antes que nosotros.

Para terminar, reconozco haber adquirido una deuda moral con mi padre, el Dr. Octavio Rubén Sánchez Midence, por haberse tomado el tiempo de corregir el borrador completo de esta traducción; con don Fernando Cruz, por haber corregido los primeros capítulos de esta obra derivada; con Roberto Castillo, por haberme recordado la vieja meta de traducir la mejor biografía que hasta hoy se haya escrito de uno de los más completos estadistas de toda nuestra historia; con la Editorial de la Universidad de Duke y con Kathy Helen viuda de Bumgartner, por haber autorizado la traducción de tan valioso libro; con Juan Ramón Martínez, Segisfredo Infante, Mario Argueta y Eliseo Pérez Cadalso, por sus consejos y apoyo; con Darío Euraque, por interesarse en la obra, por contactar a la viuda de Bumgartner y por enviar la fotografía y la biografía de Bumgartner; con Louis E. Bumgartner por enamorarse de nuestro prócer y demostrarnos que lo bueno vale más que lo malo; y por último, con Ramón Oquelí Garay, por sus consejos y valiosos aportes, pero sobre todo, por pasar mostrándome un José Cecilio del Valle que inspira a cualquiera a trabajar y a estudiar hasta el cansancio, en la lucha por la realización de un ideal.

Tegucigalpa, M.D.C., Honduras, 1997

Octavio Rubén Sánchez Barrientos

PREFACIO

Como sujeto de investigación histórica José del Valle comienza a despertar interés tras la publicación de su primera biografía por parte de Ramón Rosa, en la década de los ochenta del siglo diecinueve. A inicios de la primera década de este siglo Rómulo Durón edita un volumen de las obras y documentos de Valle, y en 1929, José del Valle y Jorge del Valle Matheu -descendientes directos de Valle- publican dos tomos más con sus escritos, incluyendo buena parte de uno de sus periódicos, El Amigo de la Patria. A estas sobresalientes obras Rafael Heliodoro Valle (sin parentesco alguno con José del Valle) añade un volumen sobre los escritos de Valle, otro con correspondencia entre Valle y Jeremías Bentham, y una bibliografía de las obras de y sobre Valle. El Profesor John Tate Lanning, en su Academic Culture in Spanish Colonies (1940), fue el primero en ver la importancia de las tesis de grado de los estudiantes de la Universidad de San Carlos durante la colonia, y al presentar sus descubrimientos, fue el primero en analizar la tesis de Valle. Escudriñando la mayoría de estas obras, el Profesor Franklin Dallas Parker publicó en inglés un estudio sobre Valle (1952 y 1954), y recientemente Juan Valladares Rodríguez ha editado algo de la correspondencia inédita de Valle.

En el otoño de 1952, en busca de tema para mi tesis doctoral, comencé a leer lo que se había publicado acerca de Valle. Al terminar, me quedaron dos impresiones: (1) Que Valle era un personaje difícil de caracterizar al estar inadecuadamente vinculado a la historia de su época por la escasa evidencia; y, (2) Que a menos que descubriera nueva información, no contribuiría con nada significativo. Motivado por el multifacético Valle y animado por mi insistente director de tesis, continué con el tema. En 1954 recibí una beca de investigación que me permitió trabajar en el Archivo General del Gobierno de Guatemala y hacerme de materiales en la Ciudad de México. Después de varios meses, por primera vez comencé a ver con claridad lo que estaba detrás del aliento recibido. Los manuscritos del Archivo y los documentos inéditos de Valle me aseguraron que otro trabajo sobre el prócer, lejos de ser repetitivo, lo presentaría como una figura diferente y contribuiría de manera significativa a la historia de su tiempo.

En el transcurso de los últimos diez años he recibido más ayuda de la que podré devolver a lo largo de una vida. Mi deuda más grande es con el Dr. John Tate Lanning Profesor de Historia James B. Duke en Duke University. Él sugirió el tema a investigar, me enseñó como hacer la investigación y protegiéndome de mi inexperiencia, revisó el manuscrito.

El Dr. Robert S. Smith, Profesor de Economía en Duke University, me facilitó su amistad con el bisnieto de Valle, el finado Jorge del Valle Matheu quien, al igual que su antepasado, deja una rica herencia intelectual a sus hijos, Marta y Mario. A mis amigos Marta y Mario, a su tía Luz del Valle y a otros descendientes de Valle, incluyendo a la encantadora Beatriz -la de los ojos grandes-, con quienes tengo una deuda de gratitud por su gentileza que fue más allá de la cortesía ordinaria, su casa literalmente se convirtió en la mía. En ella, día tras día y semana tras semana trabajé los documentos de Valle.

Al Profesor J. Joaquín Pardo, Director del Archivo General del Gobierno de Guatemala, quien tuvo conmigo toda la gentileza y cortesía imaginables, poniendo frente a mi manuscritos que había catalogado veinte años atrás y otros que aún esperaban su mano segura. Al equipo de la Biblioteca Nacional de Guatemala que me auxilió de todas las formas posibles, a Don Héctor Samayoa, Investigador del Instituto de Antropología e Historia de Guatemala, quien muchas veces vino en mi auxilio. A Don Manuel Rubio Sánchez, economista de primera categoría, quien me ayudó a encontrar muchos de los libros necesarios, y al Señor José Luis Reyes, antiguo Bibliotecario de la Sociedad de Geografía e Historia de Guatemala, quien amablemente buscó y facilitó raros ejemplares.

Al Dr. Maury Baker, Profesor de Historia en Kent State University, y a los Profesores William B. Hamilton, Harold T. Parker y Richard L. Watson, miembros del Departamento de Historia de Duke University con quienes estoy en deuda por su estímulo y gentileza. Al Dr. Frederic B. M. Hollyday, Profesor Asistente de Historia en Duke University, quien me dio la ventaja de poder contar con sus apreciaciones en muchos puntos, y al Profesor Cecil Abernethy, Decano del Birmingham-Southern College, quien leyó y criticó el primer capítulo. El que mi libro aparezca en este momento se debe en gran parte a mi finado amigo y colega, el Profesor Henry T. Shanks.

Una beca de investigación de la Convención de Buenos Aires me permitió investigar en Guatemala y México en 1954-1955; una beca y licencia del Birmingham-Southern College me permitieron regresar a Guatemala en 1958 y pasar el trimestre de primavera de 1960 preparando el manuscrito; y el Southern Fellowships Fund me permitió completar el manuscrito el siguiente verano. Con su acostumbrada gentileza, la Biblioteca de Duke University puso dinero a mi disposición para microfilmar y la Biblioteca de Birmingham-Southern no escatimó esfuerzos o gastos en la obtención de materiales que eran indispensables.

Me sentiría aliviado si pudiera compartir las insuficiencias de mi libro con aquellos cuya generosidad lo hicieron posible. Pero sin mucho ánimo debo asumirlos todos.

Louis E. Bumgartner

CAPÍTULO UNO:
EDUCACIÓN Y FAMILIA

[1]

El 5 de junio de 1825, el diplomático británico George A. Thompson visita la casa de José del Valle en la Ciudad de Guatemala para informarse sobre varios asuntos de la recién creada Federación Centroamericana. A su llegada, Valle conversa con algunos visitantes sobre intrincados asuntos financieros. Tras despedirse de ellos deseándoles un buen viaje le muestra a Thompson su biblioteca. Valle se sienta en una pequeña mesa de escribir "profusamente cubierta de manuscritos y papeles impresos" e inicia una desordenada búsqueda de la información prometida. Su huésped, un erudito amigo de los libros, tiene tiempo para observar el ambiente que rodea a su anfitrión[1]. No deja de impresionarle la biblioteca. Observa que la misma esta "tan atestada de libros, no solo a lo largo de las paredes, sino también amontonados en el piso, que con dificultad pudimos abrirnos paso". Aún más impresionante es la delgada figura del "Cicerón andino",[2] nombre con que Thompson bautiza a Valle, quien doblado sobre su mesa de escribir busca entre aquella montaña de papeles. Sus ojos oscuros, sombreados contra la luz por unas cejas aún más oscuras y ligeramente arqueadas, saltan de documento en documento. Su raleado cabello negro peinado hacia enfrente, quizá en deferencia a su tendencia a la calvicie, hace que su vasta frente parezca menos

---

[1] George A. Thompson, Narrative of an Official Visit to Guatemala from Mexico (Londres, 1829), pp. 208-209. (En adelante referido como Thompson, Narrative of an Official Visit.) Tiempo atrás Thompson escribe un trabajo titulado "Bosqueo [sic] del presente estado de Guatemala". El 4 de agosto envía una "copia del prefacio" a Valle. El manuscrito es enviado a Inglaterra el 21 de julio de 1821. Ver Thompson a Valle, Ciudad de México, 4 de agosto de 1821, Documentos de Valle.

[2] Thompson, Narrative of an Official Visit, pp. 208-209.

conspicua contrastando agradablemente con la elegancia y sencillez de su vestimenta habitual: camisa blanca, cuello alto, corbata de terciopelo blanco y traje negro finamente confeccionado.[3] Para Thompson, Valle "está rodeado de todo lo que delata la manía de los que escriben: pruebas de imprenta, en cuartos y octavos, abiertos o señalados con tiras de papel anotadas, esparcidas en profusión sobre la mesa". Valle comienza a entregarle a Thompson "papel tras papel y documento tras documento" hasta que, como confiesa después, "quedé saciado con solo mirarlos". Valle, por el contrario, parece tener "un desenfrenado apetito intelectual".[4]

El "Cicerón andino" (¿Quién discute con un caballero inglés por un centenar de millas de la geografía americana?) al momento en que recibe la visita de Thompson está en sus cuarentas y a la mitad de la que será la década más productiva de su vida. Thompson hubiese quedado igualmente impresionado quince años atrás, cuando el Capitán General Antonio González Mollinedo y Saravia, Jefe del Gobierno Real en la colonia, reporta en tono de desaprobación que Valle esta "perseverando en sus estudios al punto de poner en peligro su salud".[5] Su deseo de aprender, como Thompson y González sugieren, es un tema principal a lo largo de toda su existencia. Sus libros son secundarios tan solo a su familia en acaparar su amor y estimación. Durante el viaje que hace a la Ciudad de México en 1822 para unirse a Iturbide, una de sus pequeñas hijas llega a escribir: "Cada día, nuestra primera labor es limpiar tus libros".[6]

Esos libros, escritos en cinco idiomas y comprados en Madrid,

---

[3] La descripción física de Valle no proviene del trabajo de Thompson; es una descripción hecha por el autor, basado en retratos.

[4] Thompson, Narrative of an Official Visit, pp. 208-209.

[5] Documentos de Valle. La cita es de la carta (sin fecha y sin dirección) de recomendación escrita por González en favor de Valle. (En adelante referido como González recomienda a Valle).

[6] De Nela del Valle para Valle, 18 de junio de 1822. Documentos de Valle.

París, Londres y Nueva York sirven desde muy temprano para empujar las "exigencias" intelectuales de Valle más allá de sus requerimientos como Abogado. Por ellos, comienza a ver su profesión como tediosa, cansada, intelectualmente asfixiante, y en consecuencia, irritante. En respuesta a sus amargas quejas, su primo Dionisio de Herrera le aconseja: "Tus ideas, tu disposición y tu carácter son completamente contrarias a la profesión que has escogido. Mientras continúes en ella, no tendrás la independencia, paz y tranquilidad que tan celosamente deseas". En vez de contemplar "los grandes fenómenos naturales" y en vez de estudiar las causas de la "grandeza y decadencia de los imperios" que puede serte de ayuda en la "creación de algo útil para la humanidad" tú "matas seis horas" trabajando en "tediosos escritos de puras trivialidades". Finalmente, eso te deja "cansado y sin energías para perseguir tus deseos". "Pero mi José", le consuela su primo, "no debes tener la más mínima duda de que tus haciendas pueden proveerte de los medios necesarios para apartarte de tú práctica como Abogado, hasta para hacerte rico".[7] Su primo Dionisio sabe de lo que habla, él mismo llega a convertirse en Presidente de Honduras y Nicaragua.

[2]

Como sugiere su primo Dionisio, las haciendas son una parte importante en la vida de Valle. Las haciendas, sin duda más que los libros, dominan las conversaciones que escucha de niño. Pláticas sobre los trabajos de los indios, sobre los esclavos negros, el precio del ganado y las curtiembres, la calidad del queso, la dificultad del transporte, y los peligros de la peste para el hombre y la bestia son los asuntos que dominan las pláticas de hombres como el padre de

---

[7] De Dionisio de Herrera para Valle, Tegucigalpa, 7 de junio de 1812. Documentos de Valle.

Valle, quien hereda más haciendas que libros.[8] Esas haciendas están cerca de Choluteca, Honduras, en la costa del Pacífico, no lejos del Golfo de Fonseca.

La historia de Choluteca, al igual que la de muchos grandes pueblos y ciudades de América Latina, es anterior a la llegada de los conquistadores. El momento preciso en que los primeros españoles logran arribar a esa aldea indígena es vago e impreciso, pero un cúmulo de evidencia sugiere que tres de los más valientes españoles se detienen ahí: Pedrarias Dávila, Pedro de Alvarado y el elocuente Bernal Díaz del Castillo.[9] Más tarde los españoles, probablemente en respuesta a las sugerencias de sus secas y polvorientas gargantas, cambian el nombre a Jerez de la Frontera, pero el nombre indígena permanece. Después de medio siglo de la llegada de los españoles Choluteca cuenta con tan solo "treinta habitantes españoles".[10] A pesar de ello, la presencia de españoles se reduce a diez en los siguientes veinte años.[11] A inicios del siglo diecisiete, las pintorescas y encantadoras crónicas de un fraile carmelita traen una nota de optimismo. Choluteca cuenta entonces con "unos 60 españoles residentes" en 1613, sin embargo, "no más de 30 viven en el pueblo mismo", el que ahora cuenta con una "iglesia parroquial",

---

[8] Archivo General del Gobierno de Guatemala (en adelante referido como AGG), A1.43 (sección), 3242 (expediente), 348 (legajo). Recurso de José Antonio Díaz del Valle, residente en Tegucigalpa, sobre la mortual de su padre, José del Valle (en adelante referido como Recurso sobre la mortual de su padre).

[9] Bernal Díaz del Castillo, The True History of the Conquest of New Spain, editado y publicado en México por Genaro García, traducido por Alfred Percival Maudslay, impreso por Hakluyt Society (5 Vols.; Londres, 1908-1916), V, 118-119. Para obtener más información concerniente a los orígenes de Choluteca, ver Jorge Lardé y Larín, "Orígenes de la villa de Choluteca", Revista del Archivo y Biblioteca Nacional de Honduras, XXIV (1946), 103-105; 484-485.

[10] Juan López de Velasco, Geografía y descripción universal de las Indias, (Madrid, 1894), p. 300.

[11] Juan de Pineda, "Descripción de la provincia de Guatemala, año 1594", Relaciones históricas y geográficas de América Central (Colección de Libros y Documentos Referentes a la Historia de América, VIII; Madrid, 1908), p. 467.

así como con un "convento mercedario". La mayoría de los españoles se gana la vida en "grandes haciendas de ganado vacuno y mular".[12] Para el siglo dieciocho, Choluteca es conocida a lo largo de toda la colonia por su excelente "crianza de mulas", pero más aún por "su variada crianza de buen ganado".[13]

Un 22 de noviembre de 1777, Choluteca se convierte en la cuna de José del Valle, o como se le nombra al ser bautizado, de José Cecilio Díaz del Valle.[14] Es "hijo legítimo de José Antonio Díaz del Valle y Gertrudis Díaz del Valle".[15] Desde cuando menos 1731, la familia Valle ha sido de hacendados que en Choluteca representan la clase de personas que hicieron posible que el imperio español en

---

[12] Antonio Vázquez de Espinosa, Compendium and Description of the West Indies, traducido por Charles Upson Clark (Smithsonian Miscellaneous Collection, CII; Washington, 1942), p.23.

[13] AGG, A1.17.1, 13999,2020. Autos formados sobre la real cédula para que esta real audiencia, con la brevedad y reserva posible, remita una relación individual de los corregimientos y alcaldías mayores de este reino (1763).

[14] Es fuente de satisfacción el que mis dudas acerca de la fecha tradicionalmente dada al nacimiento de Valle hayan podido ser desvanecidas por el descubrimiento de su acta de nacimiento. Ver Juan Valladares Rodríguez, ed., El pensamiento económico de José Cecilio del Valle (Tegucigalpa, 1958), p. ii. (en adelante referido como Valladares, ed., Valle.) El registro de la muerte de Valle (Archivo de la Catedral de Guatemala [en adelante referido como ACG]. Libro de entierros de la Parroquia Sagrario de Guatemala, 1816-1870) dice: "En 2 de marzo de 1834, José del Valle muere a la edad de cincuenta y siete años." Esta información fue presentada por Louis E. Boumgartner en, "José Cecilio del Valle: Central American Savant" (disertación doctoral inédita, Universidad de Duke, 1956), p. 22.

[15] Archivo y Biblioteca Nacional de Honduras (en adelante referido como ABNH). Relación de los ejercicios literarios, grados, títulos y méritos patrióticos de Don José del Valle, Auditor Honorario de Guerra del Ejército y provincias de Guatemala (en adelante referido como Títulos y méritos). El autor agradece al Profesor John Bergmann, Departamento de Geografía, Universidad de Alberta, por una fotocopia de la copia que conservaba Ramón Rosa de la relación de méritos de Valle. Una copia aparece en Revista del Archivo y Biblioteca Nacional de Honduras, I (abril, 1905), 309-312. Los padres de Valle son primos en primer grado. Ver ACG, Libro de matrimonios de 1729 a 1821, Parroquia del Sagrario, 12 de octubre de 1812 (en adelante referido como Libro de matrimonios). Sus padres reciben permiso para casarse. Ver Valladares, ed., Valle, p. iv.

América, que iba desde el Río Ruso en California hasta el Estrecho de Magallanes, tuviese una sociedad estable por más de trescientos años. Los Valle son criollos -españoles nacidos en América- que mantienen su pureza racial. Como tales ocupan una posición, en esa sociedad con conciencia de clase, solamente subordinada a los peninsulares -quienes venían de España- al momento de prestar servicios a la Corona. Pero los criollos son subordinados y las leyes coloniales generalmente los excluyen de ciertos cargos tales como los de: Virrey, Gobernador, Capitán General y el alto clero. Esas posiciones son consideradas del dominio exclusivo de los nacidos en España. Los criollos desempeñan posiciones menores en la audiencia,[16] el ayuntamiento[17] y la Iglesia. Como funcionarios intermedios dominan la mayoría de los cargos reales en la administración colonial. De igual importancia, son quienes proporcionan el soporte económico de la sociedad española en América. A diferencia de los peninsulares, quienes anticipan su retorno a España, el hogar del criollo es América. Naturalmente, trataron de hacer de su hogar un sitio tan confortable y próspero como les fue posible, y en el esfuerzo contribuyeron significativamente a la prosperidad del Imperio. El criollo cría ganado, cura y embarca el cuero; opera las minas, produce añil, vende el cacao y provee un nuevo mercado para bienes manufacturados.

José del Valle y sus ascendientes caben a la perfección dentro de esa tradición. El bisabuelo de Valle llega de España en el año de 1700. En 1731 participa en la subasta de cargos y compra el de

---

[16] La audiencia es el cuerpo jurídico y administrativo más importante de las colonias españolas. Frente a ciertas circunstancias también tenía facultades legislativas. En Guatemala, la capitanía general, es el más alto cargo en la colonia, quien a su vez ocupa la presidencia de la audiencia.

[17] El ayuntamiento, además de servir de cabildo municipal, también tenía funciones de corte. El cargo es subastado hasta la promulgación de la Constitución de Cádiz en 1812.

alférez mayor de la Villa de Choluteca.[18] Como alférez mayor, es un importante miembro del ayuntamiento, comanda a los milicianos en tiempos de peligro y porta el estandarte municipal en las ceremonias oficiales.[19] Considerando la propensión española al esplendor y la pomposidad, la suya no es una tarea trivial. Su hijo, el abuelo de Valle, también es alférez mayor, y en uno u otro momento, ocupa casi todos los cargos del gobierno local. Incluso, encuentra tiempo para dirigir a los legos de su parroquia. En todos esos cargos "desempeña sus funciones con toda fidelidad, realizando todas las labores que requería el servicio" a la Corona[20]. El padre de Valle no desempeña cargo alguno, pero Valle ocupa casi todos los cargos importantes a los que puede aspirar un criollo. La principal

---

[18] AGG, A1.23, 4609 (legajo), fol. 7. Copias de títulos y reales cédulas de los años de 1731 hasta el de 1737. La venta de un cargo no se perfecciona hasta obtener confirmación real, la que toma cinco años en arribar. La confirmación de José Antonio, debido a la turbulenta etapa Europea que le toca vivir, jamás es recibida, causándole problemas en Choluteca. Sin embargo, para 1742 parece tener resuelto esto. Para un relación del problema, ver AGG, A3.10, 1729, 178. Capitán José Díaz del Valle, regidor de la Villa de Choluteca [sic], pide que se le otorgue el título al oficio de Alférez Real (1736); A3.10, 3561, 193, fol. 26. Títulos y méritos de José Díaz del Valle. José Díaz del Valle, abuelo de Valle, también fue alférez mayor. Sus archivos contienen información del bisabuelo de Valle, pues fue necesario acreditar que el cargo estaba vacante. Para información concerniente a la venta del cargo de alférez mayor, ver J.H. Parry, "The Sale of Public Offices in the Spanish Indies under the Hapsburgs", Ibero-Americano, XXXVII (1953), 7. Sobre la necesidad de confirmación real para los cargos puestos en venta, ver Antonio de León Pinelo, Tratado de confirmaciones de encomiendas, oficios i casos, en que se requieren para las Indias Occidentales (2 vols. Madrid, 1630), II, capít. 15, fol. 146; Recopilación de las leyes de los reynos de las Indias (3 vols. Madrid, 1791), lib. 4, tít. 10, ley 4. Valladares (ed., Valle, p. iii) señala que los primeros ascendientes de Valle que arriban a América desde España lo hacen aproximadamente en el año de 1700.

[19] Parry, "Sale of Public Offices in the Spanish Indies under the Hapsburgs," Ibero-Americano, XXXVIII (1953), 7.

[20] AGG, A3.10, 3561, 193, fol. 26. Títulos y méritos de José Díaz del Valle. Otros cargos desempeñados por el abuelo de Valle fueron los de: alcalde de la Santa Hermandad, dos años; síndico de procurador, dos años; alcalde ordinario, cuatro años; y también fue capitán de la milicia.

ocupación de los ascendientes de Valle fue la crianza de ganado[21] con la que se proveía mucha de la carne consumida en el Reino de Guatemala[22], nombre con el que frecuentemente se llama a la colonia española en Centroamérica. Valle rompe con la ocupación tradicional de su familia, pero no de manera completa. En el curso de su vida es dueño de cuando menos cuatro haciendas. Su habilidad para administrarlas refleja el conocimiento adquirido en su juventud. Las mismas contribuyen sustancialmente a que alcance la independencia financiera necesaria para tener una carrera como funcionario de la Corona, ser servidor público, y especialmente, para llegar a ser un hombre de letras.

Presumiblemente su decisión de seguir una carrera diferente es

---

[21] El bisabuelo de Valle es propietario de cuando menos una hacienda, "San Antonio" (33 caballerías), misma que adquiere en 1745 mediante hipoteca de 630 pesos. Los intereses de la hipoteca son retenidos por el Convento de la Merced. La misma está localizada en el valle de Guanule [Sic] e incluye "un obraje de labrar tinta añil." Además, en el litigio que abarca "San Antonio", al bisabuelo de Valle se le acredita el título de Maestre de Campo. Ver AGG, A1.15, 1818, 181. Francisco Estrada con Don José Antonio Díaz del Valle sobre la propiedad de la hacienda nombrada San Antonio (1780-1782). José Antonio fue el padre de Valle. Durante la disputa sobre la hacienda, son presentadas las escrituras de propiedad. Valladares (ed. Valle, p. iii) escribe que el bisabuelo de Valle posee otras cinco haciendas. La propiedad sobre dos de las cinco, "Pavana" y "Tapatoca", puede ser confirmada por el hecho de que pertenecieron al abuelo de Valle; además fueron motivo de discordia entre el padre y la tía de Valle. Ver AGG, A1.43, 3242, 348. Recurso sobre la mortual de su padre. La propiedad de otras dos haciendas, "Ola" y "Santa Bárbara", puede confirmarse por el hecho de que también pertenecieron a Valle.

Nota del Traductor: Posiblemente la hacienda "San Antonio" no se encontraba localizada en el valle llamado Guanule -del que nada se conoce- sino a inmediaciones de cualquiera de estos dos ríos: Guale o Guaule y Guasaule, en el municipio de El Triunfo, Choluteca. Ver Monografía del Departamento de Choluteca, Biblioteca de la Sociedad de Geografía e Historia, (Tegucigalpa, 1933), pág. 65. Por otro lado, en el Índice General de Títulos de Tierras que se encuentra en el Archivo Nacional aparece registrada una una propiedad con ese nombre en el valle de Guasaule, Distrito de El Corpus, Choluteca.

[22] Valentín Solórzano Fernández, Historia de la evolución económica de Guatemala, (México, 1947), p. 82. (en adelante referido como Solórzano Fernández, Historia económica de Guatemala.)

inspirada por el deseo de su padre de proveer una educación para su hijo. No había escuelas que merecieran ese nombre en la provincia de Comayagua, donde Choluteca está localizada, pero la Ciudad de Guatemala, la capital de la Capitanía General, podía vanagloriarse de tener una universidad tan buena académicamente como cualquier otra de América. Hacia 1789 el padre de Valle, José Antonio Díaz del Valle, se muda de Choluteca[23]. Valle ingresa a la Universidad de San Carlos de Guatemala en 1790 o 1791[24]. Con todo, la educación de su hijo no es la única razón que obliga a José Antonio a arrancar las profundas raíces de los Valle en Choluteca.

Hacia finales de la década de los ochentas del siglo XVIII, José Antonio encuentra que Choluteca se está volviendo un lugar desagradable para vivir, esto debido en gran parte a una disputa con su hermana Paula y el esposo de esta, Juan Jacinto Herrera, quien es hijo de una rica e influyente familia de la misma población[25]. Los problemas comienzan tras la muerte del padre de Paula y José Antonio. Pese a que Paula es aún menor de edad decide casarse con Herrera. Normalmente una unión como esa es bendecida, pues ambos son criollos y miembros de familias ricas e influyentes. Pero

---

[23] Ramón Rosa, José Cecilio del Valle (Obras de José Cecilio del Valle, ed. José del Valle y Jorge del Valle Matheu, 2 vols.: Ciudad de Guatemala, 1929-1930), I, xiii. La biografía de Rosa sobre Valle fue publicada en los 1880's y comprende la primera parte del Volumen I de las Obras, que en su mayoría contiene escritos de Valle. En adelante, cuando la cita se refiera a la biografía dirá Rosa, José Cecilio del Valle (Obras); cuando la cita sea de un documento, aparecerá Valle y Valle Matheu, eds., Obras. La biografía de Valle también aparece en la edición de Rafael Heliodoro Valle de Oro de Honduras. Antología de Ramón Rosa (Tegucigalpa, 1948). Para evitar confusiones, las citas se refieren a la edición de Valle y Valle Matheu.

[24] Un estudiante normalmente obtenía su bachillerato en tres años. Ver John Tate Lanning, The University in the Kingdom of Guatemala (Ithaca, New York, 1955), p. 205. (en adelante referido como Lanning, University).

[25] Los documentos claramente establecen este parentesco, pero Juan Valladares (Revista del Archivo y Biblioteca Nacional de Honduras, XXVIII, [1950], 385) lo confirma con el registro del nacimiento de Dionisio de Herrera, hijo de Paula y Juan Jacinto.

José Antonio, un hombre legalista que hace las veces de guardián de Paula, se rehúsa a bendecir los planes de matrimonio. Atrapada en la redes de un amor de juventud, Paula desatiende la autoridad de su hermano. Esa negativa puede ser vista como un incidente menor de fácil resolución, pero hay otros problemas de por medio. José Antonio alega que el real "oficio del 23 de marzo de 1776 y la cédula real del 7 de abril de 1778" han sido violentados,[26] y esa contravención es un asunto muy serio.

Esos decretos reales tratan sobre el matrimonio. Una sección declara que un menor necesita permiso de su padre para poder formalizar esa unión. Si el padre está muerto, se faculta al pariente varón más cercano para conceder o negar dicho permiso. Un matrimonio sin permiso -ante los ojos de las leyes españolas y de la Iglesia Católica- es inexistente y el menor que violentase esos decretos corre el riesgo de perder derechos tales como el de herencia. Al momento en que Paula contrae matrimonio con Herrera aún no se había arreglado el asunto de la herencia de su padre. Legalmente, su derecho podía ser puesto en duda pero, determinada a tener su parte, es hábilmente respaldada cuando no empujada, por su esposo, quien emplea su influencia tanto en Choluteca como en los círculos de poder de la provincia para causar a José Antonio un problema legalmente interminable.

José Antonio planeaba conservar la herencia hasta que Paula cumpliera veinticinco años, momento en que la dividiría "de una manera amigable y fraterna" pero "inmediatamente comienza a tener problemas con su cuñado". Después de la boda, cuando enferma el

---

[26] AGG, A1.15, 1821, 182. Autos de José Díaz del Valle con Manuel Batres y Juan Manrique sobre la venta de la hacienda nombrada Santa Cruz, perteneciente a los bienes de Juan Félix Briceño (en adelante referido como Santa Cruz). Esta fue una disputa sobre una hacienda que el padre de Valle pensó haber comprado. Herrera le causa problemas y el padre de Valle utiliza cuestiones familiares en un esfuerzo por desacreditar el alegato de Herrera. Los días específicos en que se emitieron los decretos reales pueden hallarse en José María Ots Capdequí, Instituciones sociales en la América española en el período colonial (La Plata, Argentina, 1934), pp. 120-122.

capataz de sus haciendas "Pavana" y "Tapatoca," José Antonio tiene que ir a León. En su ausencia, Paula comparece ante el juez de la localidad de Choluteca y solicita permiso para poner a su capataz a cargo. El juez que no tiene "competencia para actuar en el asunto", no solamente le permite poner a su capataz, sino que también le concede "una de las haciendas mencionadas". José Antonio, iracundo, se queja de haber sido "despojado por la fuerza de su propiedad" y exitosamente recurre ante el alcalde mayor del "distrito de Nacaome" bajo cuya competencia alega se encuentran situadas las haciendas. "Pero en la noche del mismo día," Juan Jacinto Herrera, con algunos "soldados y personas armadas", se apodera de ambas haciendas, sustituye a los trabajadores, pone a sus propios capataces a cargo y hace prisionero al capataz que trabaja para José Antonio sin más razón que la de "ser mi pobre empleado". Así, Juan Jacinto se convierte en "dueño y amo absoluto de las mencionadas haciendas" (Recurso sobre la mortual de su padre). Para contrarrestar la arbitraria acción de su "peor enemigo"[27], José Antonio solicita al juez de Choluteca, el mismo que previamente falla a favor de Paula, que haga justicia; pero sufre la "desventura" de "no ser escuchado" gracias al prejuicio de ese funcionario. "Creyendo que esta situación no continuaría ante el alcalde mayor de la provincia," apela infructuosamente ante ese real Tribunal. Su único recurso, entonces, es "darle poder" a un abogado en la Ciudad de Guatemala para que presente el caso ante la audiencia. En ese lugar pide que la propiedad le sea restablecida y que los bienes de su padre se dividan de acuerdo al juicio del alcalde mayor de Nacaome o cualquier "juez imparcial"[28]. De acuerdo a lúgubres costumbres el

---

[27] AGG, A1.15, 1821, 182. Santa Cruz.

[28] AGG, A1.43, 3242, 348. Recurso sobre la mortual de su padre. La petición fue presentada en septiembre de 1791. En el curso de la disputa sobre la herencia se revela que el abuelo de Valle muere en 1779 y que en ese momento el padre de Valle tiene "veinticuatro años y algunos meses de edad". Paula, aparentemente, nace el 25 de enero de 1756.

caso, que da inició en 1780, continúa y aparentemente no concluye sino hasta 1804, aunque los bienes son repartidos en 1788.

Mientras el pleito por la herencia continúa, José Antonio y Herrera se enfrascan en otros dos litigios[29]. Ambos expresan airados comentarios, de los cuales no pueden retractarse, desenterrando y avivando un escándalo que por muchos años estuvo latente. Asuntos como disputas sobre propiedades, un matrimonio sin el consentimiento del tutor y rivalidades familiares adquieren proporciones gigantescas en la pequeña población colonial. El pueblo toma partido y viejos amigos dejan de dirigirse la palabra. Si Herrera no está harto del asunto, José Antonio debe estarlo. Mudarse resulta la solución más clara. Además, su único hijo necesita educarse y la Ciudad de Guatemala posee las únicas facilidades adecuadas de la colonia.

[3]

Al entrar por vez primera a la Ciudad de Guatemala, los pensamientos del joven Valle deben haber oscilado entre la más oscura desesperación y el entusiasmo más exaltado. La Ciudad Capital no es nada agradable, aún para personas mucho menos sensibles que Valle. La destrucción provocada por los terremotos de 1773 obliga a trasladar la Ciudad de Guatemala de Antigua a su actual sitio. La sensación de seguridad y orden evocado por las iglesias, monasterios, la Universidad y el Palacio de la Capitanía General de la capital ahora en ruinas, da paso a los traumas de la mudanza y la reconstrucción. Es entonces cuando los depresivos, con su característico desánimo, capturan los reflejos de sus melancólicas imágenes en ciénagas y lodazales.

Cuando Valle arriba, la conmoción inicial ha pasado, pero algunos 20,000 o más de sus habitantes aún se dedican a la tediosa y

---

[29] AGG, A1.15, 1821, 182. Santa Cruz; A1.15, 1818, 181. San Antonio.

lenta tarea de construir piedra sobre piedra y viga sobre viga. Las calles aún están sin empedrar y durante la temporada lluviosa, muchas son casi intransitables. Edificios como el de la Universidad de San Carlos y el de la Catedral aún están sin terminar. Pero la sensación de urgencia y anticipación que los edificios a medio terminar demandan de los sentidos deben haber compensado cualquier ansia por Valle experimentada. ¿Y qué nuevo estudiante, especialmente de un pequeño pueblo como aquel del que venía Valle, no espera con entusiasmo sus primeras clases?

Mucha de la vida de Valle en la Universidad de San Carlos puede reconstruirse a través de la obra del Profesor John Tate Lanning. En un día normal encontraríamos a Valle vistiendo con ropa similar a la de sus compañeros. Las medias chillonas y pasamanerías doradas o bordadas no están permitidas. Si ante su espejo se siente tentado a lucir un copete o unas patillas, las reglas le hacen olvidar esa idea. Después de arreglar su cuello de estudiante (parte indispensable de su atuendo pues no estudia medicina), puede decidir entre vestir un manteo o una sotana. Si lo hace, los estatutos universitarios demandan que porte su bonete si va camino a alguna conferencia, a defender su tesis o bien a realizar sus ejercicios sabatinos. Debe haber sido lo suficientemente vanidoso como para portar un par de puños almidonados "costumbre inmemorial" y no contraria a la norma académica hasta 1798.

En clase, es poco probable que Valle se siente al lado de un negro, un mulato, o de una persona nacida fuera de matrimonio. Los negros y los mulatos son excluidos por su raza y su sangre y los ilegítimos por la "infamia" o cláusula de la deshonra a las normas establecidas. Aún así, pudo haber tenido por compañero a un indio, a un mestizo o a un hijo ilegítimo. Los indios, legal pero no económica ni socialmente, pueden matricularse; los bastardos y personas de sangre mezclada asisten por medio de procedimientos tortuosos, frecuentemente con la aprobación tácita de las autoridades universitarias.

Si el profesor decidía asistir a clases (aparentemente los maestros faltaban más que los alumnos), Valle, sin duda, debía prepararse para recibir dictado en latín durante media hora. Probablemente no tendría dificultad con eso, pues había estudiado latín en el Colegio Tridentino de la Ciudad de Guatemala antes de ingresar a San Carlos. También los numerosos libros en latín que encontramos en su biblioteca atestiguan de su dominio sobre esa lengua. Si, por casualidad tenía problemas para entenderlo, podía pedir una explicación en español o podía preguntar al profesor, quien después de despedir a la clase esperaba algunos minutos en la puerta para aclarar dudas.

A juzgar por su vida posterior, Valle pasa muchas horas de su vida como estudiante leyendo. Las bibliotecas universitarias y otras "bibliotecas de las colonias españolas son más numerosas y tienen más libros que otras en las colonias inglesas". La biblioteca de San Carlos no es la excepción a la tradición española. Cuando Valle es estudiante, la biblioteca tiene no menos de 5,578 libros que pertenecieron a los jesuitas antes de ser expulsados de las colonias españolas en 1767. Si no encuentra lo que busca en la Universidad, las bibliotecas de los monasterios están abiertas a quienes estudian seriamente. Suponer que esas bibliotecas estaban dedicadas en gran parte al dogma católico es tan válido como pensar que las bibliotecas de los colegios y universidades católicos de hoy están compuestas en su mayoría de obras sobre himnos y cánticos del siglo diecinueve.

Si los padres del joven Valle no estaban viviendo en la Ciudad de Guatemala[30], después de buscar lecturas suplementarias, debe pasar la noche en la casa de algún pariente o en alguno de los

---

[30] En 1794, el padre de Valle fue descrito como un "residente de Tegucigalpa" (AGG, A1.43, 3232, 348. Recurso sobre la mortual de su padre). Su madre parece que muere en 1795 (Valladares, ed., Valle, p. v). Pero en 1801 el padre de Valle está viviendo en Choluteca (José Antonio Díaz del Valle a Valle, Choluteca, 2 de septiembre de 1801, Documentos de Valle).

seminarios donde sus horarios estaban reglamentados por rígidos toques de queda dirigidos a reducir los alborotos universitarios y las "riñas callejeras y estudiantiles"[31]. Pero él se mantiene apartado y toma clases privadas de retórica, álgebra, geometría, literatura, inglés, francés e italiano. Además de sus estudios regulares en la Universidad, parece cierto suponer que le queda poco tiempo para travesuras estudiantiles. El toque de queda le molesta solo si significa tener que dejar de estudiar.

A pesar de las limitaciones físicas impuestas por el terremoto y el consiguiente traslado a una nueva ciudad, Valle no puede escoger un mejor momento para asistir a la Universidad. Fundada por decreto real en 1676[32], por más de un siglo, San Carlos solo puede ofrecer a sus hambrientos estudiantes los secos huesos del escolastismo que, como después se lamenta Valle, "hizo de esa respetable casa una habitación obscura donde no penetraba la luz sino envuelta en nieblas o confundida en exhalaciones pútridas"[33]. Las doctrinas filosóficas y eclesiásticas de los escolásticos -que guían a Francisco Vitoria en la formulación de sus humanitarias conclusiones sobre el derecho de España para colonizar América- degeneran, en casi todas las ramas del saber, en estériles controversias entre diferentes órdenes religiosas que defienden cada una su doctrina favorita. Valle, sin ninguna reserva, puede declarar que Guatemala antes de la Ilustración no es ni "un pueblo ignorante" ni "una capital ilustrada"; es un país que vive en el "error."

---

[31] Lanning, University, p. 199.

[32] John Tate Lanning, ed., Reales cédulas de la Real y Pontificia Universidad de San Carlos de Guatemala (Ciudad de Guatemala, 1954), pp. 22-30. (en adelante referido como Lanning, ed., Reales cédulas).

[33] "Elogio de Goicoechea," Valle, editado por Rafael Heliodoro Valle (El pensamiento de América, X; México, 1943), p. 210. Con este trabajo Rafael Heliodoro Valle pretende llamar la atención sobre Valle, reproduciendo en este volumen, con algunas excepciones, selecciones tomadas de Valle y Valle Matheu, eds. Obras. El autor, buscando la simplicidad, limita sus citas cuando el material es el mismo al trabajo de Valle y Valle Matheu.

Afortunadamente, al momento de su ingreso en 1790, la revolución intelectual en Guatemala está llegando a su punto culminante.

A la vanguardia de esta "feliz revolución de las ideas" como Valle cariñosamente la llama, está el buen franciscano[34], José Antonio Liendo y Goicoechea. En gran parte gracias a sus esfuerzos, con la rapidez que a los vientos alisios les toma traerlas del Continente a las colonias, las anticuadas nociones escolásticas criticadas por Valle dan paso a las ideas de la Ilustración. La transición del peripatetismo a la modernidad no deja de tener sus dificultades, pero el vencer obstáculos es un hábito en Goicoechea. Nacido en 1735, queda huérfano a la edad de nueve años y trece años después toma los hábitos franciscanos. Asiste a San Carlos cuando aún es un bastión de la escolástica, recibiéndose de Bachiller en Filosofía en 1767. Gracias a una mente inquisitiva y la rígida disciplina de su educación escolástica, Goicoechea se encuentra admirablemente preparado para recibir y absorber las ideas que vuelven inminente un sublime nuevo amanecer. Además de enseñar durante muchos años en San Carlos, encuentra tiempo para viajar a Europa y al final de su brillante carrera trabaja como misionero entre los indios de Centroamérica.

Algunas de sus cartas personales, escritas mientras sirve de misionero, revelan rasgos personales que permiten entender por qué se hace querer por Valle y por todos aquellos relacionados con la Universidad. En ocasiones escribe a sus amigos en verso, "para divertirme en mi tiempo libre". A sus setenta y un años de edad,

---

[34] Valle y Valle Matheu, eds., Obras, II, 14.

En un primer borrador (Documentos de Valle) de su "Elogio a Goicoechea," Valle escribe que los padres de Goicoechea son "Dn. Luis Fernando de Liendo y Goicoechea y Da. Baltasara Susa." Sin embargo, Lázaro Lamadrid no apoya esta tesis, Una figura centroamericana, Dr. Fr. José Liendo y Goicoechea, O.F. M. (San Salvador, 1948), p. 5. (en adelante referido como Lamadrid, Goicoechea.) En él se nombra a la madre como Baltasara Insa. Otra fuente de información sobre la vida de Goicoechea es de Virgilio Rodríguez Beteta, Evolución de las ideas (París, 1929).

después de caminar "seis horas con el agua hasta mis rodillas", explica que ha experimentado pocas incomodidades gracias a su "hábito de andar descalzo y mojar mis pies". Con compasión, comprensión y una dosis de anhelos utópicos, describe a los indios y su forma de vida: "le ofrecen a uno lo que tienen; nunca ridiculizan a nadie; y no beben con excepción de las fiestas, haciéndolo sin permitir que sus hijos lo hagan". A un indio casado con dos mujeres, le explica que la cuota cristiana solo permite una. El indio y sus esposas "rompieron en llanto", y Goicoechea casi "destruye su labor al estar a punto de unírseles". En una larga carta se opone firmemente al intento de abolir el método de vender licor, diciendo que el alcohol, "como todas las cosas buenas de la vida, tiene sus usos y abusos". Tomemos la Iglesia y las procesiones, por ejemplo. ¿Cuántas veces fueron usadas por los "jóvenes atolondrados" como "la ocasión más oportuna para admirar y ser admirados?". Resume su argumento, en el que presenta casi todos los puntos alegados durante nuestro "noble experimento," con un proverbio español: el alcohol debe estar "ni tan cerca que te abrases, ni tan lejos que te hieles".

Cuando Goicoechea comienza a enseñar en San Carlos, introduce la materia de física experimental, empleando los textos más modernos. Es bien sabido en la Universidad que "de paso" también enseña los principios de geometría, óptica, astronomía y geografía. En 1782 somete a consideración del Claustro de la Universidad un plan de estudios que, para los cursos de Filosofía, propone incluir "las grandes obras de la filosofía natural en boga en España, Francia, Italia, Alemania e Inglaterra en el siglo dieciocho". Valle, quien pronuncia su Elogio de Goicoechea poco tiempo después de la muerte del franciscano, no puede estar en mejores manos como estudiante de San Carlos.

Como candidato a un bachillerato en Filosofía, el joven Valle pasa tres años estudiando lógica y filosofía para poder ser examinado en "ceremonia pública", en la que defiende brillantemente su tesis. Escribe sobre cuestiones "generales" y "especializadas" de la Física. Discutiendo las propiedades generales de la materia, observa que un "cuerpo" está formado por diminutos átomos. Estos no son los mismos átomos a que los científicos de hoy en día hacen referencia, sino más bien se asemejan a los "corpúsculos magnéticos" de Pierri Gassendi (1592-1655). Valle también establece correctamente las reglas de la velocidad y del movimiento en relación a desplazamientos simples y compuestos de fuerzas en marcha. Implícitas en su explicación están las leyes formuladas por Kepler, Galileo y Newton. En el campo de la Mecánica, demuestra el principio del plano inclinado, correctamente postulado por Stevin (1548-1620), y el paralelograma de las fuerzas, diferenciado y formulado en su parte general por Newton. Valle ilustra tres palancas simples para ocuparse después de la combustión. Explica la combustión en términos de la "más sutil sustancia", el flogisto. La teoría del flogisto, inicialmente formulada por Joaquín Becker (1635-1682), define esa sustancia sutil como un ingrediente necesario en la combustión de toda materia. La teoría tiene una aceptación generalizada hasta que Pierre Lavoisier (1743-1794) presenta una nueva teoría en sus apuntes enviados a la Academia Francesa de Ciencia el primero de noviembre de 1772. A pesar de ello, Valle, gracias a sus maestros, no conoce o no acepta la teoría de Lavoisier, y curiosamente, continúa calculando incorrectamente la proporción del hidrógeno en el oxígeno curiosamente, porque Joseph Priestly (1733-1804) ha aislado el oxígeno en 1774, tan solo dos años después que Lavoisier ha presentado su teoría de la combustión. Pero mientras Valle y sus mentores luchan desde la ignorancia contra el sutil flogisto, un juez francés declara: "La República no necesita de científicos" y en 1794, el año en que Valle se recibe de Bachiller en Filosofía, Lavoisier muere en la guillotina. Valle concluye su tesis con una disertación sobre la electricidad, que en ese momento cautiva la imaginación de los científicos de todo el mundo. Comprende la naturaleza positiva y negativa de la electricidad y esta informado de las tesis de Jean Theopile Desagulier (1683-1744) sobre la capacidad de ciertos materiales para conducir electricidad, y sobre la incapacidad de otros, que como el vidrio, no lo pueden hacer. Menciona a Benjamín Franklin y explica el principio del pararrayos. Las declaraciones de Valle sobre los beneficios de la electricidad en el cultivo de vegetales indican su conocimiento de los experimentos del Abate Nollet. Finalmente, sugiere que los "fluidos eléctricos" tienen algunas propiedades curativas.

Su mención de los beneficios médicos de la electricidad evidencia la influencia del Dr. José Felipe Flores (1751-1824), quien es otro progresista miembro de la Universidad. Flores es conocido en círculos médicos de Europa Occidental y América. Es el último en graduarse de médico antes de que el terremoto destruya la vieja capital, lo que ayuda a convertirlo en el principal contribuyente a la ciencia médica y a la medicina de Guatemala. Inmensamente interesado en la electricidad, viaja a Europa para estudiar más de cerca el trabajo de Luigi Galvani (1737-1798) cuyas obras, descubre Flores, han avanzado muy poco desde que se comienzan a estudiar en San Carlos "en el año 90". Las inquietudes de Flores, como las de Goicoechea, no se limitan a una sola rama del saber. Mantiene a sus estudiantes de la clase de Anatomía al corriente, cuando no adelante, de los últimos avances que se dan en Europa. Para hacer sus lecciones más gráficas y comprensibles construye modelos de cera con partes removibles, y aunque nunca cree ser el primero en usarlas, escribe desde Francia a sus colegas en San Carlos para encargarles que cuiden bien de sus figuras anatómicas que no tienen paralelo "aún en París." Tan solo en Florencia observa algo comparable a sus esfuerzos; allí examina los trabajos del "Gran Fontana" (Abate Fontana, 1720-1805), quien "actualmente está haciendo figuras con partes removibles como las nuestras". Flores también esta vivamente interesado en encontrar una cura para la temible Viruela y aparentemente es en parte responsable de la salida de la expedición Balmis, la que lleva la vacuna de España a sus colonias llegando incluso hasta China.

Flores, al igual que Goicoechea, es un maestro de primera. Posee un entusiasmo contagioso por los estudios eruditos y un gusto por la vida que no disminuye ante los fracasos y las mezquindades humanas. Una carta escrita en París (13 de agosto de 1798) provee un ingenuo retrato del tipo de persona que ayuda a moldear el impresionable y fértil cerebro del joven Valle. Casi sin poder respirar de emoción, cuando no de fatiga, Flores escribe a un amigo que recién está regresando de su viaje a "Turín, Pavia, Milán, Parma, Modena, Bolonia, Florencia, Siena, Roma y Nápoles. Estuve dentro del cráter del Vesubio. Regresé a Roma y visité Loreto, Ancona, Ravena, Terrana, Padua, Venecia y finalmente Trieste, con el propósito de continuar a Viena, pero tuve problemas con mi pasaporte." Regresa a Francia por una ruta diferente, visitando más pueblos y ciudades. En la misma carta le pide que informe del viaje "a mis amigos Carbonel [Dr. Antonio Carbonel, profesor de la Universidad] y Goicoechea" y en París "no solo las tiendas sino también los puentes y las calles están repletas de libros, grabados, mapas, etc., etc." A "los Gutiérrez" (uno debe haber sido Fray Felipe Gutiérrez, también profesor de la Universidad) les informa que los franceses "han transformado los globos en juguetes", hasta "las mujeres pueden operarlos... he visto una preciosa joven hacerlo". Pero, entonces, las mujeres de París "saben más que una universidad entera". Pierde su "pequeño reloj de plata" a manos de un carterista y como viaja con fondos limitados se queda preguntando la hora mientras camina "por esta Babilonia como un perro hambriento, viendo y oliendo todo, pero nada más". "Por favor dígale a Córdova [Dr. Matías de Córdova] y al resto de la Facultad que he visto todo y que no hay nada que envidiar en la teoría, en la práctica o en la enseñanza; que continúen aplicándose y cumpliendo con sus obligaciones como siempre lo han hecho; y que sufran con paciencia el desprecio de sus compatriotas". Desafortunadamente para

Guatemala y San Carlos, Flores nunca regresa. Empero, uno de sus estudiantes, dueño de la misma tradición experimental e inventiva, logra que la ausencia de Flores parezca menos grave.

El Dr. Narciso Esparragosa y Gallardo llega a Guatemala desde Caracas en 1785. Estudia bajo la dirección de Flores, graduándose de médico en 1788, y se convierte en docente mientras Valle aún es estudiante. En 1795 el Claustro lo autoriza a dar cursos sobre los principios de la Cirugía; después se convierte en el Director del Hospital Real y en gran medida es el responsable de la decisión de construir el primer anfiteatro médico en la Capitanía General de Guatemala. En 1797 y 1798 se gana la estimación de sus colegas al extirpar cataratas con un nuevo método quirúrgico, pero es mejor conocido por la invención de un método para traer al mundo, de una forma relativamente segura, niños cuya posición en el útero vuelven imposible emplear los procedimientos corrientes. En vez de utilizar fórceps de hierro, que pueden dañar el cráneo del niño, Esparragosa emplea bandas de trapos elásticos. También participa activamente en las vacunaciones contra la Viruela después de la llegada de la expedición Balmis y en 1815 pública una serie de indicaciones para el control de ese terrible mal. Sirve como protomédico, y a su muerte lega su biblioteca a la Universidad.

Las ideas progresistas de profesores como Esparragosa, Flores y Goicoechea, complementadas por las de ilustres miembros de la comunidad sin vínculos formales con la Universidad, forman en su conjunto el circulo de intelectuales que influyen de manera profunda en la vida de Valle. Una de esas personas es Jacobo Villaurrutia, oidor de la audiencia. Nacido en Santo Domingo, educado en México y en la Universidad de Salamanca, arriba a Guatemala repleto de ideas para elevar la calidad de vida y los niveles de la educación. Junto a Flores y otros de similares inclinaciones, se convierte en el principal promotor de la fundación de la Sociedad Económica de Amantes de la Patria de Guatemala, vigente por decreto real desde octubre de 1795. El propósito de la Sociedad, como se estipula en su acta de fundación, es la de "promover y estimular la agricultura, la industria, el arte y los oficios, los negocios del Reino y mejorar la educación."

Dirigida por Villaurrutia, la Sociedad se esfuerza por alcanzar sus fines. En 1796 los miembros fundan una "escuela de hilandería" en la que cada alumno recibe un salario y se otorga un premio al que produce más hilo. El Arzobispo Félix de Villegas, el Dr. Antonio García Redondo, profesor y eclesiástico respectivamente, y Francisco Nájera, todos miembros de la Sociedad, compran con su propio dinero siete tornos de hilar. En el curso de ese mismo año la Sociedad ofrece un premio para el indígena o ladino que plante o cultive la mayor cantidad de "algodón chino". Se publican panfletos para reavivar el interés en el cacao y para estimular el cultivo del lino y del cáñamo, prácticamente desconocidos en Guatemala. José Longino Martínez y José Mariano Mociño, naturalistas de la real expedición británica a México, son invitados a fundar un museo de historia natural y un jardín botánico a costa de la Sociedad. En 1796 el Capitán General de Guatemala le añade las dignidades de su cargo a las labores realizadas al presidir uno de los actos públicos de la Sociedad y asistir a la inauguración del jardín botánico. Dos años más tarde, el eminente Dr. Matías de Córdova recibe una medalla de oro de la Sociedad por su ensayo "Sobre porqué los indios deben vestir y calzar a la manera de los europeos".

Sumada a la Sociedad Económica y a la Universidad, la Gazeta de Guatemala, "uno de los más vigilantes defensores de la Ilustración que se publica en las colonias -Inglesas o Españolas- provee al círculo de intelectuales de un tercer medio para expresar sus ideas. Flores envía artículos desde Europa que hablan de los experimentos de Galvani y de las figuras de cera de Fontana. Esparragosa edita la información médica y Villaurrutia escribe ensayos bajo el seudónimo de Jaime Villa López. Goicoechea, quien escribe en verso en su tiempo libre, aparentemente cencerrea su lira para la Gazeta y escribe artículos bajo el seudónimo de "El Viejo

Licornes".

Estos hombres -Goicoechea, Flores, Esparragosa, Carbonel, Gutiérrez, García Redondo, Matías de Córdova, Villaurrutia y otros- hacen uso de la Universidad, de la Gazeta, de la Sociedad Económica y hasta del Superior Gobierno para poner a Guatemala al corriente de las ideas del siglo dieciocho creando una atmósfera intelectual ajena a la tradición y al autoritarismo. Recién llegado a la ciudad, Valle ingresa a San Carlos antes de la partida de Flores, después del arribo de Esparragosa y mientras Goicoechea, Carbonel y Gutiérrez aún son maestros. Villaurrutia se convierte en su amigo personal, aconsejándolo sobre la difícil tarea de seguir una carrera como funcionario real. García Redondo bautiza a dos de sus hijos y Esparragosa trabaja muy cerca de él en la audiencia. Valle se convierte en Censor de la Gazeta y en miembro de la Sociedad Económica. La profunda influencia que sus años de estudiante tienen sobre el resto de su vida no puede ser más obvia, es como si Valle hubiese tatuado en su frente el escudo de San Carlos y la leyenda "Clase del '94."

La variedad de sus intereses -que incluyen la geografía, la historia, las ciencias, la educación y la política- se asemeja a los de sus maestros. Sus ensayos, sobre la vagancia y los indios, están muy dentro de la tradición de Matías de Córdova y de Goicoechea. Sus escritos sobre la libertad, que a pesar de carecer de la gracia de los de Goicoechea, retoman las palabras de su distinguido maestro: "La libertad es el más útil y precioso obsequio dado por el Creador a los hombres... Sin libertad viviríamos como torpes animales". A la manera de Goicoechea, Valle desea que el hombre haga el mejor uso posible de su libertad. Aconseja a los comerciantes: "... velad por el bien de la comunidad. No seáis agentes del error. Comprad libros... pero comprad los libros que os aconsejan los hombres de luces". Dirigiéndose a todos los ciudadanos les dice: "Comprad libros... los libros que a cada capítulo nos hagan levantar de la silla y dar saltos de contento...". Con el entusiasmo demostrado por Flores al ver la cantidad de libros de París, Valle recibe noticias de su primo en Londres de que el "Sr. [Jeremías] Bentham... te ha enviado con el Sr. [Juan] Bowring, una colección de sus obras". Encantado, le escribe a un amigo en México que acaba de recibir "los mejores libros de economía política, la enciclopedia que Benjamín Constant y otros eruditos están publicando; El viaje grande de la Inglaterra por [François] Dupin; y La historia de las repúblicas italianas de [Jean] Sismondi". Dos años después, su primo cumple con una solicitud al enviarle "4 volúmenes de La historia de la India de [James] Mill". Y dos años antes de la muerte de Valle, un futuro presidente de El Salvador le escribe para agradecerle por "2 copias del proyecto de Constitución de Bentham". Una vida como la suya, dominada por la investigación, por "legajos de manuscritos" y libros que lo hacen a uno "dar saltos de contento," sin duda no fue inspirada por los dos volúmenes de la obra: Luz de la fe y de la ley, único libro que su padre hereda.

[4]

Entreviendo su futuro y la calidad de su ambiente educativo, no debe sorprendernos que su "examen público" o defensa de tesis sea "muy distinguida" y que la Universidad en el año de 1794 le otorgue el título de Bachiller en Filosofía.

Los estudiantes a los que se otorga el grado deben dirigir unas cortas palabras a la audiencia. En el caso de Valle estas sirven para que reciba una muy amigable carta criticando sus habilidades como orador. La carta ayuda a entender como logra convertirse en un consumado orador y muestra la atención personalizada que los estudiantes reciben en San Carlos.

Al crítico le agradan las palabras iniciales (oracioncita) del pequeño discurso de Valle, pero le parece que la transición que lleva a las ideas principales carece de gracia y estilo. Las citas de autores son la mayor debilidad de Valle. Es necesario "enseñarse uno solo, poco a poco, como usarlas", y el principio cardinal a observar es el de "digerir la doctrina" que va a ser usada para emplearla después como si fuera propia, nunca "usando las palabras del autor" a menos que ellas brinden al discurso "viveza, energía y singularidad".

Pero aún así, uno debe convencer "a los oyentes de que vienen de la cabeza del orador." El emplear frases aprendidas antes del discurso "enfría el espíritu de la audiencia", advertía el crítico. El consejo solo es parte de lo que se llama el "arte de las pasiones", que consiste en "todas las destrezas de la elocuencia que los pedantes ignoran". Una crítica final se relaciona con la manera en la que Valle concluye sus pensamientos. Para grabar una idea en la cabeza, uno debe emplear "fuerza y movimiento" lo que puede ser hecho "en una oración, una exclamación o un vivo alarde".

Esos "alardes", explica el crítico, son los "despertadores" que alertan a la audiencia de la importante conclusión. "San Jerónimo los usaba [despertadores] mucho, y les llamaba acutas argumentorum conclusiones".

En esa ocasión, Valle fue superficial como orador, pero es tan sólo un joven deseoso de aprender. Su crítica, que bien pudo haber sido Goicoechea, le urge: "Estudia sin respiro; estudia con intensidad". Ese es el único camino a "la estrella".

Posiblemente más que cualquier otro estudiante de su generación, Valle mantiene sus ojos fijos en "la estrella" por el resto de sus días.

CAPÍTULO DOS:
UNA CARRERA EN DERECHO:
AMBICIÓN SIN LÍMITES

Tras graduarse de Bachiller en Filosofía Valle comienza a estudiar Derecho, carrera que sin duda encuentra extremamente irritante pues "la feliz revolución de las ideas" aún no llega a la fortaleza de Justiniano. Sus programas no incluyen el estudio de las leyes de Castilla e Indias, ni los códigos de España y sus colonias en América. La única forma en la que se puede aprender esas leyes es realizando una práctica con un Abogado autorizado para ejercer ante la audiencia[35]. Por esas razones, de acuerdo al director de la Gazeta, los estudiantes se "quejan, lamentan y en una palabra maldicen los estudios que tan inútilmente consumen su tiempo," con enseñanzas tan "enredadas, confusas y contradictorias" que tienen que pasar siete años aprendiendo cosas que pueden ser dominadas en dos o tres. El director de la Gazeta reporta -con una inocultable aprobación- que para aliviar sus penas en las clases algunos estudiantes leen libros que nada tienen que ver con el Derecho[36]. Sin lugar a dudas el Director Simón Bergaño y Villegas exagera, como tiende a hacerlo ocasionalmente, pero aparentemente refleja con singular precisión el entorno en que Valle obtiene su bachillerato en ambos Derechos (Civil y Canónico, en 1799) y su licenciatura como Abogado cuatro años más tarde[37]. Antes de iniciar su práctica, debe presentar documentos probatorios de sus títulos, edad, pureza racial; cumplir con el pago de un impuesto (media anata) y rendir el

---

[35] Lanning, Enlihgtnment, p.105. El plan de estudios no es reformado sino hasta 1802.

[36] Gazeta de Guatemala, 2 de diciembre de 1805.

[37] No hay registros del momento en que Valle recibe su licenciatura, pero los convencionalismos de aquel entonces no permiten el uso de ese grado a menos que se hubiese otorgado correctamente.

examen correspondiente. El 28 de agosto de 1803 es examinado con buen suceso, y tres días después inicia su carrera al jurar "defender los misterios de la Inmaculada Concepción de Nuestra Virgen María" y emplear su licenciatura "bien y fielmente"[38].

Desconocemos las razones precisas que llevan a Valle convertirse en Abogado. Lo cierto es que hay razones para desalentarlo. Su actitud frente al ambiente intelectual de San Carlos nos asegura que unos "tediosos escritos de puras trivialidades" le serán insoportables, sobre todo porque está menos preparado que otros para una profesión que requiere de una enorme paciencia para soportar diferencias de opinión y la ignorancia más llana. Normalmente Valle piensa que está en lo correcto, y para volver más difícil su relación con los demás, generalmente lo está. Seguramente influye mucho al momento de decidir que carrera seguir la necesidad por asegurarse un sustento. La carrera de Derecho, además de proporcionar seguridad financiera, posibilita alcanzar posiciones en el gobierno colonial las que traen consigo estipendios en especie y una posición dentro de la comunidad. El dinero probablemente es la gran necesidad a satisfacer en los primeros años de su carrera pues - contrario a la creencia popular- no hereda riquezas. Con el tiempo estas pasan a ocupar un segundo plano al ir alcanzando niveles aceptables de estabilidad económica, de respeto y reconocimiento a su talento por parte de la sociedad de la Ciudad de Guatemala. El que necesita dinero queda demostrado en uno de sus primeros casos, en el que defiende a su padre.

José Antonio del Valle, casi veinticinco años después de iniciar la disputa por los bienes de su padre, continua empleitado con su cuñado y "peor enemigo", Juan Jacinto Herrera. Mientras José del Valle es estudiante de San Carlos, su padre cae en desgracia. Traicionado por "aquellos en que confía", pierde todo su dinero quedando con hipotecas y deudas pendientes. Esto lo lleva a ceder a

---

[38] AGG, A1.47-1, 24915, 2818. Autos del examen de abogado de José del Valle.

sus "acreedores todas sus propiedades en 1796 o 1797" incluyendo "los bienes pertenecientes a mi esposa". Arrinconado contra la pared por circunstancias desconocidas, se convierte en el blanco de Herrera, quien inicia proceso en Comayagua (Honduras) reclamando la mitad de las ganancias obtenidas de los bienes de su padre antes de ser divididos en partes iguales con su hermana, la esposa de Herrera[39]. El caso continua hasta 1804, momento en el que interviene el Abogado Valle para salvar a su padre de mayores desgracias.

Valle presenta una solicitud a la audiencia que muestra la fuerza y profunda capacidad analítica que se convierten en el sello característico de sus actuaciones judiciales. En la solicitud explica que su padre emplea las ganancias en el sostenimiento de su hermana y en el mantenimiento de las haciendas en niveles provechosos de producción. Airado acusa que la influyente "preponderancia" de Herrera en Comayagua impide un juicio justo. De todos es conocido que el juez ante el que acude José Antonio es, además de un incompetente "incapaz de resolver un pleito de niños", "amigo y deudor" de Herrera. Igualmente conocido es el hecho de que José Antonio no puede hacer frente a las obligaciones derivadas de una decisión adversa. Las motivaciones de Herrera, a juicio de Valle, no son más que el puro afán de venganza, por ello le suplica a la corte "extender a mi padre su real protección contra las atrocidades que lo amenazan" y que se le prohíba a "D. Juan Jacinto [Herrera] la intervención por cualquier medio en las cosas que le pertenecen a mi padre". La audiencia falla favorablemente el 5 de

---

[39] AGG, A1.15, 7084, 335. José del Valle a nombre de su padre, José Antonio del Valle, pide iniciativa para que las justicias de Comyagua remitan los autos con Juan Jacinto Herrera sobre los participios de bienes (en adelante referido como Valle a nombre de su padre).

noviembre de 1804[40].

La defensa de su padre es solo un ejemplo de los negocios jurídicos que desde lugares como Choluteca le encargan sus paisanos, quienes se sienten dichosos que uno de ellos los represente ante la audiencia[41]. Con los años su reputación crece, llegando a contar entre sus clientes a los monasterios de Santo Domingo (Ciudad de Guatemala) y San Francisco (Quetzaltenango) y "casi todos los ayuntamientos del Reino"[42]. Sus registros contables para el año de 1811 revelan la extensión de su ejercicio profesional; los honorarios para ese año son de 2,260 pesos y 4 reales, lo que en parte es compensado por servicios prestados al gobierno[43]. Esa suma es cuantiosa. Los profesores de la Universidad de San Carlos ganan aproximadamente 800 pesos, mientras que los jueces de la audiencia 3,300 pesos y Valle le paga 8 pesos al mes al capataz de una de sus haciendas[44]. Compra y vende ganado vacuno de la mejor calidad (de

---

[40] Ibid. Si este caso no puso fin a la enemistad, la muerte de José Antonio, en 1807, lo hizo. Valle y los hijos de Herrera: Dionisio, Próspero y Justo, mantienen una relación muy cercana durante toda su vida. Sobre los bienes de su madre, Valle describe la venta de los mismos como hecha en términos injustos y en 1799 pudo haber tratado de que se le declarara nula. En ese año, él y sus dos hermanas - menores en aquel entonces- piden a la audiencia investir a un abogado que ellos proponen para que administre cierto bien mientras se definen a quién le pertenecen. Estuvieron envueltos en un proceso contra el "Presbítero Don Bernardo Orozco concerniente a la validez de la venta de una hacienda". Ver AGG, 1-15, 35435, 4361. Don José del Valle solicita el nombramiento de un curador *ad litem* y propone al Procurador Ballesteros (21 de febrero de 1799);

[41] Por ejemplo, ver de José Antonio del Valle, para Valle, Choluteca 4 de abril de 1804; de Diego de Vidaurre para Valle, Comayagua, 25 de abril de 1805; de seis residentes de Tegucigalpa para Valle, 24 de mayo de 1809. Documentos de Valle.

[42] González recomienda a Valle, Documentos de Valle. González escribe: "...su celo por el bien común acreditado en los asuntos que ha dirigido como apoderado de casos de todos los ayuntamientos del Reino que distinguiéndolo entre los otros abogados le han conferido sus poderes...".

[43] Cuaderno de lo devengado en la abogacía

[44] Razón de los gastos de la hacienda de La Concepción (sin fecha). Documentos de Valle. Valle compra La Concepción en 1822. Ver AGG, A1.20 9964. 1484. Libro del escribano José Antonio de Solís (abril 30).

buena calidad, de cuerpo y capa, como dicen los hacendados) por precios que pueden ir de los 6 a los 14 pesos por cabeza[45]. Otros productos tienen precios igualmente razonables, sin embargo, los bienes traídos de Europa -como sus libros o su cristal inglés- alcanzan precios elevados. Si en 1811 hubiese tenido tan solo la mitad de sus ingresos habría ganado aún más que sus maestros. El tamaño de los honorarios recibidos se debe en gran parte al prestigio alcanzado al brindar servicios extraordinarios al Gobierno los que continúa prestando hasta 1818, año en que surgen circunstancias poco comunes.

[2]

El primer caso del que se ocupa Valle, por las impresiones favorables que genera, es uno de los más importantes de su carrera. En octubre de 1803, el Capitán General González lo comisiona para elaborar una serie de indicaciones para combatir la plaga de langostas que ha caído sobre Guatemala. Convencido de "la relación de debe existir entre el mal y su remedio", Valle elabora un plan que toma en cuenta los hábitos de la langosta -los lugares en los que pone sus huevos-, sus etapas de crecimientos y sus características en la edad madura. El ataque debe iniciarse contra los huevos, enterrados a una pulgada más o menos de la superficie, mismos que deben enterrarse a mayor profundidad. Si esas medidas fallan, el siguiente esfuerzo debe concentrarse en la langosta joven, la que puede ser quemada, comida por los cerdos o destruida por estampidas de vacas o cabras. Si los insectos llegan a la madurez, la batalla está perdida. El 25 de octubre de 1803, Valle somete su trabajo a la consideración del fiscal de la audiencia y el 7 de enero

---

[45] En 1831, Valle contrata la compra de ganado a 6 pesos la cabeza; después de 1822 vende ganado de la misma calidad 14 pesos y 2 reales por cabeza. Ver los Contratos entre José María Lemus y Valle (sin fecha); Juan José Cabrera y Valle del 7 de junio de 1831, Documentos de Valle.

de 1804 el Capitán General González ordena su publicación y difusión por toda Guatemala. El fiscal de la audiencia comenta el trabajo en términos elogiosos, declarando que el panfleto era "prueba del talento, exactitud y sobre todo conocimiento de su joven autor", quien a la vez es "modesto y patriota". Los estudios de Valle sobre las leyes de Castilla y las Indias, debidamente anotados al pie de las páginas, indudablemente atrajeron muchos de los comentarios favorables. Su magistral dominio de los códigos lo convierte en una "gloriosa excepción" y evita que los jueces "lo confundan con otros abogados del Reino".[46]

El Capitán General González, desacostumbrado a tener tal talento a su servicio emplea a Valle como asesor temporal, relator de los juzgados de la audiencia y como fiscal específico para los casos que considera que "debido a su gravedad" demandan de un abogado con "suficientes habilidades para defender los intereses del Rey". Como asesor, Valle somete por escrito su parecer sobre la ley que debe aplicarse y sobre la manera en la que ésta ha sido aplicada en el pasado. Su opinión se incorpora al expediente del juicio, mismo que auxilia al juez al momento de emitir su fallo. En asuntos civiles el asesor puede declarar la improcedencia de la demanda presentada por no existir causas justificativas. Como relator, asiste al fiscal de la Corona en la preparación de sus escritos. También debe hacer las veces de fiscal en aquellos casos en los que el tribunal lo nombra.

Mientras ejerce estos cargos, ocasional pero inevitablemente, experimenta la aversión y crítica que trae consigo la desconfianza en la pericia de todo hombre que se inicia en su profesión. El 3 de septiembre de 1804, la audiencia lo nombra defensor de Doña María Ramírez en un caso pendiente ante las cortes eclesiásticas concerniente a su "divorcio o anulación de su matrimonio". Valle pide ser excusado, explicando que sus muchas ocupaciones le impiden realizar con eficiencia esa labor. Esta "sobrecargado con

---

[46] González recomienda a Valle. Documentos de Valle. Valle estudia las leyes de India para saber qué se ha hecho en el pasado.

asuntos de su asesoría" que deben ser completados antes del siguiente correo. También necesita ocuparse de otros negocios jurídicos que demandan "atención inmediata"[47]. Para un hombre acostumbrado a trabajar desde las cinco de la mañana hasta las once de la noche esa excusa parece débil. Quizá el que la mujer exprese tener "poca confianza" en su capacidad profesional mina su espíritu.

Una experiencia similar le ocurre algunos meses después, al actuar como asesor en la demanda que presenta una mujer exigiendo el pago de 1,000 pesos en concepto de daños y perjuicios de parte del hombre que la contagia con una enfermedad venérea que la hace quedar ciega. Tiempo atrás ambas partes fueron condenadas por "concubinato", Valle decide que la demanda, en la forma presentada por la parte acusadora, es algo completamente ilegal. El abogado defensor responde a las apreciaciones de Valle acusándolo de estar "parcializado", Valle reacciona ante la afrenta con tranquilidad, controlando sus intenciones de solicitar se declare inadmisible la demanda, revisa el expediente y presenta sus conclusiones en términos que permiten apreciar la ignorancia del abogado demandante. Sobre las acusaciones de parcialismo, piensa primero desvanecerlas, para después simplemente ignorarlas. El abogado acusador por su parte, insatisfecho y empeñado en destruir la opinión de Valle, continúa acusándolo de estar parcializado. Molesto al punto de perder los estribos, Valle pide al tribunal que lo reemplace con otro asesor para que se ocupe del caso con "la tranquilidad con la que yo no puedo hacerlo"[48].

En febrero de 1806, Valle se convierte en asesor del Real Consulado de Guatemala, cargo que desempeña hasta 1811. Imitando el modelo español, el Consulado sirve de tribunal para

---

[47] AGG, A1.15, 26038,2867. Señora María Josefa Ramírez, sobre que se le nombre abogado al Sr. Don Josef Tomás de Zelaya, y otros (en adelante referido como Ramírez).

[48] AGG, A1.15, 36409, 4415. Manuela García demanda daños y prejuicios de Don Julián González.

asuntos mercantiles. En ese tribunal se ocupa de incumplimientos de contratos, de disputas entre comerciantes y de la violación de leyes reales que regulan el comercio. Un caso en particular, que tiene que ver con la posesión de una cantidad de añil, trae para Valle una nueva acusación de parcialismo. Su opinión, según el demandante, era marcadamente favorable al demandado Juan Pedro Lara. El demandante alega que Valle ha sido "estudiante de Lara y hasta este momento habita en una de sus casas sin pagar renta alguna"[49].

Valle bien pudo vivir en una de las casas de Lara sin pagar renta alguna; la información propicia para el chisme rápidamente es de dominio público en comunidades tan pequeñas como lo era Ciudad de Guatemala. Debido a la relación de Valle con Lara, es de esperar que el enfadado abogado acusador lo responsabilice de estar parcializado. Es imposible saber si Valle actúa o no con parcialismo en esa ocasión. Pero, por otro lado, sabemos que no se le da importancia alguna a esas acusaciones pues más tarde el Capitán General informa con inocultable alivio que la imparcialidad y objetividad de Valle son por todos conocidos y que nunca ha escuchado contra él "quejas como las que son expresadas contra otros abogados del país". González, mientras está al frente de la Capitanía General de Guatemala, continúa recompensándolo y en 1805, cuando queda vacante el puesto de censor, nombra a Valle probablemente con la idea de que le traería más honores que obligaciones[50]. Con todo, circunstancias especiales tornan molestas tales dignidades.

---

[49] AGG, A1.57, 2411, 18341. Entre Don Pedro José de Górriz y la testamentaría de Don José Biedna sobre treinta y quatro tercios de tinta (agosto de 1806).

[50] ABHN. Títulos y Méritos. Valle también fue nombrado asesor temporal (12 de marzo de 1805 por el tribunal de ayuntamiento. Ver AGG, A1.2.2,15732.2187. Libro de cabildos de Guatemala, año 1805; de Juan Francisco Vilches para Valle, León 23 de abril de 1805. Documentos de Valle. En septiembre de 1805, el capitán general González lo nombra Defensor de Obras Pías. Como defensor de Obras Pías, Valle da asesoría legal sobre determinados bienes de la Iglesia.

En la historia que se ha escrito sobre Guatemala desde que esta obtiene la independencia se presenta de manera persistente la imagen de hombres que entran en la historia antes y después de ese suceso. A los mismos se les recuerda en función de sus actitudes en favor o en contra de la independencia, hecho mismo que es equiparado con la libertad y la democracia. El cargo de Valle como Censor ha sido usado como una de las más sólidas evidencias para probar que es un sicofante de la Corona. Por otro lado, como debe aprobar la publicación de las ideas ilustradas y progresistas que aparecen en la Gazeta, sus defensores alegan que es igualmente ilustrado y progresista, y por lo tanto, no puede ser acusado de ser secuaz de la Corona. El propósito de este trabajo no es entrar en esa polémica, sino probar que tanto el Censor Valle como el Director Bergaño juegan un importante papel y son testigos del fin de un singular período de la historia colonial.

No sabemos con precisión cuales son las labores que Valle debe realizar como censor, pero ciertamente sabemos que Bergaño no dirige la publicación después de septiembre de 1808. Bergaño llega a Guatemala desde Veracruz, lugar en el que recibe su pasaporte, el 23 de diciembre de 1799 como un "empleado llamado Simón Carreño" al servicio del "Capitán Don José Jiménez." Poco después de su arribo, "se cae de un árbol en Escuintla, fracturándose gravemente la pelvis." Tras una larga convalecencia, se recupera lo suficiente para caminar con muletas, pero como resultado de la caída desarrolla una "fístula que dicen es incurable." Nada se sabe de su pasado, tan solo que nace cerca del año de 1781. Sobre su futuro solo podemos decir con certeza que su habilidad para criticar, agitar y ridiculizar mantiene a la seria sociedad de la Ciudad de Guatemala en una permanente tempestad. Si Valle es el "Cicerón andino", con seguridad Bergaño es el Sócrates guatemalteco, quien de vivir en tiempos más remotos seguramente hubiese tenido por cicuta una hoguera a fuego lento.

Bergaño se convierte en director de la Gazeta tras el retiro de Alejando Ramírez, amigo cercano de Goicoechea y Villaurrutia. Bajo la dirección de Bergaño el periódico continúa siendo la voz de los intelectuales del Claustro. Pero a decir verdad, el que el periódico sirva como vocero de las ideas de Goicoechea, Villaurrutia, Esparragosa y otros, no implica que ellos le señalen las políticas editoriales a Bergaño. No hay necesidad de hacerlo, están de acuerdo con sus puntos de vista. En una carta a Valle, Bergaño le explica que él y Villaurrutia desean "levantar el interés por la literatura" y despertar el "talento de México y Guatemala"[51]. Si Bergaño disiente de ellos, como a veces ocurre, es debido a su colérica personalidad, no a sus puntos de vista, salvo quizá en cuestiones religiosas.

Su colaboración con los miembros más progresistas de la Universidad es obvia. Bergaño los apoya con una historia titulada "El Engañado," el asalto al "viejo Aristóteles". En el curso de la historia El Engañado, quien está inmerso en las ideas de los peripatéticos, comete el error de permitir que un joven que ha recibido una educación moderna examine su biblioteca. Aterrado por las "chanzas y tonterías" de la escolástica, el joven invita al Engañado a visitarle para ver sus libros. Entre los trabajos que llaman la atención del Engañado están "las obras de Masillon, El evangelio en triunfo de Olavide, las Confesiones de San Agustín, un juego sin encuadernar de El viajero universal, la Lógica de Condillac, el Marqués de Caracciolo, El Telémaco de Fénelon y las Memorias Políticas de Larruga". Esas obras y muchos otros títulos que van desde La Diana enamorada pasando por el tercer volumen de la Trigonometría de Tomas Vicente Tosca, incluyendo "2 volúmenes de la Gazeta de Guatemala; 9 copias del Diario de

---

[51] Documentos de Valle. La carta no tiene fecha, pero probablemente es escrita en febrero de 1806, en respuesta a una orden que Valle tiene que transmitirle para enero o para el primero de febrero.

México; un tomo en francés del Genio de Buffon; un tomo del Espíritu de las Leyes; y un tomo de Cartas marruecas", son todos libros que pueden encontrarse en la casa de Bergaño, nada de "chanzas y tonterías". Con excepción de La Diana enamorada (de Gaspar Gil Polo), que se salva de la hoguera en el siglo dieciséis, todos son dignos exponentes del dieciocho.

En varias ocasiones Bergaño enfatiza un segundo tema del círculo de intelectuales. En respuesta a las quejas por la "multitud de ladrones" que hay en la capital, rápidamente señala que la pobreza es el germen de la delincuencia y que la rampante penuria de Guatemala tiene su origen en la ausencia de una "agricultura, industria o comercio" dignas de ese nombre. Afirma que la decadencia en la agricultura está ligada a la injusta distribución de la tierra. "Por cada hombre que tiene 25 leguas de tierra (24 sin cultivar), hay cincuenta que no tienen suficiente para sembrar una cebolla". Sostiene que lo que Guatemala necesita es una patriótica sociedad que promueva la agricultura, la industria y el comercio; alentando el desarrollo de las abundantes vías fluviales de la colonia. Otro remedio, en relación con los vagabundos que "escandalizan las calles", es emplearlos para colonizar el norte y el sur de Guatemala. En cada lugar hay dueños de "haciendas de ocho, quince y hasta treinta leguas" cuyo único interés es el de "poseerlas para su tonta vanidad, en notable perjuicio del bienestar público".

Explicando lo que ha descubierto en los registros de cierta región, Bergaño apunta un tercer tema de los progresistas miembros de la Universidad y de la comunidad. "De cada diez nacimientos" en la región "seis son de hijos nativos" (Indios). Esos son los niños que nunca reciben una educación, y que en muchos casos, están destinados a ver morir a sus madres en la "indigencia". Para después, como huérfanos, vivir en las calles entregados a los vicios. ¡Cosa increíble!

Como censor Valle debe aprobar los artículos y comentarios que aparecen en la Gazeta, y el 27 de enero de 1806, el Capitán General

González debe recordarle de las obligaciones inherentes al cargo. Le explica que una persona de "excelente carácter" se ha quejado de "ciertos artículos" publicados en la Gazeta, y advierte a Valle que "no debe aprobar más escritos que los de general interés y discusión, mismos que de ninguna manera deben tener conexión con la religión, la legislación o las costumbres" de la colonia. También, instruye a Valle para que revise el "contenido de los variados escritos que han aparecido en otras publicaciones," asegurándose de que asuntos delicados sean tratados con la circunspección que ameritan, previniendo la circulación de cualquier material conteniendo "aviesos conceptos". La persona de "excelente carácter" que motiva la carta de González a Valle, es sin duda el Arzobispo Luis Peñalver y Cárdenas quien, el 8 de enero de 1806, denuncia a la Gazeta por sus "artículos contrarios a la religión, por su sátiras contra ciertas personas y por sus artículos que 'excitan las pasiones carnales'".

De mala gana -así debe haberlo hecho- Valle le comunica a Bergaño las órdenes de González. Bergaño y Valle tienen una pequeña amistad basada en su mutuo respeto a la educación. Mientras Valle ciertamente desaprueba las groserías de Bergaño debe admitir que admira y aplaude, con lógica discreción, muchos de los francos escritos de Bergaño -escritos que la conveniencia y ambición de Valle nunca le permiten hacer-. Por su parte, Bergaño considera a Valle como uno de los dos "grandes hombres de Guatemala"[52], y le crítica por esas características. Empero, ambos hombres pueden ver de frente los problemas que afectan el bienestar de Guatemala.

Desde tan temprano como 1803, Valle actúa como vocero del libre comercio en menor escala. Escribe que el Reino de Guatemala cubre una extensa área, abarcando comarcas y provincias de muy

---

[52] El otro hombre es Alejandro Ramírez. De Bergaño para Valle, sin fecha (1806). Documentos de Valle. Bergaño también señala a Valle en La Gazeta del 2 de junio de 1806 al hablar de los hombres de buen gusto.

variado clima y topografía. Cada provincia tiene algún producto en abundancia, y en interés de la colonia, es importante que las provincias intercambien sus productos libremente para lograr la "distribución de la abundancia," la que Valle piensa solo puede ser alcanzada mediante el comercio en libertad. Ese es el "simple principio al que la ciencia económica" se reduce después de sufrir "la manía de estar sujeta a todas las regulaciones de políticas poco instruidas". Si a un campesino se le "prohíbe absolutamente el intercambio de su grano," tan solo produce lo suficiente para satisfacer las necesidades de su empobrecida familia. Por otro lado, si se le permite "comerciar con todas las familias del pueblo," produce más y si esa libertad se amplía lo suficiente como para incluir "otros pueblos de la comarca" sus cultivos "se incrementan en la misma proporción". Finalmente, sostiene con cautela, que la libertad gradualmente debe incluir las comarcas y provincias. Su ponencia pudo incluir dos etapas más: libre comercio entre colonias y libre comercio con el mundo, pero esos pasos van contra las políticas económicas de la Corona y Valle, mientras dura la colonia, respeta persistentemente la autoridad real. El extravagante Bergaño, por su parte, rara vez mira antes de saltar. Cada uno reconoce esas diferencias en su personalidad, mismas que sin duda tensan pero no llegan a destruir el respeto que mutuamente se tienen.

Al comunicarle Valle la orden recibida, intenta dejar en claro que no se trata de un asunto personal y aconseja a Bergaño que actúe con más prudencia. Pero el Director Bergaño contesta en una forma que probablemente es esperada por el Censor Valle:

"Usted mejor que yo conoce las obligaciones de un censor, pero no desea cumplirlas. Todo lo que no se oponga a la religión, al gobierno o a las valiosas costumbres merece aprobación. Todo lo que lo sea debe ser prohibido. Si Usted, haciéndolo con pesar, desea respetar estos... Si Usted es un censor que le teme a lo que diga el vulgo o a riesgos imaginarios; y si Usted no desea hacer

frente a los problemas que defender lo correcto traen consigo, debo saber que Usted como censor no cumple con su trabajo... Todo lo que Usted quiere es coger las truchas, que es decir que Usted quiere o goza del honor de ser censor con pocas obligaciones o sin la fuerza para tomar posición en favor de la justicia. En vista de esto, me es imposible estar de acuerdo con su persona y debo pedir que se me nombre uno nuevo. Ninguna persona, de entre tantas tan bien educadas, ha dejado de acusarle de timidez y sumisión, yo estoy de acuerdo y le agregaría injusto. Estoy siendo completamente franco, sin irme por las ramas... Espero que tenga la suficiente gentileza para perdonarme basado en mi complaciente, amigable y filosófica ingenuidad[53].

Después de enviar esa carta, Bergaño probablemente decide reformarse y convertirse en un "hombre astuto" con "dejes de falsa prudencia y reserva", suprimiendo su "carácter franco y sincero". La necesidad demanda el "sacrificio de esas virtudes" para poder vivir entre los pocos hombres que son de su estima, muy a pesar de que no le agrade el resto[54]. Si Bergaño hubiese sido adicto al opio hubiese estado mejor situado para continuar con sus reformas. Su ingenuidad aparentemente continúa atrayendo la atención de las autoridades[55]. Sus indiscreciones finalmente se vuelven en su contra

---

[53] Documentos de Valle. Si Valle aún es censor en 1807, recibe críticas vedadas de Bergaño por ser demasiado tolerante con la prensa. Bergaño reproduce un artículo aparecido en un periódico mexicano y en la crítica del mismo escribe: "El papel antecedente se escribió para el Diario de México; pero se hubiera quedado en eterno olvido si reynase en los censores de Guatemala la preocupación que domina el cerebro del revisor mexicano…". Ver Gazeta de Guatemala, 6 de abril de 1807.

[54] Documentos de Valle. La nota, sin fecha y sin dirección, está firmada por S.B. y Villegas.

[55] Ramón A. Salazar, Historia de veintiún año; la independencia de Guatemala (Ciudad de Guatemala, 1928), p. 97 (en adelante referido como Historia de veintiún años). Salazar escribe que Bergaño es denunciado ante la Santa Inquisición, pero Ernesto Chinchilla Aguilar (La inquisición en Guatemala,

hasta ponerlo en las redes de los tribunales de la audiencia en su: Sala del Crimen. La prosa y la poesía que se publica en la Gazeta nada tienen que ver con el arresto y encarcelación de Bergaño. Lo determinante es su conducta personal vista frente a una nueva realidad política.

El 23 de octubre de 1808, Francisco Camacho, juez mayor del tribunal, recibe noticia de que Bergaño está envuelto en actividades perturbadoras de la paz al crear "discordia entre Europeos (españoles) y Americanos (criollos)". Ordena su captura, el decomiso de sus bienes y que se realice una investigación completa. A la medianoche se ejecuta la orden y para la una con treinta minutos de la mañana siguiente esta "alojado en la cárcel". El 27 de octubre el Capitán General González ordena a los empleados de la secretaría en la que trabaja Bergaño desde 1805 testificar sobre la conducta del acusado. Miguel Ignacio Talavera, jefe de la secretaría y miembro de una influyente familia, es el primero en rendir su declaración. Denuncia el "ingobernable y revolucionario carácter", mismo que "es notorio para toda la ciudad" y que hace que Talavera vea con horror a Bergaño. José Ramón Barbarena atestigua que Bergaño llamó a un empleado de la secretaría "un vil, un mentiroso y otros nombres similares", y que siempre esta exasperado. Blas Ortiz de Letona agrega que varias veces los empleados tuvieron que parar sus labores por que Bergaño "nos ofendió con su lenguaje indecente". Además se le acusa de no "acudir a misa desde hace algún tiempo". Otro colega asegura que Bergaño es "irreligioso, sarcástico y desagradecido". Manuel José Fernández pone su personalidad en entredicho al repetir las vulgaridades expresadas por

---

publicada en Ciudad de Guatemala en 1953), no respalda dicha afirmación. No obstante, ambos afirman que valle es denunciado por leer libros prohibidos. Ver Salazar, Historia de veintiún años, p.98; Chinchilla Aguilar, La Inquisición en Guatemala, pp. 196, 270. El que esas denuncias sean más medallas de distinción que marcas de degradación habla mucho de la libertad intelectual que se vivía en aquella época. Goicochea y Villaurrutia también son denunciados (Chinchilla Aguilar, La Inquisición en Guatemala, p.196).

Bergaño, vulgaridades que demuestran la idea de Ernest Hemingway de que el español a ese nivel es más flexible que el inglés. El testimonio más favorable contra Bergaño dice que su entusiasmo por la literatura le inspira una "monstruosa arrogancia que lo hace enfurecer".

Bergaño no niega nada, pero explica que Talavera trata de dirigir con "despotismo" la secretaría y que él, Fernández y Barbarena tratan siempre de molestarlo a la menor oportunidad. El vil trato, aunado al "implacable odio" que esos hombres le tienen, vuelve imposible respetar a Talavera o a cualquiera que se le parezca. Bergaño espera que la corte comprenda lo ocurrido y falle como en justicia corresponde a favor de un "hombre joven cuyos crímenes no tienen otro origen que las acusaciones de mis adversarios o mi inclinación hacia la literatura".

Las investigaciones toman otro curso al iniciarse el "escrutinio formal de su causa". De los "muchos legajos de periódicos y poesías" encontrados en la casa de Bergaño, solo 134 sueltos son decomisados junto a alguna correspondencia personal y un trabajo inédito. Una de sus obras, dirigida al "Santísimo Padre", no mejora sus oportunidades de salir libre. En el ensayo, Bergaño crítica a la Iglesia por permitir que mujeres jóvenes tomen los hábitos antes darse cuenta de lo que hacen. Alega conocer una monja en el convento de Santa Catalina que esta "cerca de la locura" y cuyas palabras "no son más que las siguientes: Sáquenme de aquí. No quiero quedarme aquí. No sabía lo que hacía... Si no me sacan de aquí me ahorco". Bergaño recomienda que no se les permita tomar los hábitos hasta cumplir los veinticinco, que se les debe permitir renunciar a los hábitos cuando así les plazca, que los curas encargados de los conventos deben tener por lo menos cincuenta años de edad, que no deben ser frailes; y que deben haber estudiado historia y otras humanidades.

En tres tomos de las obras de Juan Andrés el escribano de la Sala del Crimen, Joaquín Calvo, descubre que Bergaño aún mantiene viva una discusión marginal con el ex-jesuita exilado. Calvo laboriosamente copia pasajes de la obra seguidos de los comentarios de Bergaño. Por ejemplo, Andrés en el "folio 53, línea veintidós", escribe: "La libertad de pensamiento y de transmisión de ese pensamiento a otros es una necesidad para la literatura, de la que se goza tanto en los estados monárquicos como republicanos". A lo que Bergaño responde: "El abate Andrés miente. Es un tronero. Nadie puede negar la libertad de pensar, pero la de hablar, escribir y transmitir nuestros pensamientos es lo que los españoles quieren. El autor de esta obra escribe bien pero piensa poco; gran fluidez o elocuencia y poca sustancia; mucha paja y poco grano".

Basado en menor evidencia que la presentada, el Capitán General González, en confabulación con los Jueces Camacho y Polo, decide que el "genio seductor" de Bergaño puede traerle "consecuencias fatales" si se le permite permanecer en "esta capital y en este Reino". No deseando arriesgarse innecesariamente ordena que Bergaño sea transportado bajo arresto acusado de "Libertino y Sedicioso". Dos guardias del departamento de rentas lo escoltan hasta el Golfo, donde aborda un barco a Cuba para partir después a España, acompañado tan solo de la "vestimenta necesaria, instrumentos de afeitar, almohada, colchón y ropa de cama", todo "inventariado". Aguarda durante cinco meses la llegada del barco en el puerto de Omoa (Honduras), para arribar a Cuba en marzo de 1809. Su "crónica" e "incurable" enfermedad lo lleva al hospital al tan solo arribar a La Habana y nunca se recupera lo suficiente para hacer el viaje a España. El 29 de agosto de 1810, aún como prisionero, pide al Capitán General González interceda por él ante las autoridades cubanas para que le permitan "salir de la prisión (a ciertas horas) para que pueda respirar aire fresco y tomar baños" que le ayudaran en su enfermedad. González cede, advirtiéndole a Bergaño que durante esas "ciertas horas" no debe "hablar o escribir nada que tenga que ver con el gobierno o la política". A juzgar por su anuencia, González no se molesta tanto por una caricatura suya encontrada en la casa de Bergaño "con un verso al pie para revelar su ilustre personaje".

En la primavera de 1813 Valle recibe una carta enviada desde la Habana que contiene lo siguiente: "Bergaño está vivo. Si amigo, vivo". Está vivo y publicando el Correo de las Damas, Patriótico Americano y el Diario Cívico. Seguramente Valle no se sorprende al enterarse que Bergaño tiene una amante, que tuvo problemas con el obispo y que ha emergido triunfante[56]. Ahorra para pagar los gastos de su curación y en 1813, después de que las autoridades cubanas le envían la carta a Valle, aparentemente termina su relación con Guatemala.

El caso Bergaño, contrario a lo que se pueda creer, tan solo sirve para mostrar el clima de libertad intelectual de que se goza en la Capitanía General de Guatemala antes de que Napoleón Bonaparte en 1808 intente convertir a España en un cuartel francés y en comisarías a sus colonias en América. González, basado en temores reales o imaginarios, destierra a Bergaño por razones que nada tienen que ver con la Gazeta, sino por las acusaciones de enfrentar a criollos contra españoles. Hasta 1808 Bergaño maldice, habla pestes y pública la Gazeta sin consecuencias mayores que las de convertirse en un hombre extremadamente impopular ante Talavera y "otros como él." Por lo menos Talavera, Barbarena, y Fernández no son nada renuentes a llevar un registro de los groseros insultos de Bergaño, mismos que guardan en sus pechos por tres años. Sus declaraciones, que son completamente irrelevantes frente a las graves acusaciones que se hacen a Bergaño, sugieren que el Capitán General González comienza a temerle (con razón) al acusado.

---

[56] De Bergaño para valle, 1 de febrero de 1813, Documentos de Valle. Bergaño, a quien la audiencia de Guatemala le niega la amnistía en 1812, escribe: "Me acogí a la última amnistía, evitándome un viaje que me hubiese costado la vida". Pero no está del todo libre, pues le pide a Valle que solicite ante la audiencia la revisión de su caso porque: "Tuve que irme sin un juicio, sin ser condenado por un delito y no me es posible reivindicarme de las acusaciones de España… por lo difícil que es encontrar las evidencias". No quiere más que la "libertad absoluta".

Temiendo luchas entre criollos y españoles, González no pierde tiempo en asegurarse declaraciones que sabe dañinas. Ciertamente las quejas contra Bergaño no son vistas con sorpresa, especialmente porque provienen de la secretaría. Sumado a esto, González decide, tan sólo veinticuatro horas después del arresto, enviar a Bergaño a España en lugar de enjuiciarlo en Guatemala. Dos guardias escoltan al debilucho y enfermizo director que sufre de una "enfermedad incurable" fuera de Guatemala antes de que termine octubre de 1808. González teme "consecuencias fatales"; y el singular clima de libertad en el que Valle es educado se transforma en uno de controles impuestos en nombre del patriotismo y la seguridad. Asimismo, para entonces bien pudo haberse elaborado un listado alfabético de directores de periódicos desempleados gracias a Napoleón: Bergaño y Villegas, Simón (Guatemala); Cobbet, William (Inglaterra).....

Aparentemente, la única relación de Valle con las actuaciones en contra de Bergaño tiene que ver con la transmisión de una orden inspirada, sin duda, por un hipersensible arzobispo. Valle trasmite la misma con remordimiento, pues sabe que esta atrapado entre la autoridad de González y la ingenuidad filosófica de Bergaño. En estas circunstancias, Bergaño declara que Valle quiere los honores pero no las obligaciones que el cargo de Censor traen consigo. Sin dejar de estar en lo cierto, lo que Bergaño y los "tantos y tan bien educados" interpretan como timidez y sumisión no es más que la discreción que atiende y favorece a la ambición. La discreción de Valle le trae ganancias. A menos de un mes de recibir la orden concerniente a la Gazeta, González lo nombra asesor del Consulado. En 1807, la Comandancia de los Reales Cuerpos de Artillería e Ingenieros del Reyno exitosamente propone a Valle como Fiscal del Juzgado de los Reales Cuerpos de Artillería e Ingenieros[57].

---

[57] González recomienda a Valle. Documentos de Valle.

Esos cargos son importantes, pero no satisfacen a Valle. Su ambición marcha a la par de su talento y para 1807, más a prisa que su experiencia. A la edad de treinta y un años aplica para un nombramiento como juez de una audiencia. En respaldo a su aplicación solicita al Oidor Jacobo Villaurrutia, a quien ahora encontramos en México, una carta de recomendación. Valle nunca se llama a engaño sobre sus posibilidades. Sabe que el nombramiento de los jueces se hace de una lista de candidatos en la que los seleccionados muchas veces son escogidos por pura suerte, por recomendación y muy escasamente por mérito propio. Piensa que sus posibilidades son de 1 en 10,000. Pero la excitación y el entusiasmo que emergen tras ese triste ropaje alejan ese pensamiento llevándolo a creer que a lo mejor él puede ser, que él será elegido. Por lo menos, no pierde nada con intentarlo y "este pensamiento fija mi decisión". Espera "muy expresivas" recomendaciones pero está seguro que la de Villaurrutia "contribuirá más que cualquier otra"[58].

No obstante, para 1807 no es solo la ambición la que lo mueve a pedir a la Corona un puesto para salir de Guatemala. "Que feliz sería", escribe Valle, "con un cargo que me lleve a mil leguas de mis enemigos". Le protesta a Villaurrutia que su firma es "vista con desagrado" por los jueces de cada tribunal y aún si estos fuesen reemplazados quedarán "las raíces" dando "frutos idénticos". Puede escapar de tan desagradables circunstancias aceptando la invitación que le hace Villaurrutia para ir a México, pero no encuentra como alejarse del país hasta tener segura una posición que le permita sostener a su familia, misma que ha formado a pesar de "permanecer soltero"[59]. Su padre ha muerto ese año dejándolo a cargo de sus

---

[58] De Valle para Villaurrutia. 3 de diciembre de 1807. Documentos de Valle.

[59] Ibid.

hermanas Manuela y Francisca[60].

Poco después de escribirle a Villaurrutia, comienza a preparar sus títulos y méritos para sustentar ante el Consejo de Indias la aplicación que piensa hacer[61]. Tiempo después y en relación con el mismo asunto, el Capitán General González evalúa el trabajo de Valle y comenta sobre su carácter: "Certifico que he conocido personalmente al Licenciado Dn. José Cecilio Díaz del Valle... quien me ha servido en este Reino desde mi llegada." Austero en su vida personal y "puro" en su conducta, Valle rara vez ha sido visto fuera de su casa a menos que algún asunto lo demandara; casi destruye su salud estudiando y su educación en "varias lenguas, en las humanidades, en algunos campos de la matemática y en economía política" es por todos reconocida. Ha adquirido el sereno juicio que se le reserva a un anciano. El público y las cortes le hacen la "justicia de no confundirlo nunca con otros abogados" debido a la "concisión de su estilo, al singular don que tiene para percibir y expresar con claridad los asuntos más oscuros.... y a la solidez de sus principios." Con celo ha desempeñado a "mi satisfacción" y a la de los respectivos jueces el cumplimiento de numerosos encargos. En vista de esto, José del Valle "es muy merecedor de una toga"[62].

La recomendación del Capitán General González sugiere que Valle, tal vez en estado de depresión, exagera el desagrado que su presencia en los tribunales provoca. Quizá las mismas cualidades destacadas por González son la causa de la envidia de muchos de sus colegas. Impecable en su vestimenta, cuidadoso y erudito en su profesión; aristocrático en el trato pero no en la bolsa, frío y

---

[60] Ver de Pedro Antonio de Zelaya para Valle. Choluteca, 7 de agosto de 1807; De Miguel López para Valle, Choluteca, 13 de agosto de 1807. Ambos mensajes son de condolencias para Valle, quien "llora por el fallecimiento del Señor su Padre que en paz descansa".

[61] Documentos de Valle. El manuscrito sin fecha de un borrador de sus títulos y méritos es encontrado entres sus papeles. A juzgar por los cargos que incluye (y no ha omitido ninguno), fue escrito en 1807 ó 1808.

[62] Documento de Valle.

reservado excepto en su casa; Valle no ofrece nada tangible a sus críticos. Para relajarse, en vez de ir a tomarse la copita con los "muchachos" a donde "Lucrecia"[63], bien pudo leer la traducción de Homero hecha por Alexander Pope (Londres, 1794) o los Pensamientos de Pascal sobre la religión (Madrid, 1805)[64]. Valle no tiene prejuicio alguno contra los tragos de pulque; mantiene aguardiente y vino al alcance de la mano[65], pero lo usa de la manera sugerida por Goicoechea, quien declara: "Aguardiente, vino, chicha, pulque y otras bebidas hechas por fermentación son susceptibles de abuso; sin embargo, usadas con moderación son positivamente buenas"[66]. Por la pluma del propio Valle podemos estar seguros que no frecuenta el Patio de Gallos (palenque) donde se reúnen "puntualmente algunos hombres sin educación, que se dejan llevar por los vicios"[67].

Así, por naturaleza y por designio, Valle mantiene severamente

---

[63] Lucrecia era el nombre de una cantina que en esa época funciona en la ciudad de Guatemala.

[64] Estos libros le pertenecen a Valle y aún hoy son parte de su biblioteca, la que es preservada cuidadosamente por sus descendientes. La hermana de Valle, Manuela, le regala el libro de Pascal, tal como lo muestra su hoja de guarda.

[65] La afirmación se basa en los inventarios que periódicamente hace Valle de sus muebles, utensilios de cocina y otras cosas de su hacienda La Concepción. Ver Razón de lo que dejó en poder del mayordomo de La Concepción (después de 1822). Documentos de Valle. En una ocasión su madre le escribe: "Te remitimos el frasco de aguardiente, dos botellas [sic] de vino… y los sigarros [sic]". Ver De Francisca y Manuela para valle, Escuintla, sin fecha. Documentos de Valle.

[66] De Goicochea para Valle, Chinauta, 13 de abril de 1811, Documentos de Valle. La presunción de que Valle ingiere bebidas alcohólicas con moderación se basa en la completa falta de evidencia de que ocurriese lo contrario. Dado lo duro y agitado de la vida política de Guatemala tras la independencia, ciertamente ese tema hubiera surgido de no haber sido Valle moderado en sus hábitos y apetitos. Él lo pone de otra manera: "A una vida laboriosa, acompaño regularmente una conducta irreprensible, porque el trabajo exige recogimiento, y el retiro no permite las distracciones del vicio público y privado". Citado de un borrador de sus títulos y méritos (Documentos de Valle).

[67] Citado de una carta escrita por Valle. No tiene fecha, ni destinatario. Documentación de Valle.

reducido su círculo social, una práctica señalada como virtud por el Capitán General González. Explica en su recomendación que Valle, de ser nombrado, servirá mejor a la Corona en Guatemala gracias a su abundante conocimiento del Reino. Anticipándose a la pregunta siguiente, explica que no hay razones para temer que sus "relaciones puedan estorbarle en el ejercicio de su ministerio, cosa que pasa con otros que son hijos de esta ciudad, que tienen vínculos y relaciones aquí"[68].

González, de nuevo en términos elogiosos para Valle, señala otra de las razones que seguramente le ganan enemigos. Valle es de la "provincia de Tegucigalpa", un hecho insignificante al apreciar el conjunto, pero que lo vuelve un extraño sin vínculos y relaciones en la ciudad capital. Cuando ese forastero se impone sobre los "hijos de la ciudad" los enemigos son inevitables y una conducta servil de su parte, que hubiese sanado las heridas, era totalmente desconocida para la personalidad de Valle. Sin la energía o el deseo para mantenerse al paso del Choluteca, sus enemigos se sientan a esperar las indiscreciones o flaquezas delaten su intachable exterior para permitirles continuar con sus monótonas vidas seguros de no ser tan inferiores a Valle como el Capitán General González piensa. Finalmente Valle comete un error, nada grave, pero que hace a muchos esperar un deshonroso retiro de la vida profesional. El asunto inicia en 1814 e involucra acontecimientos de los tres años previos. El mismo revela la cólera de los hijos de la capital, que parecen poseer más talento para la intriga que para el Derecho.

[5]

El 5 de enero de 1814, Valle tiene que comparecer en representación de un cliente ante la Sala Civil de la audiencia. Al presentar el escrito rutinario el mismo es rechazado por el escribano,

---

[68] Documento de Valle.

quien alega que el nombre de Valle ha sido inhabilitado en la lista de abogados inscritos en el Colegio de Abogados[69]. El propósito del Ilustre Colegio de Abogados, fundado en 1810, es tan claramente expresado como los "fruncidos de muselina azul o tafetán" que los miembros pueden portar en sus puños, cuando el artículo 18 de sus estatutos dice: "Nadie que no esté matriculado en el Colegio podrá de manera alguna ejercer la profesión del Derecho en la Capital"[70]. Al escuchar las palabras del escribano Valle se queda pasmado. Al recobrar el aliento, regresa a su despacho, saca su copia de las leyes de Indias y prepara un escrito, mismo que gracias a la respuesta que genera nos permite conocer la historia detrás de las palabras "... fue excluido de matriculación en el Colegio de Abogados" pronunciadas por el escribano.

Como lo sugiere su primo, Dionisio de Herrera, para la primavera de 1812 Valle comienza a encontrar las "miles de naderías" de un escrito como algo exasperante para un "litigante eterno" y empieza a pensar en su retiro[71]. A pesar de esto, continúa por otro año. En "junio o julio" de 1813 decide retirarse. Mientras el juez mayor le asigna casos criminales él los devuelve con una nota en la que le informa que ha decidido retirarse para recuperar su salud y que a pesar de no aceptar más casos planea completar los ya iniciados. Durante todo el año continúa rechazando casos por las mismas razones. El 9 de diciembre de 1813 el juez, Dr. Manuel Talavera, cita a Valle y en el transcurso de la "amistosa conversación" Valle le hace ver que ha decidido abandonar su práctica. Talavera se ofrece para hacer los arreglos necesarios y

---

[69] AGG, A1.47.2,4072. Valle sobre continuar despachando los asuntos. Valle cuenta lo ocurrido el 5 de enero en su escrito fechado el 10 de enero de 1814.

[70] Citado por Lanning Enlightment, p.111. valle se convierte en miembro del Colegio el 6 de junio de 1810; cuando menos esa es la fecha en la que paga la cuota de inscripción de veinticinco pesos. Ver AGG, A1.47, 23784,2756. Colegio de Abogados.

[71] De Dionisio de Herrera para Valle. Tegucigalpa, 7 de junio de 1812. Documentos de Valle.

Valle acepta. Sin comunicación alguna para Valle, el 11 de diciembre Talavera inhabilita a Valle de la lista de abogados a los que se les permite ejercer ante la audiencia y le informa al secretario del Colegio de Abogados, Dr. Alejandro Díaz Cabeza de Vaca, del retiro de Valle. Pasada la Navidad, el 5 de enero de 1814, Valle conoce por primera vez que está inhabilitado para el ejercicio de la profesión y que en consecuencia no puede finalizar los procesos que desde junio o julio, fecha en la decide retirarse, tiene pendientes. Valle declara que esos son los hechos concernientes a su retiro y reta a cualquiera para presentar un "memorial, nota o documento" en que se diga lo contrario. Retóricamente, reflexiona sobre el espíritu que propicia su abrupto retiro de su profesión, para después protestar de que hasta el más indeseable miembro de una "fraternidad, gremio, sociedad, corporación o compañía" es oficialmente informado de su retiro. Hasta al "más criminal" de los hombres se le comunica su sentencia antes de ejecutarla y el escribano viaja "tres o cuatro leguas" fuera de la ciudad para comunicar a los prisioneros de Granada (Nicaragua) sus sentencias. "Yo ni siquiera merecí la atención de un mensaje de cortesía". Como desea terminar los asuntos que tiene pendientes, cosa que además demanda la ley, suplica al Colegio pronunciarse sobre el derecho del escribano para rechazar su petición relacionada con el proceso iniciado en mayo de 1813.

En vez de fallar conforme a la petición de Valle, el secretario Cabeza de Vaca, que cuenta con el apoyo de Talavera, trata de probar que Valle por sus propias acciones ha puesto fin a su carrera mucho antes del 5 de enero de 1814. En 1812 (Cabeza de Vaca cita los registros del Colegio), el Ilustre Colegio de Abogados elige a Valle prosecretario, pero al no estar Valle presente, el secretario manda la notificación con el portero a la casa de Valle. Valle, recibe la notificación de su elección por parte del portero como un gran vejamen e inmediatamente redacta su renuncia, misma que remite con el portero del Colegio. Tras breves consultas, el secretario del

Colegio nuevamente despacha el portero a casa de Valle, esta vez con el fin de cobrar las cuotas atrasadas. Ciertamente, Valle no ha realizado ningún pago desde 1812. Como nota aparte, Cabeza de Vaca señala que el artículo 2 del estatuto 3 expresamente señala que cualquier miembro que deje de pagar sus cuotas por dos meses consecutivos será dado de baja a menos que cumpla sus obligaciones dentro de los dos meses de gracia siguientes. En vista de la abierta antipatía contra Valle, el observador casual se maravilla de que no es expulsado a inicios de 1813. Valle explica la indulgencia del Colegio cuando le informa al portero del Colegio que no es "costumbre que unos paguen y otros no", y que tan pronto como se le cobre a otros él prontísimo pagará sus cuotas. Algunos días después, el portero nuevamente intenta convencer a Valle de pagar sus cuotas retrasadas. Molesto más allá de la civilidad, Valle claramente se niega y le dice que el "Colegio no cuente conmigo para nada". Como si fuese emisario de noticias que pueden llevar a la degradación pública de prohibir a Valle portar en sus puños los "arrugados de muselina azul", el portero informa de las palabras exactas de Valle, mismas que son interpretadas como una separación definitiva del exclusivo Ilustre Colegio de Abogados. En vista de la actitud de Valle, Cabeza de Vaca no cree que el Colegio haya actuado abruptamente.

Para reafirmar sus argumentos de no permitir a Valle ejercer, Cabeza de Vaca sujeta a una interpretación diferente las explicaciones dadas por Valle para rechazar nuevos casos. De acuerdo al Licenciado Pantaleón de Águila, abogado e hijo de la capital, Valle al rechazar esos casos no lo hace por razones de salud o por que se prepara para abandonar su profesión, lo hace por el poco provecho que le pueden traer. Su menguada salud y la anticipación de su retiro de la profesión no le impiden aceptar casos de clientes que le traen algún provecho. ¿No es él en ese momento el abogado de "fulano de tal Cabreras de Tegucigalpa v. Florencio Quiñones?", ¿No es cierto que Cabreras lo ha retenido con honorarios de setenta pesos? y ¿No sabía Valle que su rechazo de los casos asignados va en perjuicio de otros abogados? Águila, molesto por que Valle solo busca su provecho, acude ante el juez mayor y se queja de que la conducta profesional de Valle se está volviendo peligrosamente anti-ética.

Esos cargos amenazan con convertir un incidente que iniciado como controversia de guante blanco en una reyerta de puños descubiertos. Valle mantiene la cordura, hace uso de la ley y de información fundada en hechos para lanzar punzantes indirectas cual sable en manos de un experto. Su disciplina y sentido del orden son ofendidos por el baturrillo que el secretario trata de formar en respuesta a una "simple" solicitud. Con todo, Valle no desea ser impertinente, pues "no ha sostenido disputas". Tampoco en sentido alguno se parece a los "hambrientos abogados de algunos países, quienes al no tener casos propios, braman de envidia al ver la lista de causas pendientes que pertenecen a otro y que calculan y hacen planes para atraer a sus pobres despachos los procesos y papeles que les permitan ganar algunos pocos honorarios". Valle decidido a terminar su práctica solo desea concluir "los negocios apilados en abundancia en mi mesa", como la ley y la ética profesional exigen. Pero entiende que el tono de las réplicas, sus irrelevancias y su incapacidad para atender las solicitudes son simples manifestaciones del poco afecto que Cabeza de Vaca le guarda.

Valle enfrenta los cargos de Cabeza de Baca en el orden en que se presentan. En relación a su conducta hacia el Colegio, finge estar sorprendido por lo que "un incidente del año '12" ha traído. Se maravilla ante el silencio que Cabeza de Vaca guarda por trece meses y de que ahora hable en relación con otro asunto. Valle acostumbra no meterse en pleitos, pero visto que el asunto había sido mencionado, estuvo dispuesto a discutirlo. Mes a mes ha cumplido "desinteresadamente" con sus obligaciones ante el Colegio, sin importarle si un "abogado puede ejercer solo porque está matriculado" o simplemente por que posee la educación necesaria. Las razones que lo llevan a dejar de pagar sus dos pesos mensuales son correctamente señaladas por Cabeza de Vaca, pero el único propósito de mandarle el "barbero" que hace las veces de portero, es el de señalar a Valle como deudor para obligar a pagar a otros que también están morosos.

Valle califica como faltos de evidencia los cargos hechos en contra de sus motivos para rechazar algunos casos y aceptar otros. Durante la última mitad de 1813 el monasterio de Santo Domingo trata de retener a Valle, pero él lo rechaza inmediatamente al igual que rechaza un encargo del monasterio de San Francisco. Su cargo como Defensor de Obras Pías le trae algunos honorarios, pero en 1813 renuncia al mismo. Al momento solo conserva "el cargo de asesor del gobierno para el monopolio del tabaco, por el que recibo doscientos pesos" y aún sirve como Fiscal para los Juzgados de los Reales Cuerpos de Artillería e Ingeniería, mismo que en vez de pagarle algo lo obliga a poner de su propia bolsa los gastos de papel y cuando es necesario de secretario. El único asunto de cuantos se está ocupando que puede considerarse le va a dejar algún provecho es el del Convento de San Francisco con Dn. Francisco Pinillos y Luis Valladares. Explica Valle que ahora las oficinas de todos los tribunales son públicas y que en cada una trabaja un escribano. De todos esos hombres Valle solicita y recibe un informe que presenta:

Los Escribanos Propietarios y Encargados de los Juzgados Ordinarios Constitucionales de esta Capital... en la forma debida hagan presente: que en cada uno de nuestros despachos no hay pendiente caso alguno.... en que el susodicho Señor Valle haya participado. Si participó en algunos antes de retirarse, fueron muy pocos, porque es de todos conocido que el grueso de su extensa práctica, misma que debía a la reputación de que gozaba en esta capital y a lo largo de las provincias, era llevada ante los tribunales de la Real Audiencia.

Vista la declaración anterior, ¿Puede el Dr. Alejandro Díaz Cabeza de Vaca, secretario del Colegio, dejar de creer que Valle acepta tan sólo asuntos que le pueden dejar algún provecho, rechazando los que no? El secretario encuentra siete casos rechazados por Valle y continúa refiriéndose al caso Cabreras como el de algún provecho. Al ver la lista, Valle siente curiosidad por conocer las fechas en que han sido rechazados, fechas que Cabeza de Vaca omite. Valle dirige una nota al "Señor Escribano del Superior Gobierno y Capitanía General, Antonio Arroyave", solicitando las fechas de los casos que aparecen en la lista y de "cualquier otro que me pertenezca". El informe de Arroyave muestra que Valle tan solo rechaza un caso, "el de José Florencio Chilio [¿Chileno?] por golpes" antes de decidir retirarse.

La segunda parte de la "ofensiva" acusación se presenta peor que la primera. "Permítame hablar con los términos propios de nuestro lenguaje", ruega Valle. "Es una mentira, una imputación del Lic. Don Pantaleón de Águila, que de ser cierta.... que diga que he manejado los casos de Quiñones y de Contreras [sic]" por los honorarios. "Fui nombrado en primer lugar, Licenciado Águila en segundo y Don Miguel Larreinaga en tercero"[72]. Valle intenta rechazar el caso, pero el Señor Maestrescuela Juan José Zelaya de San Carlos le envía una carta que ha recibido de Contreras para Valle. La carta declara que "Quiñones dio dos mulas cuando estuvo en Tegucigalpa y que los Rosas llegaron a un arreglo con Larreinaga". Valle reconoce que se hizo cargo del caso, pero más en

---

[72] El 22 de enero de 1811, el Colegio de Abogados, en cooperación con la audiencia, declara que todos los casos criminales originados en la capital o apelados desde las provincias serán divididos entre los abogados matriculados en el Colegio. Cada abogado recibe un sueldo fijo de 800 pesos por atender estos casos criminales. El abogado que debe atender el caso es "nombrado en primer" y sus substitutos para el mismo asunto en segundo y tercer lugar. Un abogado que recién se inicia seguramente aprecia esto, pero para un abogado establecido como Valle es una carga enorme. Ver AGG, A1.47, 44942, 5334. El Ilustre Colegio de Abogados sobre nombramientos de los individuos que despachen los asuntos criminales y de pobres con el sueldo de 800 pesos anuales cada uno.

interés del tribunal y el "honor de Águila" que por los honorarios. Si Águila se hubiese encargado del caso presentando una solicitud favorable a Quiñones, entonces Contreras hubiese paseado las dos mulas frente a los ojos de todos, esto en caso que el regalo en efecto se hubiese dado[73].

En el manejo del caso Contreras o Cabreras, Valle responde a todas las acusaciones que se le hacen en relación a la aceptación de casos por el provecho que los mismos le pueden dejar. Pero en conclusión, y como si lo hubiese guardado para el final, examina el caso Convento de San Francisco contra Luis Valladares y Francisco Pinillos, el que aún está pendiente y que nadie, con excepción de Valle, menciona. Sin hablar de los intereses en conflicto, explica que estuvo a punto de terminar el caso, mismo que inicia en 1812, cuando Valladares se va por la tangente legal. Investigando el asunto, Valle logra descubrir que el "Dr. Talavera es quien escribe a Valladares suplicándole retirarse del acuerdo, para permitir que Doña Petrona Pinillos pueda tomar posesión de la casa". Se aclara entonces que ha sido Talavera el que ha "complicado el juicio con quiméricas promesas para Pinillos". Es sabido que le "debe 3 mil pesos a Pinillos". Valle explica que menciona de mala gana esas complicaciones, pero señala que la información provino de un R. P. Guardián del monasterio, en "cartas o instrucciones rotuladas 4, 5, 6, 7 y 8"[74].

La respuesta apegada a ley que envía Valle (*mandamos, que si el abogado, tomare una vez a su cargo ayudar a una parte, no sea osado a lo dexar, hasta ser fenecido el pleyto*) asegura su derecho a finalizar los procesos pendientes y le permite ajustar cuentas con Talavera, Cabeza de Vaca y Águila[75]. Pero es una victoria pírrica,

---

[73] AGG, A1.47.2, 32250, 4072. Valle sobre continuar despachando los negocios (7 de febrero de 1814). La relación de los Rosa con el caso no es presentada.

[74] Ibid.

[75] Ibid. Valle cita la ley el 10 de enero de 1814, sin señalar fuentes pero citando correctamente. El autor no encuentra ningún registro de que Valle ha terminado el

pues la controversia muestra la flaqueza de ambos lados. El que Valle rechace un caso antes de su retiro, provee elementos para que Águila proteste contra el trabajo adicional. Los abogados en Guatemala no son tan numerosos como en otras colonias y el caso rechazado por un abogado significa un peso adicional para otro que ya tiene llena su cartera. En términos ajenos a los legales, el rechazo legal o ilegal de casos por parte de Valle, es una imposición sobre sus colegas. Parece natural que se resientan ante tal imposición y al continuar Valle atendiendo asuntos de fuera de la provincia el resentimiento se convierte en amargura y la amargura los ciega al punto que esas actitudes lo llevan a adelantar la fecha de su retiro. Seguramente la idea de que Valle está hablando de retirarse sin tomar medidas para cumplir con ello cruza por la cabeza de algunos, cuando no de todos sus colegas. Ese pensamiento puede haber motivado el empleo, por parte de Talavera, de la declaración que hace Valle el 13 de diciembre de 1813, para atraparlo. Independientemente de los motivos, el intento de inhabilitar a Valle fracasa. Talavera y sus amigos terminan teniendo que combinar la amargura de la derrota con el resentimiento crónico al ver como el Capitán General González alimenta las ambiciones de Valle. Esto, en reconocimiento al talento y enorme capacidad de trabajo que mueven su ambición.

La actitud despectiva frente al Colegio también contribuye a ganarle enemistades a Valle. Indudablemente, la razón de ser de dicha organización es el exclusivismo. Sus sesiones no son más que formales inanidades empleadas por sus miembros para atraer la atención. Valle es despreciativo por carácter y educación; con seguridad otros miembros también lo son pero no lo demuestran. El que Valle haga público su desdén es un signo más de la vedada enemistad que lo separara, siempre, de muchas de las más influyentes familias de la capital. Está claro que esa enemistad, que

---

caso pendiente. Valle se retira, pues aparece en una lista del Colegio de los abogados residentes en la capital pero que no eran miembros.

ha venido creciendo desde cuando menos diciembre de 1807, trabaja igual que un pedazo de lija con superficie áspera a ambos lados. Los sentimientos de Valle también han sido dañados en carne viva.

Valle también muestra las irregularidades cometidas por Talavera, Cabeza de Vaca y Águila, cuyas acusaciones son serias y su evidencia escasa. Eso lleva a creer que intentan acusar y juzgar a Valle por algo que no tiene cabida ante la ley o ante un tribunal: su resonante éxito como abogado y su negativa a cambiar o comprometer la manera en la que alcanza y mantiene su éxito. Evidentemente, lo califican de orgulloso y altanero, palabras que para ese momento están más que gastadas. Si ese formidable exterior encierra un inexpresable deseo de aceptación y reconocimiento por parte de la capital, solo puede ser adivinado por sus más cercanos amigos. Sin la evidencia necesaria, Talavera y Águila se retiran con su versión sobre las "corruptelas" de Valle resonando aún entre sus oídos.

En realidad, Valle tiene menos razones que las mostradas, en sus relaciones personales y en la carta que le dirige a Villaurrutia, para estar triste. Con seguridad la muerte de su padre le afecta, sumado al hecho de que ahora debe velar por la suerte de sus dos hermanas; pero en unos pocos años logra obtener honorables cargos, responsabilidades y el incondicional apoyo de los más altos funcionarios de la colonia. Como presagia su primo Dionisio de Herrera en 1812, los ingresos provenientes de las haciendas le permiten a Valle abandonar la cartera de clientes más extensa de la colonia. El caso Bergaño no le afecta en manera alguna, pues no tiene nada que ver en él. Su impaciencia por obtener mayores éxitos le niega todo respiro. En diciembre de 1807 decide buscar una judicatura; en 1808 o 1809 el Capitán General González lo recomienda para esa posición; y, en 1813, el abogado de Valle en España, Rafael Antonio Díez y Tovar, le escribe que el Consejo de

Estado está considerando a Valle para un cargo en la audiencia[76]. Los eventos que se suceden en España entre 1808 y 1814 retrasan el trámite de todo asunto, colonial o doméstico, y mientras Valle espera en Guatemala, combatiendo los enemigos naturales del éxito, la lucha española contra las fuerzas francesas lo hace tomar una nueva decisión concerniente a su carrera.

---

[76] Para Valle, Cádiz, 19 de junio de 1813. Documentos de Valle.

CAPÍTULO TRES:
LEAL SÚBDITO REAL 1801-1815

El 13 de agosto de 1808 el Capitán General González recibe, vía México, un despacho en el que el ministro francés de relaciones exteriores, Jean Champagny, informa a los americanos que la familia real de España ha abdicado el trono "cediendo todos sus derechos al emperador de los franceses", cuyo deseo es que España recobre "su antiguo brillo y esplendor". Con ese fin Napoleón ha llamado a su hermano José para que ocupe el trono español[77]. A las siete de la noche, tras leer el despacho, González convoca a sus ministros y junto a ellos decide llamar a una reunión general para el día siguiente con la presencia de las principales autoridades de la capital. Eso les da tiempo suficiente para entender y asumir las consecuencias de tan sorprendente y repentina noticia.

A través de su Sistema Continental, Napoleón busca forzar a Inglaterra a hacer la paz bajo sus propios términos. Para que el sistema opere eficazmente las relaciones entre Portugal e Inglaterra tienen que acabar. Pero para llegar a Portugal, la geografía política y la batalla de Trafalgar requieren pasar por España. El pusilánime Carlos IV de España no es un inconveniente mayor; en 1807 Napoleón logra un acuerdo que permite a las tropas francesas cruzar el territorio español. Una vez que sus tropas están dentro de España, desde Bayona, Napoleón pone la trampa en la que cae Carlos IV y su hijo Fernando VII -que sucede a su padre-, lo que le permite colocar a su hermano José en el trono español. Los españoles de Madrid, escandalizados por las pretensiones de Napoleón, se revelan el dos de mayo de 1808. Rápidamente la revuelta se generaliza por toda España y los españoles, ante la necesidad de organizarse para hacerle frente al invasor, establecen Juntas Locales o Cuerpos de

---

[77] AGG, A1.2.2, 15733, 2187. Libro de cabildos de Guatemala, año 1808. El despacho fue encontrado doblado dentro de este libro.

Gobierno que más tarde dan paso a la Junta Central que hace las veces de autoridad suprema durante los primeros años de ausencia de Fernando VII. Napoleón, para su consternación, debe ahora hacer frente a una guerra de alta intensidad. Con excepción de la Junta Central, esos son algunos de los asuntos que deben haberse discutido en aquella reunión del 13 de agosto de 1808.

Reunidos un 14 de agosto en el salón de sesiones del Palacio Real el Capitán General González, los ministros de la audiencia, el arzobispo, los miembros del ayuntamiento, el rector de San Carlos, representantes de varios monasterios y los funcionarios del Real Consulado escuchan el despacho enviado a través de México. Después de un breve comentario de González la asamblea acuerda, de manera unánime, que las abdicaciones de la familia real son "nulas y sin ningún valor pues han sido obtenidas por la fuerza, en territorio enemigo, y en medio de las bayonetas." Toda la farsa de Bayona, inspirada, como lo está en la más "pérfida ambición", tan solo merece su desprecio. Los miembros de la asamblea reafirman su lealtad "a nuestro legítimo Soberano, y a las leyes del Imperio"[78].

Alarmado ante el desarrollo de los acontecimientos en España, González comienza a prepararse para los problemas que pudiesen surgir en Guatemala. El 5 de septiembre ordena la publicación de la declaración española de guerra contra los franceses y anuncia que las propiedades pertenecientes a súbditos del "presente gobierno francés" serán confiscadas. Los puertos son cerrados a embarcaciones extranjeras y la marina mercante española deseosa de embarcar o desembarcar en el país debe pasar el "más cuidadoso examen de sus credenciales, de su tripulación y de cualquier otro abordo". Si la investigación revela armas, tropas o contacto del buque con "extranjeros, especialmente con los franceses", se ordena el secuestro del mismo pendiendo una decisión del gobierno. Días después del anuncio de las medidas precautorias, González inicia

---

[78] Ibid., p7; Boletín del Archivo General del Gobierno., III (1938), 300-331 (en adelante referido como Boletín).

una suscripción pública o donativo patriótico y voluntario. En diciembre para conmemorar las celebraciones en honor del monarca español, el Gobierno Supremo publica un panfleto titulado Guatemala por Fernando Séptimo.

Las medidas tomadas por González y otros reconocidos líderes, en la reunión del 14 de agosto, reflejan los sentimientos del pueblo de Guatemala para con Napoleón y su aventura española. Una carta escrita por Simón Bergaño y Villegas, una de las primeras víctimas de la amenaza tricolor, nos da una idea más clara de las primeras reacciones ante tales noticias. El 17 de octubre de 1808 los habitantes de la capital, aprovechando el anuncio concerniente a la suscripción, realizan una celebración. Dos orquestas, con cuarenta músicos cada una, junto a la banda militar, alientan a la multitud reunida en la plaza principal -atestada al punto de no aceptar ni un "grano de trigo"- a comenzar a dar vivas a Fernando y horribles expresiones en contra de Napoleón. Las 87 antorchas dobles que iluminan la plaza transforman la noche en día. A las once en punto de la noche, algunos de los asistentes aparecen portando un retrato de Fernando, mismo que alzan en medio de las dos orquestas. Entonces, con tambores y pífanos de fondo, la multitud comienza a marchar hacia el palacio real. Ahí, el Capitán General y su esposa "reverencian" y "abrazan" el aprecio de su soberano. Después, la entusiasta multitud marcha por todas las calles y Bergaño, que se ha unido al tropel, pierde su sombrero, su pañuelo y sus zapatos.

También en Guatemala, como en todas las colonias españolas en América, se presentan opiniones encontradas respecto a la acciones a tomar entorno a los inusuales acontecimientos que ocurren en España. La ausencia del Rey y los encargados del poder en el interregno, primero por la Junta Central y después por la Regencia y la Constitución de 1812, crean problemas muy especiales en todo lo atinente a procedimientos gubernamentales en las colonias. Algunos grupos insisten en reconocer la suprema autoridad de la Junta Central; otros piden la formación de Juntas en las colonias para gobernarlas en nombre de la colonia. Los criollos simpatizan con la idea de un gobierno local guiado por la lealtad a Fernando, no solamente porque están comprometidos con la idea de gobiernos más democráticos sino también porque esto beneficia sus propios intereses. Las Juntas Locales, electas por el pueblo, ofrecen la oportunidad de compartir el poder con los españoles o de controlarlo completamente. En el México de 1808 y 1809, se puede observar con claridad las diferentes manifestaciones que se dan entorno a esas ideas, mismas que son interpretadas como los primeros pasos hacia la independencia.

Como lo muestran otras cartas de Bergaño, también existen diferencias - aunque no tan marcadas como en el caso mexicano- entre los criollos y los peninsulares de Guatemala. Casi dos semanas después del arribo de las noticias provenientes de México Bergaño se queja: "el pueblo está sin rey y no le importa". Culpa de la apatía al que en la Ciudad de Guatemala solo vivan de cien a ciento cincuenta españoles. Para él, nada puede esperarse de los criollos pues son "egoístas, haraganes, cobardes y desleales". Solo desean "cambiar el sistema sin tomar en cuenta los beneficios que éste les deriva". Tienen un rey que no toma un centavo (medio real) de Guatemala. Por el contrario, les ha hecho miles de concesiones en agricultura y comercio y los ha provisto de un subsidio para balancear las diferencias entre los gastos del gobierno y los inadecuados ingresos de la colonia. "Le aseguro", explica Bergaño en su carta, "que sus actitudes me inquietan". En la provincia de Quetzaltenango, los criollos informan a los indios de lo ocurrido en España y éstos ahora se niegan a pagar sus impuestos. Teme que otras provincias sigan el mismo ejemplo. Tarde o temprano alguien atacará a un funcionario, sirviendo de provocación suficiente para una revolución de "fatales resultados".

Dos semanas después, Bergaño escribe que el gobierno está escuchando las "confesiones" de un "subversivo (español-americano)". Denunciado secretamente, las autoridades lo aprenden por sorpresa encontrándole algunos "pasquines" que ya ha puesto en circulación y una "proclama o exhortación" en la que invita a los guatemaltecos a "literalmente beber la sangre de los españoles tal como ellos han estado chupando el dinero que nos pertenece". El prisionero, tal como perversamente lo registra Bergaño, ha confesado todo (vomitado lindamente) y el gobierno "acaba de darse cuenta que los frailes con más influencia son los que debe colgar de primeros". Bergaño estima que tan solo hay unos "30 o 40 pródigos" pero que son capaces de infringirle a Guatemala igual número de situaciones embarazosas. Además, le preocupa que el gobierno no hubiese dado instrucciones a los militares, cuyo contingente esta "compuesto por 200 soldados de infantería y 40 dragoncillos". Pero como la tropa es "toda de sangre mezclada y despreciable por sus hábitos y vicios", es imposible confiar en ella en caso de alguna eventualidad.

En la declaración rendida por Bergaño, en los momentos de su propia investigación, se encarga de aportar más evidencias sobre la rivalidad entre criollos y españoles. El 17 de octubre, día en que pierde sus zapatos, Bergaño ha ido a casa de José María Peinada, Regidor del ayuntamiento de la capital, en los precisos instantes en que la multitud comienza a llenar la plaza. En la esquina cercana a la casa de Peinada, Bergaño escucha gritos de "Muerte a los Chapetones" (Peninsulares). Cuando se apresta a castigar a los culpables Peinada lo detiene y les grita a los culpables: "Muchachos, este no es el momento". Golpeado por la afirmación, Bergaño le pregunta a Peinada cuando piensa que llegará el momento. Su única respuesta es: "Este no es el momento para crear disensiones." Unos pocos días después Peinada le confiesa a Bergaño su inútil deseo de que Guatemala elija una Junta, tal como los españoles lo han hecho en España. El 21 de octubre, cuando se supone que los españoles han arrestado al Virrey Iturrigaray de México por favorecer una junta como la anhelada, Peinada llama desde la puerta de su casa a Bergaño -quien pasa montado a caballo- para decirle que está en contra del arresto del Virrey.

En la tarde de ese mismo día el contador Antonio Rivas conversa de política con Bergaño haciendo énfasis en los rumores que circulan sobre la sustitución del Capitán General González. Para saber más sobre estos rumores, esa misma noche Bergaño se entrevista con el funcionario preguntándole su opinión sobre "nuestra situación". El funcionario responde que está "convencido que los criollos aún quieren beber la sangre de los españoles". Expresiones de tal naturaleza convencen a Bergaño de la existencia, en tierras de Guatemala, de las dos facciones que todo mundo sabe "dividen a Sur América".

El 22 de enero de 1809 la Junta Central de Sevilla, al tanto de las disensiones entre criollos y peninsulares, declara que los "vastos y valorables dominios" en América ya no son "colonias o establecimientos comerciales, sino una parte integral de la monarquía española". En consecuencia, los españoles-americanos deben comenzar a elegir de inmediato sus representantes a la Junta Central. La declaración y las instrucciones para la elección de diputados a la Junta arriban a la Ciudad de Guatemala con una tardanza de más o menos un mes. El 30 de abril de 1809 el Capitán General González publica la noticia y ordena realizar preparaciones para las elecciones. El método de selección de representantes era una curiosa combinación de elección y lotería. Los ayuntamientos de cada distrito con derecho a representación en el gobierno nombrarían "tres individuos de conocida honestidad, talento y educación" que estén libres de "todo lo que pueda detractarlos de ellos". Tras la elección de los tres hombres cada ayuntamiento seleccionaría por sorteo a uno de ellos y el nombre del escogido se enviaría a la Ciudad de Guatemala. De los nombres enviados a la capital, los miembros de la Audiencia, junto al Capitán General, por real acuerdo elegirían los tres que consideraran mejor calificados para representar el Reino. Después, en un sorteo supervisado por el Capitán General, los miembros de la audiencia, escogerían a los representantes de Guatemala a la Junta Central.

Las elecciones dan inicio tan pronto como las autoridades provinciales tienen noticias del procedimiento a emplear. Los ayuntamientos de León, Tegucigalpa, San Vicente y Sonsonate eligen a Valle. En la lotería, tres de ellos escogen su nombre[79]. El Capitán General González observa que de todos los Abogados Valle es el único distinguido. González atribuye el éxito de Valle a la habilidad y reputación de que goza a largo de la colonia. Pero Valle se niega a aceptar el mandato de los votantes y la fortuna de la "ciega suerte" que lo ha puesto en posición de convertirse en diputado a la Junta. El 9 de octubre de 1809 escribe que no es "insensible a un honor tan grande" pero el cargo, que "quizá halague la vanidad de otros", no le provoca ninguna ilusión. Siempre ha pensado en sí mismo con modestia y no tiene "ninguna razón para variar esa opinión". Esos son tiempos críticos para el gobierno español. Confiesa que es "incapaz de cubrir hasta la parte más pequeña de una posición tan importante". Esa "única consideración" es motivo suficiente para su retiro, pero añade que su débil constitución y la responsabilidad de cuidar de sus dos hermanas lo ayudan a reforzar esa decisión.

Once meses le toma a Guatemala completar el proceso eleccionario. Al momento en que los representantes a la Junta son escogidos los cambios políticos ocurridos en España impiden su asistencia. La Junta, que ha logrado huir de Sevilla a Cádiz antes de la entrada de las tropas francesas, nombra una regencia de cinco hombres que debe realizar todos los preparativos para convocar a un

---

[79] AGG, A1.1, 4347. Este legajo contiene las respuestas de varios ayuntamientos informando el real acuerdo de las personas electas. También ver Gazeta de Guatemala, 7 de marzo de 1810. De Crisanto Sacasa para Valle, Granada, 22 de junio de 1809; de Juan Francisco Vilches para valle, León, 23 de junio de 1809, Documentos d valle. Sacasa (y la Gazeta) señalan que el ayuntamiento de Sonsonate es el único de los cuatro que no escoge el nombre de valle en la lotería, y explica, además, que el nombre de Valle es incluido en la elección inicial hecha en granada.

congreso constituyente: las Cortes. En el acto la Junta se disuelve. El 4 de febrero de 1810, el Consejo de Regencia decreta que deben realizarse elecciones para representantes ante las Cortes en España y en la España Americana. El procedimiento de elección es muy parecido al empleado para la Junta Central. El decreto se publica en Guatemala en la primavera de 1810. A primera vista parece que los americanos serán representados en proporción a su número. Sin embargo, en España, algunos líderes políticos se percatan que la representación proporcional permite el control americano de las Cortes. Por esa razón, el asunto de la representación es arreglado de manera que favorezca a los españoles.

Pese a ello, Guatemala aprovecha su primera oportunidad de participar en un supremo cuerpo de gobierno del Imperio. Las elecciones dan inicio inmediatamente. La provincia de Guatemala elige al Dr. Antonio Larrazábal, profesor de la Universidad de San Carlos, como el más distinguido de los representantes de la Capitanía General. El ayuntamiento de la capital le da a Larrazábal una serie de instrucciones y lo envía a Jalapa (México) donde, en febrero de 1811, espera ser transportado a España. Finalmente arriba a Cádiz el 17 de agosto y una semana después se le toma la promesa como funcionario. A su arribo, las Cortes han estado en sesión desde el 24 de septiembre de 1810. De esta manera Larrazábal, al igual que muchos otros representantes americanos, contribuye muy poco con la Constitución promulgada en marzo de 1812.

[2]

La lucha española por la libertad, que atrae sinceras muestras de simpatía a largo de las colonias, logra también tocar las fibras patrióticas del corazón de Valle. Debe haber compartido el sentimiento de malestar contra Napoleón y debe haber deplorado las diferencias entre criollos y Peninsulares, de lo contrario el Capitán General González no hubiese escrito en 1809 que Valle "en las presentes circunstancias"[80] ha mostrado "distinguidos sentimientos de fidelidad" publicado un panfleto titulado Demostraciones públicas de Lealtad y Patriotismo por los Comerciantes de la Ciudad de Guatemala en las Presentes Circunstancias. No obstante, Valle no está convencido de que la Junta Central ofrezca futuro algún, pues sus excusas no son más que una manera educada de decir que no tiene interés. El cargo de diputado a la Junta carece del prestigio para competir, en el favor de Valle, contra el antiguo y altamente estimado cargo de Oidor.

Tras la sorpresa y excitación inicial, Valle regresa a su rutina diaria. Sus hermanas, que nunca se casan, acuden a él en busca de consejo y cuidado. Él atiende los negocios de su práctica y se ocupa de los asuntos de sus haciendas encontrando, como siempre, placer en sus libros. Lleva aún registro del estado del tiempo, el que inicia en 1801, y atiende una queja en contra de los exorbitantes impuestos presentada por "seis ciudadanos de Tegucigalpa" la que le toma mucho de su tiempo. Sin duda, también está ocupado recogiendo toda la información personal que le permita entrar al Colegio de Abogados.

Empero, el año de 1810 trae noticias que deben angustiar a Valle obligándolo a interrumpir su rutina: el Capitán General González recibe órdenes de hacerse cargo de una nueva tarea. Su reemplazo, que asume el mando el 14 de marzo de 1811, será José de Bustamante y Guerra. En las colonias españolas el período de transición para el traspaso de la autoridad, tedioso aún hoy para una sociedad que todavía se basa en la inamovilidad, era un período de inocultable incertidumbre para los hombres que como Valle no gozaban de nombramiento real. Frecuentemente, casi de modo inevitable, los hombres capaces que gozan del favor de un superior caen en desgracia con su sucesor. Con todo, González hace que la transición de Valle sea menos incierta. Al término del cumplimiento

---

[80] González recomienda a Valle. Documentación de Valle.

de las tareas encomendadas, la ley requería que los funcionarios de más alto nivel (Virreyes, Capitanes Generales y Gobernadores) reportaran por escrito las condiciones políticas, económicas y sociales de la colonia, señalando peculiaridades, problemas, ventajas y el personal disponible para el incumbente. En relación a esto, Bustamante le pide a González los nombres de los Abogados mejor educados cuya "integridad y adhesión a la justa causa del rey, Nuestro Señor", estuviese fuera de duda. González sólo recomienda dos que considera llenan esos requisitos. Basándose en la recomendación, Bustamante selecciona a "D. José del Valle". Valle todavía necesita probar su valía, pero sus atributos y los de Bustamante facilitan la continuidad armónica de sus relaciones con el poder.

Menos de un mes después del arribo del Vicealmirante Bustamante a la capital, éste publica un panfleto que le pone fin -de una vez y para siempre- a toda la serie de especulaciones surgidas entorno al nuevo Capitán General. La primera página de la publicación hace que las dieciocho restantes sean agregados innecesarios. En realidad, dos oraciones establecen su posición más allá de cualquier duda. Bustamante anuncia que ha aprendido el "arte de mandar" a través del único método verdadero –"el de obedecer". Una serie de viajes, entre los que se cuenta una "expedición científica que había circunnavegado el mundo", son suficientes para hacerle valorar en alto grado tan sabia doctrina. Tras pasar un proceso de aprendizaje, recibe órdenes para hacerse cargo de la "comandancia política y militar de Montevideo y de comandante de la estación naval". Esa serie de encargos, dados en la última década del siglo XVIII, lo han provisto de ocurrencias que le permiten desplegar "las calificaciones que deben adornar a un comandante". De dos de esos "me jactaré toda mi vida": el de ser un "español puro, inflexible en la protección de la dignidad de este nombre"; y el de poseer "resolución en defensa de la justicia".

El Vicealmirante Bustamante difícilmente ha terminado de

guardar sus haberes cuando ciertas ocurrencias en Guatemala ponen a prueba sus jactanciosas calificaciones. Las noticias del Grito de Dolores del Padre Hidalgo (16 de septiembre de 1810) llegan a Guatemala antes del arribo de Bustamante y las noticias de una abierta rebelión en México encuentran simpatía en muchos lectores de Guatemala. Creyendo seguir el ejemplo de Hidalgo, en la ciudad de San Salvador una facción bajo el liderazgo del Dr. Matías Delgado, Juan Manuel Rodríguez, Pablo Castillo y otros, se alza en armas el 5 de noviembre de 1811. Logran obtener armas y municiones del arsenal local, y pronto controlan la ciudad, recibiendo algún respaldo de pueblos adyacentes. Pese a ello, la gran mayoría de la provincia denuncia la revuelta y dos ayuntamientos son alabados por su oposición a los insurgentes. La revuelta pronto llego a su fin y Bustamante, en un intento por entender y juzgar con justicia, decreta una amnistía general.

Antes que Bustamante pacifique San Salvador otra insurrección, desorganizada y sin liderazgo, estalla en León. El 13 de diciembre de 1811, durante una celebración, se escuchan gritos de "Abajo con los españoles" y "Muerte a José Salvador", el gobernador local. Esos gritos dan inicio a una revuelta que permite que la ciudad pase rápidamente a manos de los insurgentes. Su principal interés es, en apariencia, deshacerse de José Salvador. Cuando Bustamante, provisto de una admirable paciencia, reemplaza al gobernador y ofrece una amnistía general, la revuelta llega a su fin.

Nueve días después de la revuelta de León, un hecho similar da inicio en la ciudad de Granada. Los funcionarios coloniales se ven obligados a escapar a los poblados cercanos y los rebeldes, en control de la ciudad, se aprestan a resistir cualquier fuerza que pretenda atacarlos. Con su paciencia disminuyendo ante cada revuelta, Bustamante envía un ejército de mil hombres y nuevamente ofrece una amnistía general, permitiendo que los granadinos escojan su destino. Cuando rechazan sus propuestas, las tropas se preparan para iniciar combate (abril de 1812); pero antes del primer combate, Bustamante nuevamente les ofrece una amnistía. Frente a un segundo rechazo, las tropas intentan convencer por la fuerza a los insurrectos. Estos rápidamente deciden que la defensa de su causa no vale tantos problemas. Los representantes de las tropas hostiles dialogan y el comandante de las tropas leales les garantiza una amnistía en caso de que depusieran las armas. Bustamante, que ha extendido su amnistía hasta momentos antes de la batalla, rechaza el acuerdo alcanzado. Ordena el arresto y enjuiciamiento de todos los involucrados. A varios se les da pena de muerte (misma que nunca llega a cumplirse); a nueve se les da cadena perpetua y penas menores a los 133 restantes. A todos los que aún están con vida para 1817 se les concede un perdón general.

La primera reacción de Valle frente a esos alzamientos, primeros pasos hacia la independencia, son de malestar. Recién ha contratado la compra de un ganado que debe ser conducido desde la provincia de San Salvador a sus haciendas cerca de Choluteca. Pero el 19 de noviembre de 1811, debe alertar que "los incidentes en San Salvador" vuelven peligrosa la ruta prescrita para hacer la entrega y sugiere otros caminos[81]. También comparte la molestia de uno de sus amigos que se queja de que los alzamientos son responsables de las demandas indias por salarios más altos[82].

Pero las cartas de otros amigos de Valle sugieren que para él las revueltas son algo más que frívolos acontecimientos. El Coronel José Rafael Molina describe las acciones de San Salvador como una "diabólica insurrección"[83], y el 25 de enero de 1812 expresa su satisfacción por que las mismas han sido sofocadas e insinúa que él y Valle, gracias a la "unanimidad de sentimientos", han establecido

---

[81] De Valle a Mariano de José Gálvez. Documentación de Valle.

[82] De Juan Francisco Vilches para Valle, León, 30 de junio de 1812, Documentación de Valle.

[83] Para Valle, San Vicente, 25 de noviembre de 1811, Documentación Valle.

nuevos lazos de unión para su amistad[84].

Cuando en septiembre de 1813 los insurrectos de Granada arriban en calidad de prisioneros a la Ciudad de Guatemala, tras haber caminado toda la distancia que los separa de Granada, Valle expresa con mayor claridad sus sentimientos contra aquel movimiento. Con desaprobación observa que "individuos de las llamadas primeras familias" han visitado a los granadinos llevándoles regalos. Esos mismos individuos nunca se han molestado en visitar a los otros infelices criminales que no tienen fondos, familia o amigos que los socorran. Ni esos individuos visitan los hospitales donde los "desafortunados enfermos" necesitan compasión y aprecio[85].

[3]

Tras las revoluciones de 1811-1812, Valle debe lidiar con otra primicia. La Constitución de 1812, promulgada en España el 19 de marzo, llega a Guatemala el 24 de septiembre. Si bien no otorga una representación igualitaria a las colonias concede medios para mejorar los gobiernos locales. La Constitución establece que los cargos en los ayuntamientos serán electivos en lugar de subastados o heredados y crea un nuevo cuerpo de gobierno, la Diputación Provincial, que se compone de siete miembros que comparten autoridad con el Capitán General en campos específicos, convirtiéndose éste último en Jefe Político. Bustamante, contra su mejor juicio como "puro español," jura defender el nuevo sistema.

Valle, quien en público se refiere muy bien de la nueva

---

[84] Documentos de Valle.

[85] Documentación de Valle. Esta información proviene del borrador de un ensayo incompleto titulado "Espíritu del oficio".

Constitución[86], colabora en la preparación de las primeras elecciones. Bustamante le nombra secretario de la Junta Preparatoria. La Junta le pide elaborar las instrucciones explicativas del proceso electoral. En su explicación señala que la Constitución estipula que solo los ciudadanos pueden votar y que a los negros no se les considera ciudadanos. Pide disculpas por su exclusión pero señalaba, citando a personajes Griegos y Romanos, que la ciudadanía es un honor que solo se confiere a quienes lo merecen.

Tan pronto como los miembros del ayuntamiento de la capital son electos ellos, junto con los miembros de Diputación Provincial, comienzan a tener problemas con Bustamante. Los miembros de la diputación, tras suplicas y esperas, son finalmente instalados en sus cargos en septiembre de 1813, para pasar después al olvido[87]. El ayuntamiento, debidamente electo e instalado, protesta de manera inmediata la negativa de Bustamante de poner en funcionamiento y obedecer la Constitución. Bustamante responde restringiendo la libertad de prensa, retardando la elección de los diputados a las Cortes, negándose a dignificar el cierre de las elecciones con un Te Deum y quitándole al ayuntamiento toda su autoridad constitucional. En resumen, desde el momento en que los cargos de los ayuntamientos pasan a ser electivos, hasta el momento en que vuelven a dejar de serlo, Bustamante hace todo lo que puede para mantener la autoridad en sus manos. Es enteramente probable que

---

[86] El Amigo de la Patria, 26 de octubre de 1820. Valle lee un ensayo titulado "El Economista en septiembre de 1812 y lo publica en su periódico. En una larga sucesión de adverbios se refiere muy bien de la nueva Constitución.

[87] De Manuel Josef Pavón, José María Delgado, Bruno Medina, Eulogia Correo, José Simeón Cañas, Mariano García para Bustamante, 17 de agosto de 1813m Documentos de Valle. Esos seis miembros de la diputación (el séptimo era el doctor Matías Delgado) solicitan a Bustamante la instalación de la diputación, cosa que finalmente hace. Pero en un primer borrador escrito por Valle, Bustamante enjuicia a cada uno de los miembros de la diputación y decide que el canónigo Bruno Medina es el único de reconocida lealtad. Por esa razón, Bustamante exige la disolución de ese cuerpo de gobierno. Ver Reporte acerca de los miembros de la diputación provincial (sin fecha, sin firma). Documentos de Valle.

los pleitos entre él y el ayuntamiento de la capital no sean un simple caso de "tirano" contra libertad. Los miembros, con pocas excepciones, están tan interesados en abochornar a Bustamante como en afianzar las libertades otorgadas por la Constitución.

Los intercambios entre Bustamante y el ayuntamiento proveen pistas que permiten adentrarse en las posiciones de Valle durante el periodo constitucional. En lo que seguramente fue el inicio de un falso rumor los miembros del ayuntamiento, en reunión celebrada el 27 de agosto de 1813, aseguran haber recibido información de que muchos otros ayuntamientos han "pedido al Supremo Gobierno [en España] que Bustamante se mantenga en su cargo a perpetuidad". El instigador, cuyas motivaciones son las de buscar el "beneficio personal", es el "Lic. Dn. José Cecilio del Valle". Para minar esa llamada "intriga", los miembros del ayuntamiento ordenan un despacho a las otras ciudades en la que les piden que en caso de presentarse una solicitud semejante la rechacen. Los miembros del ayuntamiento de la Capital están con ánimo de vengarse; las Cortes los han reprendido por su oposición a Bustamante, como lo muestra esta carta de Valle: "Las noticias de que las Cortes han aprobado lo que Su Excelencia el Capitán General ha hecho, para la implementación de la Constitución y la condena de las oposiciones del ayuntamiento, me ha hecho muy feliz. No pienso que tú [Valle] me hayas enviado antes noticias tan agradables".[88] Confundidos por el mensaje de las Cortes y con el recuerdo de la austera disciplina de Bustamante en la persona de los recién llegados prisioneros de Granada, los miembros del ayuntamiento contraatacan con un rumor, lo suficientemente elaborado para convencer a las Cortes de que Bustamante es tan arbitrario como ellos lo han señalado. El que

---

[88] De José Rafael Molina para Valle, San Vicente, 25 de septiembre de 1813, Documentos de Valle. José Rafael y su hermanos, el padre Manuel Antonio, contribuyeron con 1,000 pesos al donativo (Gazeta de Guatemala, 17 de octubre de 1808).

hayan involucrado a Valle en la "intriga" solo pone de manifiesto su hostilidad contra el hombre de Choluteca que ha conseguido ganarse la voluntad de Bustamante. En el momento mismo en que el ayuntamiento lanza la acusación Valle, debido a su tardanza en retirarse de la profesión, está comenzando a inquietar a Manuel Talavera y Alejandro Díaz Cabeza de Vaca. Es de hacer notar que Cabeza de Vaca es miembro del ayuntamiento. Ese rumor, al igual que el que decía que Valle y Bustamante viajarían a España, no tiene fundamento alguno[89]. Un comentario de Valle (que puede o no estar en conexión con el rumor) parece apropiado. En octubre de 1813, escribe que el "espíritu de inventar noticias, de exagerar las adversidades y de detener o hacer dudar de lo creíble continúa"[90].

Ese mismo mes, con una precisión desconocida por los profetas, Valle señala que descontentos, que en público muestran la más grande de las lealtades, están trabajando en secreto glorificando a aquellos que carecen de la suficiente astucia para percibir los objetivos de su plan. Dos meses después Bustamante revelaba un plan para sacarlo del gobierno. El monasterio de Belén, en Guatemala, sirve de eje para la conspiración. Las personas involucradas planean secuestrar y encarcelar a Bustamante. Esto con el fin de liberar a los granadinos, seducir a los militares y proclamar la independencia. Un informante le susurra los planes a Bustamante, quien ordena el arresto de todos los que pueden estar involucrados en la conspiración. Antes de que se disiparan las voluntades conspirativas de Belén ocurre, en enero de 1814, un nuevo y fracasado alzamiento en San Salvador. La revuelta es sofocada rápidamente y los responsables son enviados a prisión.

La posición de Valle durante esa época crítica es, sin lugar a dudas, bastante clara. En 1812 o 1813, Bustamante nombra a Valle

---

[89] De Joaquín Arechavala para Valle, León, 19 de noviembre de 1814. Documentos de Valle.

[90] "Espíritu del oficio". Octubre de 1813. Documentos de Valle.

en dos cargos sin importancia relativa, pero está más cerca de lo que esos perfunctorios nombramientos indican. Inicialmente trabaja en la secretaría de Bustamante para después convertirse en su más cercano y confiable secretario. Una muestra del favor de que Valle goza la encontramos en la carta de un amigo, escrita el 17 de julio de 1812, que dice: "Dime si cierto lo que dicen, que tú eres el secretario de Su Excelencia, el Presidente"[91]. Tres años después, en una queja a la Corona, se hace la curiosa observación de que en los escritos de Bustamante se puede ver el "estilo y carácter" de José del Valle[92]. Se desconoce el momento en que Valle comienza a escribir reportes y despachos para Bustamante, pero por el número de los que sabemos escribe tenemos noticias de la confianza absoluta que Bustamante deposita en Valle.

Después de la primera revuelta en San Salvador, la Regencia nombra a José María Peinada intendente de la provincia. Tras la segunda revuelta, Valle prepara para Peinada una serie de instrucciones que le sirven en el mantenimiento de la "paz y tranquilidad general". Valle señala que San Salvador ha sido la primera en "manifestar públicamente" un "lamentable espíritu de intranquilidad," y de acuerdo "a su (de Peinada) correspondencia, misma que tengo ante mí", la provincia "nunca ha estado completamente pacificada desde los primeros alborotos". Valle alaba a Peinada por el celo con que destruye la segunda revuelta y lo urge a prevenir una tercera extendiendo su "vigilancia hasta la última manida que encubra la conspiración" y a hacer "profundas y penetrantes investigaciones concernientes a las causas del mal".

Valle explica que los sistemas políticos operan en base al castigo

---

[91] De Miguel José Castro para Valle, San Marcos, Documentos de Valle.

[92] Documentos de Valle. El documento referido es un primer borrador de un despacho en el que José del Barrio, José Ingenieros Palomo y Miguel Larreinaga protestan contra el intento de Bustamante de invalidar su título de "oidor", mismo que ellos reciben el 29 de marzo de 1814 por gracia de la Regencia (En adelante referido como Barrio, Palomo y Larreinaga protestan contra Bustamante. Documentos de Valle).

y la recompensa, que son los únicos dos conceptos que el hombre comprende. La recompensa inspira al hombre a trabajar arduamente y el castigo no solo sanciona a quien obra mal, sino que también, hace que todos conozcamos las consecuencias del crimen. Al igual que las demás provincias que se revelan, la de San Salvador tiene tres tipos de personas: Los malos y perversos, que abusan de la amnistía que se le da después del primer revuelo, pues comienzan a organizar un segundo; las personas respetuosas de la ley, que muestran su lealtad a la "justa causa de la nación"; y, aquéllos que no toman parte, pero que "manifiestan una pacífica indiferencia"[93].

Valle enfatiza la importancia de ocuparse sin demora de la primera clase. La experiencia con los insurgentes de Granada le muestra al Superior Gobierno que, aunque los granadinos sean "separados de su provincia y confinados a prisión, continúan ejerciendo una maligna influencia". En cada caso, deben guardarse cuidados especiales al momento de las "interrogaciones", esto en el intento de encontrar alguna respuesta sobre la supuesta correspondencia que los rebeldes han iniciado con José María Morelos.

"Informe a la segunda clase", enfatiza Valle, "que el Superior Gobierno recompensará a cada uno en proporción a su mérito". Cualquier cargo controlado por el gobierno debe ser puesto a disposición de aquellos hombres que han demostrado "incontrovertibles pruebas de su fidelidad y sincero patriotismo". Para impresionar a esa clase con las intenciones del gobierno, Valle comisiona a Peinada para que le informe al ayuntamiento de San Vicente que el Superior Gobierno reconoce los "distinguidos servicios" prestados durante la segunda revuelta. También debe transmitir al Padre Manuel Antonio Molina y a su hermano, Coronel

---

[93] Instrucción reservada se este Superior Gobierno al Sr. Intendente Jefe Político de San Salvador, Dn. José María Peinada (sin fecha), Documentos de Valle. El documento no calza firma alguna, pero la letra y el inconfundible estilo son sin discusión alguna de Valle.

José Rafael Molina (amigo de Valle), que sus servicios serán recompensados con las apropiadas recomendaciones. Valle también instruye a Peinada a trabajar con celo en recompensar a mulatos e indios con algunas tierras, a menos de que ya fueran propietarios. Peinada también debe informarles que el Superior Gobierno extenderá créditos que no excedan de 100 pesos a quienes ofrezcan garantías suficientes. El dinero provendrá del fondo público de pueblos indios (fondo de comunidades) y debe ser empleado en la compra de herramientas. Peinada se entera de una noticia igualmente importante, el Superior Gobierno ha comenzado a trazar planes para mejorar los niveles de vida, pues como señala el Virrey de México en su plan de pacificación del 10 de febrero de 1812, las personas que viven en el nivel de subsistencia tienen tendencia a unirse a grupos subversivos[94].

El grupo de Instrucciones relativas a la intención gubernamental de emplear o de recomendar solo aquellos cuya fidelidad y patriotismo estuviese fuera de duda, fue ejecutada con celo. En un informe de Valle para Bustamante, se hacen varias recomendaciones para el decanato del capítulo de la catedral, cargo vacante desde la muerte del Dr. Antonio Carbonel. En ejercicio del privilegio otorgado por el Patronato Real, Bustamante entresaca candidatos indicando su aprobación o desagrado. El archidiácono, Dr. Antonio García Redondo, recibe la recomendación y los magnos halagos de Bustamante. Para el cargo de archidiácono, que quedaría vacante en caso de que García fuese nombrado, es propuesto el Dr. Bernardo Pavón, el más alto canon en la jerarquía del capítulo de la catedral, quien tenía el legítimo derecho a ocupar ese cargo. Sin embargo, Pavón mantiene relaciones cercanas con los que firman "las instrucciones revolucionarias publicadas por este ayuntamiento en el año '11," y su amistad con el Diputado Larrazábal es tan cercana que ha colgado el retrato de éste en el salón de la Universidad con

---

[94] En relación con el plan para elevar los niveles de vida, Valle señala que el Superior Gobierno invertirá dinero pero no en "prejuicio de la tesorería".

una inscripción bajo el mismo[95]. Las relaciones de Pavón se extienden hasta la "nocturna sociedad" de su hermano, Manuel, ligado a Bernardo y al "sospechoso" Dr. Matías Delgado y su hermano, Miguel. Matías, quien de acuerdo a fuentes confiables es el "autor de los primeros desordenes en San Salvador", por su correspondencia con Morelos. En vista de esto, Bustamante no recomienda al Dr. Bernardo Pavón.

En otro informe dirigido a Bustamante, Valle interpreta que la amnistía para prisioneros políticos solo puede otorgarse a las "gentes simples" que han sido "seducidas y engañadas" por la "iniquidad" de los líderes de los alzamientos. Ciertamente la amnistía no está dirigida a los Aguilares, Delgados y Rodríguez, que han abusado del perdón general que se les otorgara tras la primera revuelta de San Salvador[96].

El 3 de marzo de 1814, Valle logra robarle suficiente tiempo a su trabajo para escribirle a su amigo Gregorio de Castriciones, un rico comerciante español, acerca de las elecciones y de los alzamientos en San Salvador. Valle se queja de que los hombres con el "peor nombre" han sido electos para el ayuntamiento de aquella ciudad. "Es suficiente decir... que Dn. Juan Manuel Rodríguez, alias Malilapa, y... Pablo Castillo fueron electos". Estos hombres han estado involucrados en la primera revuelta. Seguido de las elecciones de diciembre de 1813, "hubo juntas secretas" y en la noche del 24 de enero, al sonido de una campana, más de 1,000 salieron a las calles. Amenazaron "la vida del Intendente Peinada, la del Comandante Rosi, de Peninsulares, y la de aquellos afines a España". Dichosamente las "patrullas de voluntarios y alguna tropa

---

[95] Documentos de Valle. El informe (sin fecha y sin firma) es un primer borrador incompleto, y la letra corresponde a la de Valle (En adelante referido como Reporte sobre el personal del capítulo de la catedral).

[96] Documentos de Valle. El citado documento es un primer borrador, fechado el 18 de agosto de 1814 (En adelante referido como Reporte concerniente a la amnistía). Los Aguilares eran hermanos, siendo Nicolás, Manuel y Vicente.

de la guarnición regular" fue suficiente para acabar esa segunda revuelta, matando tan solo dos o tres e hiriendo a varios otros. "Malilapa, Dn. Miguel Delgado... [aquí la carta está rota] y varios otros fueron capturados, pero Pablo Castillo escapó y aún no ha sido capturado". Para protegerse contra futuros disturbios, "Bustamante ha enviado al Coronel de Artillería Dn. José Méndez con alguna tropa de la guarnición regular" de la Ciudad de Guatemala a San Salvador y "ha tomado otras medidas dignas de la sabiduría con la que nos gobierna". La provincia ahora está en paz, pero Valle piensa que es muy probable que el fuego aún este vivo. Enfáticamente declara a sus amigos que las "elecciones populares son peligrosas en tan graves circunstancias". "¿No pensaría Usted, dado el espíritu de desorden de América, que la gente elegiría a los más leales a la justa causa?". Por el contrario, invierten su futuro con los "más sospechosos" y con los "conspiradores". El Diputado "Larrazábal, a quien llaman fide [digno]... [aquí la carta está rota], desatento al estado de cosas del Reyno... ha pedido que ellos declaren que incluso.... [falta una palabra y una parte de la siguiente] cestuosos y sacrílegos ciudadanos, que la confirmación de las elecciones no es necesaria, y que el pueblo debe participar libremente en elecciones".

Dos meses después Fernando VII, quien ha sido devuelto a su trono, trata de impedir la práctica de elecciones populares bajo cualquier excusa. El 4 de mayo de 1814, tras suspender todos los decretos aprobados en su ausencia y disolver las Cortes, declara que "personas respetables" de varios lugares del Imperio han "expresado unánimemente su repugnancia y disgusto" por la Constitución. Fernando el Deseado está de acuerdo con esas personas pues, con una sola oración, restaura el absolutismo real al Imperio español. Guatemala recibe la noticia un día de verano y Bustamante personalmente se ocupa de destruir todo vestigio de la Constitución de 1812. Con una ráfaga de metralla decretoria, despacha la diputación Provincial y el ayuntamiento electo al limbo para dar paso a las ideas progresistas del Imperio español. En el transcurso del primer año de la vuelta del absolutismo real, la última tira del velo que ha obscurecido la posición de Valle por casi medio siglo es arrancada.

[4]

Con la ayuda del confiable Valle, Bustamante bombardea la Corona con escritos en los que profesa su fe y se queja de la "humillante constitución" que ha difundido los "principios de la subversión" a lo largo de América[97]. En una de las primeras memorias, que escribe Valle, Bustamante esta presto a resaltar que algunas personas cambiaron "su lenguaje" desde su regreso, pero que Bustamante siempre "habló el mismo", y si su "obediencia española" lo hizo aceptar la Constitución de 1812, desea aclarar que él nunca ha "dejado de protestar" contra ella y que nunca ha dejado de "hablar como un español puro que está encantado de ser su súbdito". Gracias a su lealtad, es "calumniado por el ayuntamiento y la diputación Provincial, ofendido públicamente en las Cortes y censurado en algunos periódicos". Inflexible ante la oposición, reporta, en un despacho del 27 de octubre de 1813, que las Instrucciones dadas por el ayuntamiento de la capital al Diputado Larrazábal son una de las principales causas de los alzamientos. Claramente, son "copia literal de la Declaración de los Derechos del Hombre redactados por la Asamblea Nacional de Francia durante la época de su horrible revolución". Descaradamente, las instrucciones tan solo asignan a "Su Majestad" el poder ejecutivo y le conceden poderes legislativos a un congreso de diputados, electo por el pueblo, con un "salario de 1,200 pesos y el título de Excelencia". La persona responsable de buena parte de las instrucciones es José

---

[97] Documentos de Valle. El documento es un primer borrador sin fecha y sin firma, pero escrito por Valle, en el que se reseña los eventos ocurridos en Guatemala durante la ausencia de Fernando VII del trono (en adelante referido como Reporte de eventos durante la ausencia de Fernando).

María Peinada, quien según comentarios generalizados, es "hijo de un francés".

Otro documento preparado por Valle para Bustamante revela aún más los rasgos que ambos tienen en común, mostrando que son muy pocos los hombres que pueden ser de la confianza de Bustamante. En cumplimiento de las leyes de Indias (obviamente era Valle el que citaba las leyes), Valle redacta un reporte sobre el personal de la audiencia. El oidor en jefe de aquel entonces (finales de 1814 o principios de 1815) era Joaquín Bustamante de Campuzano, quien es forzado a dejar la audiencia de Buenos Aires por "casarse con una hija del país sin licencia previa" del Consejo de Indias. No obstante, Campuzano no aprende de esa experiencia. Poco después de su arribo a Guatemala establece relaciones muy cercanas con las familias de la capital. Después de las once de la mañana, hora en que la audiencia deja de atender sus negocios, por las tardes y noches, en un sin fin de días, es visto visitando personas de la ciudad. La mayor parte de sus amigos son criollos o europeos acriollados y tiene muy poco contacto con los españoles. Es huésped frecuente en la casa del Marqués de Aycinena, un rico comerciante, y en la casa de los Pavón, quienes también son comerciantes[98]. La conducta del oidor Campuzano se vuelve aún más preocupante cuando comienza a visitar al Marques "aún ahora que está envuelto en un litigio con la Real Hacienda por una deuda de 35,000 pesos en impuestos debidos"[99]. Campuzano ni siquiera observa el adecuado decoro "durante la época en que las tristes noticias que provenían de España volvían repugnante la diversión". En esos días, da fiestas a las que asisten numerosas personas. Finalmente, se sabe que mantiene

---

[98] La familia Pavón y la familia Aycinena, dos de las más ricas de Guatemala, están unidas por vínculos matrimoniales. Ver Reporte sobre el personal del capítulo de la catedral, Documentos de Valle.

[99] En aquel momento, la Casa de Aycinena aparentemente atraviesa dificultades financieras, tal como lo indica Valle (Para Julián Valladares, 18 de marzo de 1814), cuando escribe que "hay escasez de dinero en la Casa del Marqués".

correspondencia con algunos de los intendentes de las provincias y gracias a eso, los sujetos de dichas provincias se niegan a iniciar procesos contra los intendentes[100].

El Oidor Juan Gualberto González, "íntimo amigo del Oidor Campuzano", tiene vínculos igualmente estrechos con la comunidad. "Dominado por su pasión por la música, pasa buena parte de su tiempo copiando papeles de solfa, enseñando arias italianas a varios niños y tocando el violín en la orquesta de Campuzano, la que está confundida [integrada] por los músicos de la ciudad, algunos son descalzos mulatillos de pie y pierna". González también es renuente a los asuntos protocolarios. Al arribar las noticias que hablan del "regreso de nuestro Soberano" del exilio, los empleados acuden a "congratular al gobierno, como es lo debido", pero González desaprovecha esa ocasión para agradecer los buenos gestos. Su indiferencia, se debe a que cuando las Cortes ordenaron la venta de las casas del Rey, las mismas fueron vendidas, incluyendo la de González[101].

El Oidor Honorario Manuel de Talavera es un "sujeto cuyas relaciones personales carecen de dignidad profesional, letargo y ligeros escrúpulos en los negocios de la Real Hacienda" lo vuelven de poco valor para el gobierno. (Imaginemos el celo de Valle en ese momento). También, es de los que favorece el libre mercado durante el período crítico y ha sido visto en compañía de hombres que tienen "poca o ninguna dignidad". Ha sido "amonestado privadamente", pero no cambia. Además, por separado, será enviado un informe concerniéndole[102].

El Oidor Antonio Serrano Polo, "viejo y achacoso," manifiesta en su "manera de retirarse" la "dignidad de convertirse en un

---

[100] Documentos de Valle. El reporte no tiene fecha ni firma, pero es claro que fue escrito por Valle (en adelante referido como Reporte sobre el personal de la audiencia).

[101] Ibíd.

[102] Ibíd.

togado." Pero cuando la conspiración de Belén es descubierta, él se va a la Antigua, en la provincia de Guatemala, y no se hace solidario con el gobierno. Polo no tiene relación alguna con la conspiración - pero Bustamante también ha vendido su casa[103].

Poco después de la preparación de esos informes, arriba una orden real (9 de mayo de 1815) informándole a Bustamante que Fernando VII desea escoger a uno o más súbditos cuya "educación, sabiduría, madurez y juicio" les permita escribir, "en un estilo correcto y simple" sobre las revoluciones que han ocurrido en el Reino de Guatemala. Bustamante, con el privilegio de seleccionar a cualquiera de la capital o de cualquiera de las provincias, deposita su confianza en tres personas: Arzobispo Ramón Casaus y Torres; Rafael Trullé, tesorero del Consulado y editor del periódico del gobierno; y, en José del Valle. El Arzobispo Casaus ruega se le permita excusarse, señalando que noticias de tales documentos generalmente son conocidos por los "insurgentes y conspiradores". Tempranamente, ha escrito unas memorias similares a las que él desea y sabe que las repercusiones pueden violar su dignidad y atentar contra su vida. Trullé también sabe que una copia de las memorias, en caso de ser escritas, quedará en la secretaría del Gobierno y suplica a Su Majestad ser excusado por las mismas causas alegadas por Casaus.

Valle responde, con una carta que puede ser considerada como él modelo para rechazar las propuestas de un rey sin decir que no, resaltando su lealtad y su ambición. Escribe que en tres siglos, las colonias españolas no han experimentado algo comparable a los eventos ocurridos durante la "corta ausencia de nuestro amado Soberano". Las primeras noticias de la lucha en España inspiran un espíritu de desasosiego en las colonias americanas. Las pasiones se hinchan y las ideas subversivas pronto privan a los americanos del gozo de la paz empujándolos a los horrores de la guerra civil. Unas

---

[103] Ibíd.

memorias que señalen y describan "las causas, los instigadores, los métodos y los resultados" de la revolución serán de mucho valor para Fernando VII, cuyas decisiones nos han "rescatado de tan delicada crisis" y servirán de alerta para tan "pérfidos conspiradores".

Si Valle hubiese tenido que escribir esa memoria conoce de antemano la estructura general a emplear. El conflicto tiene orígenes profundos en la historia de las colonias. Comenzaría discutiendo, en general, el espíritu de los países conquistados, y en particular, el de los de América. Esto en un intento por demostrar que ese espíritu ha sido afectado por "obras publicadas por extranjeros", cuyo propósito es el de "obscurecer la gloria de España" y de hacer aparecer a los conquistadores ante los ojos del mundo como personajes detestables. La influencia de las "doctrinas de algunos filósofos," el "ejemplo de los Anglo-Americanos en su guerra de independencia" y la "subsecuente provista por Francia", unido a sus "sediciosas constituciones y escritos", también deben ser consideradas. Más específicamente, si escribe las memorias, trataría de determinar la influencia de esas ideas y acciones en el pensamiento de las personas que viven en las capitales de América, donde los habitantes están mejor educados que aquellos en las provincias. Bajo ese panorama, las revoluciones en Guatemala son comprensibles. Pero para trazar el curso de las revoluciones, señalando "los nombres y caracteres de los que clandestinamente inspiraron los tumultos y las insurrecciones -para desenredar toda la trama de sus maquinaciones- esto, Señor, no puede ser hecho con precisión en el mismo país en que viven los familiares y amigos de los conspiradores". Las personas que conozcan los detalles de la revolución serán "víctimas de diversos sufrimientos". El Conde de Revillagigedo, Virrey de México durante los últimos años del siglo XVIII, declaró alguna vez que México no debía olvidar jamás que había sido una colonia de España. Los sentimientos en Guatemala, más intensos aún que en México durante los días de Revillagigedo, exponían al autor de las

96

propuestas memorias a numerosos peligros, y Valle, temeroso de su seguridad personal, también pide ser excusado, a menos que recibiera un nombramiento que lo lleve a España. En una "memoria del 3 de noviembre del año pasado (1814)", Valle suplica un nombramiento ante una audiencia en España que le permita vivir en un "país más análogo" a su carácter, donde este "menos expuesto al aturdimiento." Ahora, "si Su Majestad es condescendiente y escucha mis solicitudes, habré de presentar inmediatamente la memoria, la que comenzaría a escribir confidencialmente"[104].

De estos documentos y razones para no escribir la memoria emerge un perfil de Bustamante y de Valle. Bustamante, español puro con la obediencia a España interiorizada en su personalidad, pasa toda su vida adulta en el ejército. Ha aprendido a dirigir obedeciendo, y como súbdito de Fernando VII, ejemplifica la obediencia demandada de otros súbditos reales bajo su mando. Las Leyes de Indias son específicas sobre la conducta de los oidores. Mentalmente, Bustamante no se permite discutir las razones que motivan las leyes o interpretarlas de acuerdo al momento y las circunstancias. Vive de acuerdo a los códigos reales, de acuerdo a las normas y esta extremadamente orgulloso de los logros alcanzados en su vida espartana. Bajo ninguna circunstancia puede tolera la apatía, frivolidad y las arias italianas de un ministro real dignificado por la toga. Dada su conducta, es previsible su respuesta ante la explosión de actividad revolucionaria en Guatemala. No ha sido enviado a las Indias a destruir la unidad entre la Corona y la colonia, sino a mantenerla firme y a tono con los deseos del rey.

Cuando los súbditos reales de Guatemala ponen sus ojos en la independencia, su deber está claro y cumple con él. Intenta primero

---

[104] AGI, Audiencia de Guatemala, 629. El fiscal del Consejo de Indias señala: "…que siendo de bastante peso las razones que exponen los indicadores M.R. Arzobispo, Valle y Trullé para que se les tenga por excusados, y más para una cosa que ha de ser enteramente voluntaria, le parece que este asunto no demanda providencia". Fragmentos de este documento han sido publicados en Rómulo E. Durón, ed., Obras de Don José Cecilio del Valle (Tegucigalpa, 1906).

con la amnistía, pero cuando los Granadinos "doblemente despreciaron la amnistía, fue necesario hacerlos respetar la fuerza, procesarlos y enviarlos a la Península"[105]. Ningún funcionario español puede hacer más. Si confunde "la autoridad de su distinguida posición con su autoridad personal"[106], lo hace en interés de la Corona y porque se mira a sí mismo como un comandante militar y los súbditos de Guatemala como sus reclutas. No menos repugnante, pero aún más difícil, es hacerle frente a la Constitución de 1812, promulgada en ausencia del rey. Bustamante no puede concebir un gobierno sujeto a un documento que insulta a "nuestros ancestros"[107]. El que a simples ayuntamientos se les conceda el título de "su serenísima Alteza" y que los códigos españoles sean dejados de lado va allá de su más salvaje imaginación[108]. Entonces, enfrentado con la opción de convertirse en "tirano" o traidor, Bustamante permanece leal mientras el Imperio Español se tambaleaba y sacude bajo los ventarrones que lo llevarán a su fin. Su lealtad a la Corona destaca como un tributo al espíritu y coraje con que se construye el Imperio.

Para julio de 1815, cuando esos informes han sido escritos, la facilidad con la que Valle logra salir del período de incertidumbre que se vive después de la partida del Capitán General González es de una diáfana claridad. Para el momento del regreso de Fernando VII, Valle esta tan cerca de Bustamante como lo estuvo de González, cuando no más. La rígida disciplina de Valle, su aristocrática dignidad, y su indiscutible lealtad a la Corona no pasan desapercibidos para Bustamante, rodeado como estaba por dos músicos, un derrochador y el caprichoso Polo. Bustamante, a la

---

[105] Reporte concerniente a la amnistía. Documentos de Valle.

[106] Protesta de Barrio, Palomo y Larreinaga contra Bustamante. Documentos de Valle.

[107] Reporte de eventos durante la ausencia de Fernando. Documentación de Valle.

[108] Ibíd.

manera de González, nombra a Valle en nuevos puestos y lo recomienda para el cargo de Honorario Auditor de Guerra del Ejército, mismo que Valle recibe en junio de 1813[109]. Después se convierte en Auditor de Guerra en propiedad (1821). La recomendación de Valle en ese puesto, sirve para despejar cualquier duda sobre su lealtad durante la época crítica. Escribiendo en 1819, Bustamante señala que ha "empleado a D. José del Valle durante todo mi mandato, confiando asuntos serios", mismos que cumple fielmente. Su "lealtad notoria" a la Corona le ha provocado "hostigamientos y sinsabores de manos de algunas corporaciones". El talento de Valle y su "adhesión a la justa causa" impresionan sobremanera, tanto a González como a Bustamante.

Con todo, Valle esta tan insatisfecho en 1815 como lo había estado en 1807, tanto en la persecución de la anhelada toga como en la resistencia de sus enemigos que rápidamente se acerca al punto de no importarle lo que pase en Guatemala. De cualquier modo, su ambición de viajar a España -envuelto en una toga- fue lo suficientemente grande para permitirle negociar con Fernando VII.

Tan pronto como Valle recibe nuevos nombramientos, por pequeños que estos fuesen, informa a Rafael Díez y Tovar quien, en España, guía y empuja la candidatura de Valle a una toga. En octubre y noviembre de 1812, Valle sirve de secretario de la Junta Preparatoria y explica, en un panfleto, el procedimiento electoral. El 3 de enero de 1813, envía noticias de sus "nuevos servicios" y una copia de las instrucciones, que han estado circulando por toda Guatemala[110]. El 3 de junio de 1814, informa a Díez y Tovar que

---

[109] De Bustamante para Valle., 10 de mayo de 1813. Documentos de Valle. Bustamante le pasa a Valle una copia de la nota "para su conocimientos y satisfacción", contándole del nombramiento.

[110] De Rafael Antonio Díez y Tovar, Documentos de Valle. La carta citada es un primer manuscrito, pero Díez y Tovar recibe la información el primero de noviembre de 1814, como lo muestra su carta (Documentos de Valle). Casaus también le escribe al "Sr. Colomarde, oficial del Ministerio de Indias, diciéndole que se interese en proporcionarme colocación. Sírvase usted hablarle ofreciéndole

Bustamante le ha escrito a su hermano, Francisco, un comerciante de Cádiz, pidiéndole se interese en el asunto de Valle. Chispeante de entusiasmo, Valle destaca que "la recomendación del Sr. Dn. Francisco será muy efectiva debido a su cercana amistad con el Sr. García Herrera, Ministro de Gracias y Justicia." Para volver más efectiva su solicitud por una toga, Valle le pide al Arzobispo Casaus y Torres una recomendación. Casaus, feliz de complacerlo, le escribe al Secretario del Consejo de Estado y a Santiago Martínez del Rincón, "secretario del Conde de Altamira," cuyo señorío, anteriormente incluía por completo la ciudad de Elche, en Valencia.

Por un momento, Díez y Tovar hace que esas recomendaciones parezcan innecesarias cuando corre de vuelta a su casa en Madrid, "con inexpresable ansiedad," para informarle a Valle que el "¡Viva Fernando!" llegaría pronto y anticipa que se harán nombramientos a la audiencia de Guadalajara (España) para lo cual Valle, el "mejor situado," será considerado[111]. Unos meses después de que Valle recibe noticias de Díez y Tovar, un amigo escribe diciéndole que noticias de Madrid señalan que el "Consejo de Indias ha propuesto al Señor D. José del Valle para Oidor Honorario" y además que "no hay duda que Su Majestad confirmara la propuesta[112]". Valle, seguro de que ha llegado el momento, comienza a informar a sus amigos de

---

mis afectos. Creo que será atendida un recomendación tan expresiva". (De Valle para Díez y Tovar, 3 de julio de 1815. Documentos de Valle). Es probable que sea en esas fechas en que Casaus escribe la expresiva frase en favor de Valle que aparece en los títulos y méritos de Valle (ABNH). Con relación a esto mismo, el Oidor Campuzano, quien es trasladado a Cuba en 1819, escribe una recomendación para Valle. Ver ABHN. Títulos y Méritos.

[111] De Rafael Antonio Díez y Tovar para Valle, Madrid, 6 de abril de 1814.

[112] De Florencio Castillo para Juan José Zelaya, Madrid, 4 de octubre de 1814. Documentos de Valle. Juan José Zelaya era hijo o un pariente cercano de Pedro Antonio de Zelaya, quien vive en Choluteca describiéndose como un primo del padre de Valle. Ver De Pedro Antonio de Zelaya para Valle, Choluteca, 7 de agosto de 1807. Documentos de Valle. Valladares (ed. Valle, p. iv) también sugiere la existencia de un vínculo de parentesco entre ambas familias.

su inminente partida. Joaquín Arechavala escribe que estará muy triste por ver a Valle partir rumbo a España[113]. Pero el primero de noviembre de 1814 Díez y Tovar causa el apaciguamiento del entusiasmo de Valle cuando le comunica que ninguna decisión se ha tomado "concerniente a las togas para Guadalajara[114]". Después, el primero de diciembre, destruye cualquier dosis de optimismo cuando le informa de la cruel noticia que el rey, desconociendo la lista de recomendaciones, ha nombrado a un ex-diputado[115].

Tras leer la carta de Díez y Tovar, Valle cae en cuenta que, por el momento, debe sentirse satisfecho con el cargo de Honorario Auditor de Guerra del Ejército. Pero aún esa satisfacción es amargada cuando sus enemigos intentan privarlo de las dignidades inherentes al cargo. Una serie de órdenes reales, que comienzan en 1745 y se extienden hasta el 3 de marzo de 1803, envisten a los jueces defensores con el título de señoría y con otros privilegios gozados por los oidores[116]. Los oidores de la audiencia, sabiendo como ofender a otros con la lengua de España, se niegan a reconocer dicho título a Valle y minimizan su posición de otras maneras. Valle toma medidas para corregir a los errados oidores y el 7 de octubre de 1814, desde España, Gregorio de Castriciones le escribe que ha tenido conocimiento de Díez y Tovar que una orden forzará a los oidores a extenderle a Valle su título y privilegios[117]. Pese a ello, la

---

[113] Para Valle, León, 9 de noviembre de 1814, Documentos de Valle. No obstante, señala que la "sabiduría" de Valle será un honor para Guatemala.

[114] Para Valle, Madrid, Documentos de Valle.

[115] Ibíd.

[116] AGG, A1.40-58, 14218, 2045. Juramento de José del Valle, auditor de guerra de ejército (10 de junio de 1813). El escribano Antonio Arroyave testifica y registra la promesa del cargo, señalando específicamente los días de los reales decretos que otorgan los privilegios: 10 de enero de 1745; 7 de abril de 1760; 26 de junio de 1788. Valle señala la faltante orden del 3 de marzo de 1803 (De Valle para Díez y Tovar, 3 de junio de 1815, Documentos de Valle).

[117] Para Valle, Cádiz, Documentos de Valle.

orden, emitida el 4 de octubre de 1814[118], y recibida el 7 de mayo de 1815[119], es incapaz de ponerle fin a la controversia. En tono alterado, Valle informa a Díez y Tovar que la orden ha sido recibida pero que "el espíritu de rivalidad ha inspirado nuevas cavilaciones". Los ministros ahora afirman que la orden real requiriéndoles conceder los títulos y privilegios a Valle no impone sobre la audiencia la misma obligación. Valle acusa que, además, ellos niegan haber rechazado conferirle el título de señoría, pero continúan sin otorgárselo. Seguidamente, Valle apela ante el fiscal de la audiencia, pero temiendo cualquier prejuicio urge a Díez y Tovar a explicar la dificultad a la corte. "Le enviaré abundantes pruebas que atestiguan que me han negado el título. Nadie puede pensar que soy tan estúpido como para apelar algo que no me ha sido denegado, o que el Capitán General hubiese apoyado la apelación de no ser testigo de la obstinación con que los oidores han rehusado conferirme lo que me es debido".[120] Durante dos años la audiencia y Valle arremeten el uno contra el otro. Para 1815, cuando no antes, el ayuntamiento ha cerrado filas con la audiencia[121], anunciando que los dos años siguientes al regreso de Fernando traerán para Valle más infelicidad y lo conducirán al punto de anhelar salir de Guatemala sin una toga.

---

[118] De Valle para Díez y Tovar, 3 de julio de 1815, Documentos de Valle.

[119] AGG, A1.2.2., Libros de Cabildos de Guatemala año 1815. El 7 de mayo el ayuntamiento registra la recepción de una copia de la orden del 4 de octubre de 1814, confirmando el derecho de Valle al título de señoría. Bustamante envía la copia del ayuntamiento.

[120] De Valle para Díez y Tovar, 13 de julio de 1815. Documentos de Valle. Valle explica que hasta donde sabe, el fiscal no tiene nada que ver, pero: "Temo que su objeto sea dar cuenta sin noticia mía para sorprender a S.M. Espero por lo mismo que vea U. si han dado cuenta y en el caso de haber dado, haga las gestiones correspondientes entendido que yo sigo agitando…". José del Barrio, Miguel Larreinaga y José Ingenieros niegan haber rechazado conferirle a Valle el título de señoría y de que ellos discutan esa "falsa presunción" en otra carta. Ver Larreinaga, Barrio y Palomo protestan contra Bustamante. 18 de marzo de 1815. Documentos de Valle.

[121] AGG, A1.2.2, 15741, 2191. Libro de Cabildos, año 1815 (7 de mayo).

Con amigos poderosos, enemigos dedicados y una impecable vida de lealtad a la Corona, Valle logra emerger de un período crítico de insurrección y orden constitucional. Ve la disensión entre criollos y españoles con la misma repugnancia con que Juan de Dios Mayorga, futuro diputado ante México, se expresa en una carta: "...la opinión en contra de los Peninsulares es escuchada hasta del más rústico... Les he dicho que la persecución a los españoles es un signo de la peor barbarie"[122]. Pese a que no es tan vehemente en lo concerniente a las revoluciones como Mariano Murillo -un español amenazado durante las revueltas de León- comparte esos sentimientos tras la denuncia de Murillo en contra del "despreciable y monomaniacal espíritu" que las impulsa[123]. No estima a la Junta Central lo suficiente como para correr el riesgo de ser electo. Por el contrario, escribe para Bustamante que las instrucciones dadas por el ayuntamiento al Diputado Larrázabal están destinadas a destruir las Leyes de Indias y a "poner en práctica un plan de independencia[124]". Con seguridad, Valle cabecea en señal de aprobación cuando lee los comentarios de Dionisio de Herrera: "Si, yo vi las instrucciones. ¡Qué planes! ¡Que diseños! Dios no pudo hacer mejores[125]". Valle desprecia la feliz ignorancia de Larrazábal y junto a Bustamante

---

[122] Para Valle, 24 de diciembre de 1811, Documentos de Valle. Además, Dios Mayorga explica que el sentimiento en contra de los españoles parece estar calmándose.

[123] Para Valle, León, 14 de enero de 1813, Documentos de Valle. Murillo no limita sus señalamientos a las revueltas de Guatemala sino que también incluye las de México. En ese momento, Morelos opera en el sur de México y hay cierta inquietud en Guatemala, como lo señala una carta de Isidoro de Valle.

[124] Reportes sobre los miembros de la diputación provincial. Documentos de Valle.

[125] Para Valle, 1 de mayo de 1814. Documentos de Valle. Valle ciertamente está de acuerdo con su amigo el coronel Arechavala, quien escribe: "Estoy convencido que los guatemaltecos quieren todo para ellos y desean ser diputados por todo mundo". León, 24 de diciembre de 1812, Documentos de Valle.

acepta con desdén la Constitución.

Ahora bien, la carta de Herrera sugiere una diferencia entre Valle y Bustamante. Bustamante se opone a la Constitución porque su carácter y formación vuelven impensable un alejamiento de la tradición de autoridad real. Para Valle, el gobierno constitucional y la independencia son ideas que pueden ser discutidas frente a una taza de chocolate por académicos cuyos puestos y privilegios están asegurados por la tradición y autoridad real. Ciertamente no son temas adecuados para esos momentos de crisis. Pero incluso, el mencionar esas ideas en relación a Valle es exagerar la importancia que las mismas tienen dentro de su pensamiento entre 1808 y 1815. En sus planes para el futuro no les da consideración alguna. Su incontrolable deseo es el de viajar a España como oidor. Visto esto, si existe alguna diferencia de opiniones entre Bustamante y Valle, el incondicional apoyo del primero asegura que el segundo nunca muestre la verdadera naturaleza de las mismas. De esa manera, ambos reciben la restauración del poder real sintiendo que se retira el último clavo que sujeta la tapadera de la Caja de Pandora.

CAPÍTULO CUATRO:
1815-1820, AÑOS DE FRUSTRACIÓN

[1]

Los pocos momentos de felicidad que se presentan en la vida de Valle entre 1808 y 1815 son efímeros y tienen que ver con sus esperanzas de vivir en España. Una excepción a esa regla es su boda, celebrada el 12 de octubre de 1812, con María Josefa Valero y Morales oriunda de Comayagua (Honduras). El amigo de Valle, el Arzobispo Ramón Casaus y Torres oficia el matrimonio y los padres de la novia asisten al evento[126]. María Josefa fue una inteligente y amante esposa que le da a Valle los tres hijos de los que se tiene registro, dos mujeres y un varón. El eminente Dr. Antonio García Redondo bautiza a dos de los niños, y la fiel hermana de Valle, María Francisca, es madrina de los tres. Pero los tiempos problemáticos, el trabajo y la ambición de Valle le roban la poca felicidad que su matrimonio y su familia le pueden brindar. Así, se casa menos de tres semanas después de la publicación de la Constitución de 1812. Su primera hija, María Dolores, nace el 29 de marzo de 1814[127], inmediatamente después de la amplia controversia sobre su práctica y poco antes de que Fernando abola dicha Constitución. Su segunda hija, María Josefa, nace el 28 de marzo de 1817[128] poco después de que su benefactor, Bustamante, recibe órdenes de regresar a España. Su hijo, Bernardo Macabeo, arriba el

---

[126] ACG, Libro de matrimonios de 1729 a 1821, Parroquia del Sagrario.

[127] ACG Volumen sexto de bautismos de españoles, desde 6 de febrero de 1772 hasta el año de 1822 (en adelante referido como Volumen sexto de bautismos). García Redondo bautiza a María Dolores el 30 de marzo de 1814. En el Libro de Inhumaciones en Mausoleos, en el cementerio general de la Ciudad de Guatemala, aparece que María Dolores murió el 5 de noviembre de 1893.

[128] ACG, Volumen sexto de bautismos. María Josefa es bautizada el 29 de marzo de 1817.

1 de agosto de 1820[129], poco menos de un mes después del restablecimiento de la Constitución de 1812. A pesar de su infelicidad, mientras Bustamante perdura, el futuro de Valle está relativamente asegurado en Guatemala. Sus detractores se conforman con quejarse y lanzar maldiciones.

[2]

En enero de 1817, Bustamante pasa por encima de la autoridad del Oidor Honorario Manuel Talavera (como también en su momento lo hizo el Capitán General González) y nombra a Valle Fiscal Interino de la Corona[130]. El Fiscal, como era el caso de otros funcionarios coloniales, goza de privilegios y prerrogativas específicas. Una de ellas es la de poder ocupar un asiento "preferente" en las reuniones del Capitán General con sus concejales[131]. Antes que Valle tenga la oportunidad de probar alguno de esos confortables asientos los miembros del ayuntamiento comienzan a quejarse aduciendo que no tiene derecho a ocupar el mismo. El real acuerdo que firma Bustamante para distraer la atención de la "protesta" y responder a la misma, señala que las decisiones del 30 de enero y 20 de febrero de 1817 aseguran a Valle

---

[129] ACG, Volumen sexto de bautismos. Bernardo es bautizado el día de su nacimiento por el decano García Redondo. Aparentemente los Valle tienen dos hijos más.

[130] AGG, A1. 40-29, 22383, 2657. Juramento del fiscal interino José del Valle (30 de enero de 1817). El oidor Antonio Norberto Serrano Polo escribe una recomendación para Valle, y Polo señala que el capitán general González fracasa en su intento de nombrar a Talavera, quien, además de otras deficiencias que el decoro vuelve inexpresable, también está casado con una hija de este país". Documentos de Valle (en adelante referido como Polo recomienda a Valle).

[131] La referencia es válida para reuniones entre el capitán general con los ministros de la audiencia (real acuerdo) y en la reunión del real acuerdo con miembros de la junta superior.

los derechos que ha estado ejercitando[132]. Empero, el que lo dijera Bustamante no era suficiente. ¿Tendría el real acuerdo la gentileza de enviar los documentos que muestren los acuerdos de "enero 30 y febrero 20, último?" No, a decir verdad, el real acuerdo no podía hacer tal cosa. El pleito continuó[133]. La manera en la que Valle reacciona puede inferirse de una carta escrita por Dionisio de Herrera en relación a otros asuntos: "Tus reflexiones [de Valle] concernientes al interminable problema que las demandas producen son ciertamente verdaderas[134]". La pueril discusión iniciada por el ayuntamiento sirve para corroborar la declaración de Bustamante de que Valle sufre persecución por "haber sido distinguido por el Gobierno[135]".

Mientras la discusión prosigue, Valle ejerce sus funciones de Fiscal con su característica acuciosidad hasta que en noviembre de 1817 se pone fin a la misma al arribar el nombramiento permanente. Como Fiscal debe defender los intereses de la colonia tanto en casos civiles como criminales -muchos de los cuales serán expuestos más adelante (Capítulo VI)- pero uno de ellos ilustra sobre su permanente[136] interés en la economía.

---

[132] AGG, A1.29, 25427, 2841. El ayuntamiento de Guatemala protesta por el asiento asignado al auditor de guerra, licenciado José C. del Valle. La nota firmada por Bustamante es de fecha 28 de marzo de 1817.

[133] AGG, A12.2., 1574, 2192. Libro de Cabildos de Guatemala, año 1817. Ver registros del 10 de abril, 10 de junio y 2 de septiembre.

[134] Para Valle, 8 de octubre de 1816, Documentos de Valle. Valle puede estar escribiendo sobre su apelación para obligar a los oidores a extender el título de su señoría.

[135] De Bustamante para José de Alos, secretario interino del Estado y del Despacho Universal, Madrid, 13 de noviembre de 1819, Documentos de Valle.

[136] Polo recomienda a Valle. Documentos de Valle.

La época lluviosa de 1816 (de junio a octubre) trae consigo aguaceros que arruinan las siembras y causan, en 1817, una alarmante escasez de maíz en la provincia de Comayagua. El Superior Gobierno, en un intento por contrarrestar la emergencia, permite al gobernador de la provincia tomar 3,500 pesos en calidad de préstamo de los fondos públicos para los pueblos indígenas. Juan Antonio Tornos, el gobernador, compra maíz "a una gran distancia." Los costos del transporte hacen que el precio de dichos granos sea superior al del que se vende a inmediaciones de Comayagua. El Gobernador Tornos, avergonzado por el maíz que no puede vender, escoge "violar al público" mandando publicar la orden de que "nadie debe vender maíz hasta que se vendan los quintales que él ha comprado," prometiendo al mismo tiempo perseguir a todos los transgresores. Después le pide al Superior Gobierno que respalde esa decisión[137].

Valle debe decidir si invalidar la orden, cuya consecuencia era la pérdida de parte del Capital prestado, o respaldar a Tornos. En una muestra de comprensión de las relaciones mercantiles que solo puede provenir de la experiencia directa con el comercio colonial y del conocimiento de las teorías económicas, escribe que la orden de Tornos violenta el derecho de propiedad -el derecho que cada quien tiene de comprar y vender granos según le plazca. Solo el "Soberano y las autoridades" en quienes este ha delegado tan enorme poder tienen la prerrogativa de "modificar, limitar y suspender" ese derecho y el Fiscal no ha visto ninguna ley que conceda tal poder a los intendentes. Valle se conmociona ante la idea del daño causado por una orden que limita el comercio, violenta las leyes del Reino y los puntos de vista de los sabios. "Cuando el flujo del comercio doméstico posee toda su natural energía, y cuando la mano de la

---

[137] AGG, A1.22.22, 5772, 262. Autos acerca de la falta de maíz en Comayagua. Valle escribe su opinión el 28 de mayo de 1817.

autoridad no impone obstáculos torciendo su curso, el comerciante está continuamente buscando la abundancia o la escasez." Valle se refiere a su ensayo sobre la plaga de la langosta (1804), en el cual sostiene en esencia la misma opinión, y llama la atención de Tornos a la sabiduría de la Sociedad Económica de Madrid cuyos miembros informan al Consejo de Castilla: "Es en vano, Señor, esperar un declive en los precios por otras razones que no sean la abundancia, y es inútil esperar la abundancia sin el libre intercambio de bienes." De acuerdo a esto, Tornos tiene que vender el maíz a un precio prohibitivo lo que no le permitirá repagar el capital pedido en préstamo[138].

En 1803, Valle muestra por primera vez interés en la economía y es posible que escriba algunos artículos de economía para la Gazeta, pese a que ninguna de las contribuciones ha sido identificada con él[139]. Desde los tiempos de González, Valle actúa ocasionalmente como asesor legal de la junta superior[140] y el 29 de enero de 1811, después de que la Sociedad Económica es restablecida[141], se

---

[138] Ibíd., Valle escribe: "El primer derecho que se ha hollado en ellos es el de propiedad, protegido por todas las legislaciones cultas: el de vender cada uno sus frutos como le parezca; el de comprarlos como le convenga. Solo el Soberano y las autoridades a quienes haya delegado tamaño poder lo tienen para modificar, limitar o suspender aquel derecho; y no ha visto el Fiscal ley alguna que lo conceda a los intendentes." El autor leyó este documento en 1958. Recientemente fue publicado íntegramente. Ver Pedro Tobar Cruz, Valle, el hombre, el político, el sabio (Ciudad de Guatemala, 1961), pp. 289-297.

[139] Queda invitado el lector a comparar los ensayos sobre política económica que aparecen en la Gazeta (30 de abril, 7 de mayo y 11 de junio de 1804) firmados "El Imparcial y Buen Patriota" con los artículos económicos de Valle que aparecen en El Amigo de la Patria.

[140] González recomienda a Valle, Documentos de Valle.

[141] AGG, A1.6, 31117, 4035. Oficio del Capitán General Antonio González, transcribiendo la orden por la cual es restablecida la Sociedad Económica (12 de diciembre de 1810); A1.6, 31118, 4035. Autos relativos al restablecimiento de la Sociedad Económica. Para información adicional concerniente al restablecimiento de la Sociedad, ver Shafer, The Economic Societies in the Spanish World, pp. 223-224; Lanning, Enlightenment, pp. 102-104.

convierte en miembro[142]. Un año más tarde comienza a trazar planes para una clase de Economía, que la Sociedad está dispuesta a patrocinar. Enseñar no es una experiencia nueva para él, pues para ese tiempo ya ha publicado sus lineamientos generales para los cursos de Economía (marzo de 1812) y dado clases de Filosofía en la Universidad de San Carlos[143]. Sus lineamientos generales validan la declaración del Capitán General González respecto a que la Economía Política es el tema favorito de Valle[144].

Como el tema es relativamente nuevo, Valle señala que muy pocos economistas han pensado en torno a "un curso completo en la ciencia". Sus lecturas le enseñan que el "Conde Galeani[145]", Linguet, y Necker centran su atención en la agricultura. Campomanes se concentra en la industria y Baudeau decide dedicarse a resolver problemas relativos al libre comercio, "que ha dividido opiniones". Jovellanos, "educado y celoso protector de los campesinos," limita sus observaciones a la agricultura española. Condillac, "digno sucesor de Locke en el arte de la discusión precisa," se limita al comercio en cuanto es relativo al gobierno. Hasta Hume, "completo como lo son todos los economistas ingleses," no presenta aún un curso completo de economía. Adam Smith, a pesar de "su estilo que no es muy bueno," se acerca a lo

---

[142] De Antonio de Juarros para Valle, 29 de enero de 1811, Documentos de Valle. Las cuotas eran de ocho pesos anuales. Entre los documentos de Valle se encuentran recibos por estas cantidades para los años 1813, 1814, 1818 y 1820. El tesorero para 1818 era Mateo Ibarra y para 1820, José Santa Cruz.

[143] AGG, A1.3-4, 12340, 1892. Libro de claustros de la Universidad de San Carlos, 1808-1831 (9 de noviembre de 1811). Los nombramientos son hechos en noviembre. Valle aparentemente es sustituido hasta que las "elecciones" permanentes del siguiente año son hechas, 10 de noviembre de 1812.

[144] González recomienda a Valle, Documentos de Valle.

[145] Aparentemente Valle se refiere a Fernando Galiani, Diálogos sobre el comercio de trigo, (Madrid, 1775). Para una excelente aproximación al pensamiento español a partir de la teoría mercantil, ver Robert S. Smith, "The Wealth of Nations in Spain and Hispanic America, 1780-1830)," Journal of Political Economy, LXV (abril de 1957), 104-125.

que Valle busca, pero el trabajo de Smith era avanzado para un "curso elemental" y "oscuro en muchos sitios[146]".

Durante todo el verano de 1812, Valle continúa leyendo y reflexionando sobre economía política. En septiembre presenta, ante la Sociedad Económica, un documento en que desarrolla sus ideas de manera más profunda que en 1804[147]. Para él, la principal pregunta que un economista político debe tratar de resolver es: ¿Por qué la riqueza no se distribuye con mayor equidad? Antes de proceder a dar respuesta a esa interrogante, el economista debe equiparse de los instrumentos necesarios para su profesión. El conocimiento de la matemática no es solo una herramienta práctica, sino que además, incrementa la capacidad de razonar. El estudio de la historia del país de su interés permite al economista observar tendencias en la industria, el comercio y la agricultura que de otra manera sería incapaz de percibir.

Con las herramientas en la mano, el economista puede proceder a investigar los problemas relacionados con la distribución de la riqueza. Para iniciar debe formular una teoría, la que parece válida para Valle es: "El trabajo es el origen de toda riqueza: el trabajo es el principio de la escala inmensa de valores… El pueblo donde haya mayor suma de trabajo debe tener mayor suma de riqueza. Esta es la verdadera balanza política". Las "naciones que quieran inclinarla a su favor, deben aumentar los trabajos, únicos pesos que la hacen volver a un lado más bien que a otro". Sin embargo, si en sus investigaciones el economista descubre que de las ciudades a las

---

[146] Valle y Valle Matheu, eds., Obras, II, 25-29; El Amigo de la Patria, 12 de abril de 1821. Cuando, en 1821, se da cuenta que Heinruch Von Storch (1766-1835) ha publicado un Curso completo de economía política, Valle señala que el mismo llena un vació en el estudio de la economía (El Amigo de la Patria, 27 de junio de 1821).

[147] Valle y Valle Matheu, eds., Obras, II, 32-41. Los editores del citado trabajo reimprimieron muchos de los escritos aparecidos en El Amigo de la Patria que, al igual que hoy, no eran tan fáciles de conseguir. Naturalmente no imprimen todos los escritos, por lo que el autor debe alternar entre el volumen II de las Obras y El Amigo.

aldeas hay una "progresión descendente de riqueza y ascendente de trabajos" sería engañoso concluir que la teoría de la riqueza de los pueblos es incorrecta. Tal fenómeno solo "supone vicios en el que tiene influjo en la suerte de los pueblos". Entonces, el economista necesita examinar las causas que provocan "miseria en los campos donde se siembra" y riqueza en las ciudades "que nada producen."

La investigación debe extenderse a los detalles más insignificantes e incluir un análisis del vocabulario que influye en la distribución de riqueza. Un glosario de términos relativos a la economía es útil. En relación a esto, el economista está obligado a arrancar de raíz la vileza que se achaca a las artes más útiles, la injusticia que da el título de profanos a los establecimientos de utilidad general y el estigma que desdeña como ordinario o rústico "al labrador que vive en el centro de su propiedad, cultivando el suelo en que ha nacido".

Los economistas de Valle tienen aún más obligaciones para con la sociedad. Es su deber leer con atención las leyes, una por una, señalando las que son contradictorias, las que violentan "el derecho de elegir libremente ocupación", las que restringen "el uso libre de la propiedad por el trabajo", y las que "no franquean igual protección a todos". Debe estar familiarizado con la finca y la fábrica, la minería y la banca; y comprender la función de los agentes de comercio, desde el más grande especulador hasta la más pequeña vendedora de mercado. De igual importancia es el interés que el economista debe tomar en la educación de los jóvenes, evitando llenarlos de información que solo es propia para hablar en pasillos, llenándolos de conocimientos que los conviertan en hombres, lo que es decir "labradores, artesanos, comerciante y empleados capaces de llenar respectivamente el objeto de su destino". En resumen, el economista que Valle tiene en mente es un hombre como él, con una amplia educación, una rígida disciplina, vastas energías, y más tiempo del que Valle tiene en 1812.

En 1814 Valle presenta su "Elogio a Goicoechea," en el que

denuncia la autoridad escolástica y predica la modernidad introducida por su distinguido maestro. Al año siguiente, ayuda a editar y escribe artículos para un nuevo periódico. El primer número del Periódico de la Sociedad Económica de Guatemala aparece el primero de mayo de 1815. El director de esa publicación quincenal es el Arzobispo Casaus, quien contribuye con 400 pesos a la empresa y un estipendio mensual de veinte pesos para su operación. El Dr. Antonio García Redondo es el director asistente y los editores, además de Valle, son el Dr. Mariano López Rayón, eminente miembro de la Universidad de San Carlos; el Dr. José María Castilla, español y futuro editor de El Editor Constitucional; y Antonio Gutiérrez y Ulloa. A primera vista, da la impresión que estos hombres están tratando de recapturar el espíritu de la difunta Gazeta, pero el Periódico de la Sociedad nunca logra consolidarse. La penúltima copia (del 1 de mayo de 1816) previene a sus lectores que el siguiente número sería el último, pues solo hay "40 subscriptores en la Capital y 70 en las afueras". El estipendio de un año dado por el arzobispo (240 pesos) es gastado y el periódico sufre pérdidas de 200 pesos adicionales, mismas que Casaus "generosamente padece[148]".

En artículos que calzan su firma, Valle analiza el problema de la riqueza de un país desde otro ángulo. Sostiene que la personalidad de un estado no es más que el producto de las perfecciones e imperfecciones de la gente que lo compone. Para que un estado pueda cosechar toda la prosperidad prometida por sus recursos naturales, debe poseer las cualidades consideradas como virtudes entre los individuos. La "ociosidad.... intemperancia.... y egoísmo" empujan a un estado a tocar las puertas de las casas de caridad, mientras que la "impiedad" de "atacar la Religión" es una puñalada a los órganos vitales, amenazando la existencia del estado mismo. "Para ser un buen vasallo" es necesario "tener un buen hijo, un buen

---

[148] 15 de abril de 1816.

hermano, un buen padre y un buen amigo". Una "nación que no se compone de familias virtuosas" es "pobre e impotente", un "simple juguete para los aventureros". Los "buenos vasallos", necesarios para sostener el imperio, se producen mediante la "educación de la juventud" y la "propiedad para el hombre". Con todo, la educación y la propiedad no resuelven del todo el problema pues, en palabras que retoman el consejo de Valle para el Intendente Peinada, señala las ventajas del "derecho penal para aquellos que no se conducen a sí mismos bien" y de "leyes remunerativas para aquellos que se conducen a sí mismos con honor". No existe "otra teoría para formar los hábitos que deciden si la suerte de un hombre" es una de miseria o felicidad[149].

Los comentarios de Valle en relación a la escasez de maíz en Comayagua, sus reflexiones sobre un curso de Economía y el documento que lee ante la Sociedad Económica atestiguan que se mantiene al tanto de los últimos escritos provenientes de España, de la península italiana, de Francia y de Inglaterra. Su íntimo conocimiento de la vida rural y el compartir lugares comunes sobre el trabajo, la riqueza y la casi total ausencia de industria en Guatemala da más sentido a sus lecturas de los fisiócratas y de los que sostiene puntos de vista similares. Más importante aún es que Valle aplica su conocimiento a circunstancias específicas, y tras decidir permanecer en Guatemala inicia la investigación que sugiere en 1812.

Su ensayo "Ciencias morales" está en la misma línea de las políticas del Superior Gobierno para atraer y mantener la devoción de los súbditos cuyas condiciones de vida tiendan a hacer dudar de su devoción a la Corona. La política del Real Plan de 1817, de forjar lealtades concediendo becas a los "españoles americanos" para

---

[149] BNG, Periódico de la Sociedad Económica de Guatemala, 15 de julio de 1815. El citado artículo se titula "Ciencias morales" y era parte de una serie de artículos sobre las ciencias. Fragmentos de los primeros borradores de estos artículos pueden encontrarse entre los Documentos de Valle.

estudiar en los "Colegios Mayores de San Bartolomé, Cuenca y Oviedo", complementa la que Valle explica a Peinada en 1814[150]. Por ello, a la luz de su vida pasada y de su desempeño como Fiscal Interino de la Corona, su respeto por la autoridad real en el caso de la escasez de maíz puede ser anticipada.

[4]

El cargo temporal de Fiscal, que le da a Valle varias oportunidades de probar sus conocimientos sobre Economía, es el último nombramiento que recibe de Bustamante quien se entera, por carta enviada desde Madrid el 18 de marzo de 1817, que será reemplazado por el Capitán General de Santo Domingo, Sub-Inspector Carlos Urrutia. Con el arribo de las noticias comienza el período de transición de un superior a otro y como es de esperarse viene acompañado de los acostumbrados rumores sobre el nuevo Capitán General. El Coronel Arechavala se entera, a través de un amigo en Trujillo, que Urrutia ha embarcado hacia Guatemala el 22 de febrero de 1818 a bordo de la Hermosa Catalina, "dicen que es un caballero que vale la pena, muy generoso y muy bien situado"[151]. Fray Manuel de la Madre de Dios, sobrino de Bustamante, le escribe a Valle desde México diciendo que hay muchas personas de

---

[150] Lanning, Enlightenment, p. 334. Es necesaria más evidencia para establecer con claridad si Valle está siguiendo el plan que expresa a Peinada. Hay información que permite presumir que está siendo cuando menos parcialmente. Casaus ofrece 500 pesos para los gastos de traer al connotado minerólogo Andrés del Río, de México, hasta Guatemala para enseñar mineralogía (El Periódico de la Sociedad Económica, 15 de mayo de 1815). Bustamante también está interesado en la minería. En una nota dirigida al ayuntamiento (19 de agosto de 1813), escribe que tal revitalización aumentaría la "prosperidad" y "felicidad" pero que por el momento, la industria minera está en total decadencia. Ver AGG, A1.2.5, 25296, 2835. Correspondencia del ayuntamiento de Guatemala. Además, tanto Bustamante como Casaus alientan el cultivo de cereales. Ver El Amigo de la Patria, 20 de enero de 1821.

[151] De Joaquín Arechavala para Valle, 18 de marzo de 1818, León. Documento de Valle.

Veracruz en Campeche y que todas "hablan de la ineptitud de Sor. Urrutia para mandar". Le relata algunos de los hechos más sonados que se dan mientras es "gobernador intendente" de la provincia de Veracruz[152]. Valle ha atravesado varias veces la distancia entre esos extremos. Al final está a punto de convencerse de que Bustamante no se irá. "El tiempo ha estado desengañándonos; y todos han visto que la orden de entregar el mando al Sub-Inspector aún no llega, que Bustamante continúa, y que no todo ha sido tan cierto como se aseguró"[153].

El tiempo se encarga de despojar a Valle de su desenfrenado optimismo. El 28 de marzo de 1818 Bustamante, que recibe Guatemala "en un estado de perfecta tranquilidad[154]", entrega el Reino cuya tranquilidad ha preservado a Carlos Urrutia, de sesenta y cinco años y decadente salud. Bustamante abandona la Capital el 4 de abril[155] rumbo a México, La Habana y por último España. Esta tan feliz de dejar Guatemala como muchos guatemaltecos lo están con su partida. Escribiendo desde Guatemala, con buen ánimo, expresa su satisfacción por la demora de su viaje. Comenta que una estadía de tres meses fuera de La Habana le ha restaurado "la salud y fuerzas" de una manera que sorprenden a todos, pero especialmente a aquellos que miran "penosamente"[156] su existencia. En febrero de 1819, aborda un barco rumbo a España, donde le aguarda el desenlace de su residencia. (Una residencia, era una investigación completa, pero rutinaria, a la que se sometía cada funcionario superior al dejar su cargo. Era dirigida por un funcionario real, especialmente nombrado, que reportaba sus hallazgos directamente a

---

[152] Para Valle, Campeche, 12 de julio de 1818. Documentos de Valle.

[153] Para José Simón de Castroviejo, 18 de enero de 1818, Documentos de Valle.

[154] Torres Lanzas, ed., Independencia de América, II, 483.

[155] De Valle para Gregorio de Castriciones, 18 de junio de 1818, Documentos de Valle.

[156] De Manuel de la Madre de Dios para Valle, Campeche, 12 de julio de 1818, Documentos de Valle.

la Corona. Si encontraban irregularidades, la Corona procesaba al funcionario; si los registros estaban limpios, el funcionario quedaba protegido contra futuras alegaciones e insinuaciones basadas en el cargo previamente ejercido.) Bustamante sale bien librado de ese proceso. Muy pronto es nombrado Ministro de la Marina, un resonante triunfo para un leal súbdito[157].

Probablemente el buque en que viajaba Bustamante no acababa de perder a Cuba de su horizonte cuando las aves de mal agüero comienzan a difundir el rumor de que el barco, la tripulación, los pasajeros y Bustamante tenían por tumba las profundidades del mar. Tras la partida del "verdadero español"[158], Valle se convierte en paño de lágrimas para aquellos que gimen la partida del "gran jefe"[159] y su casa en punto de encuentro de las quejas contra el nuevo gobierno por el maltrato de los amigos de Bustamante. El Jefe de las operaciones es el "Amigo Valle, quien está trabajando en relación con lo que nos ha pasado". Él "ha comunicado a Usted [Bustamante] lo más digno de su atención"[160]. Cartas de condolencia

---

[157] Para Gregorio Urruela, La Habana, 12 de febrero de 1819, Documentos de Valle. Bustamante escribe: "La demora de mi viaje, y la benéfica residencia de tres meses fuera de esta ciudad han restablecido mi salud y fuerzas en términos que se admiran todos, y mucho más los que descreyeron tristemente de mi existencia." Urruela da 4,000 pesos al donativo. Ver Gazeta de Guatemala, 6 de octubre de 1808.

[158] Documentos de Valle. La siguiente cita fue tomada del borrador de una nota que Valle probablemente envió o intento enviar en favor de Bustamante durante su residencia: "...fue verdadero español, amante de su Rey y de la Península donde en época de tanto calor y fermentación, de tanto extravío y error, podría probar, que su conducta privada y pública fue intachable y digno de elogio".

[159] De Ramón Lagos para Valle, Choluteca, primero de octubre de 1818, Documentos de Valle.

[160] De Valle para Bustamante, 18 de mayo de 1819. Valle escribe para alguien que ha vivido en Guatemala durante "cuarenta años", que ha sido alcalde y regidor "varias veces" sirviendo en el ayuntamiento durante el tiempo más crítico. Esta información nos hace pensar que escribe para Sebastián Melón, quien se niega a firmar las instrucciones, cosa que le es reconocida por Bustamante y quien es el alcalde del ayuntamiento. En el transcurso de la carta, Valle primero escribe que

para Valle, rezos para Bustamante y acusaciones en contra de Urrutia comienzan a arribar antes que Bustamante salga del Reino y continúan hasta marzo de 1820. "Cada día, Amigo, extrañamos cada vez más la presencia de Bustamante". "Aquí [León] se piensa que Sor. Bustamante es el Ministro de la Marina". "Yo he visto las noticias que deben ser de mucha satisfacción para Bustamante y de contusión para sus enemigos". "Siempre creía que era falsa la noticia del rebautimiento de la tripulación de la fragata Sabina en que iba el Señor Bustamante". "Me he enterado con gran placer que él ha sido condecorado con la Gran Cruz de San Hermenegildo". El amigo de Valle, el Coronel Joaquín Arechavala, está convencido que a Bustamante "debe erigírsele una estatua en este Reyno". Una nota de la pluma de Valle servirá de inscripción para la estatua:

El Excmo. Sr. D. José Bustamante y Guerra fue presidente de este Reyno de marzo de 1811, hasta el mismo mes de 1818. Durante tan crítico período, supo cómo mandar... para hacer frente a tan extraordinarias circunstancias. Vigilante, trató de mantenerlo [el Reino] en paz y tranquilidad, y trabajó para alcanzar este objetivo, el más elevado en sus preocupaciones, hasta el punto de dañar su salud, que era vigorosa cuando vino al Reyno y débil cuando se fue. Hizo que la autoridad se respetara... apoyó con firmeza la causa de nuestro Rey, que estaba tan opuesta en esos días.... y sostuvo en alto la religión, prohibiendo cualquier cosa que molestara al trono o al altar[161].

Un líbelo que circula por la Capital señala una de las principales razones por las que Valle y otros amigos de Bustamante escriben en favor del "español puro". Valle envía a Bustamante el "Diario de

---

Melón ha vivido en Guatemala durante cincuenta años pero después cambia a cuarenta.

[161] Documentos de Valle. La cita proviene del borrador de un reporte que Valle somete o intenta someter en favor de Bustamante.

diversas incidencias ocurridas en los meses corridos de Septiembre de 18 a Febrero" en el cual aparece lo siguiente:

El 7 de octubre, fue encontrado el siguiente pasquín en la casa de Perales: "para aquellos perturbadores de la paz, Valle y el ex inquisidor Martínez [Bernardo]. La gente le pidió a D. J. del V., aislado en su casa sin intervenir en nada, no cometer más crimen que el de comunicarse con el Comisario del Santo Oficio, B. M". Lo ofensivo de esto es que se ha asumido que él [Valle] ha iniciado proceso en relación con los incidentes de la Monja Aycinena. A pesar de no ser cierto, se supone que él esta favorablemente dispuesto hacia el Comisario. Esta es tan solo una manifestación del odio hacia él y de la aversión en contra del Santo Oficio[162].

La clave de ese misterio, que se vuelve más grande con la partida de Bustamante, está en la frase: "aislado en su casa." Pese a que en ese momento aislarse es de suma importancia para Valle, literalmente no tiene otras restricciones. Su correspondencia resuelve el misterio. Escribiéndole a Gregorio de Castriciones, Valle lacónicamente reporta que "el nuevo presidente tomó posesión el pasado marzo" y que "D. Manuel Pavón lo recibió y continúa teniendo lazos cercanos con él. D. Ignacio, pariente de casi todas estas familias, es el director secreto[163]". Un año después, el 18 de mayo de 1819 el Amigo Valle, esta vez escribiéndole a Bustamante pero dirigiéndose a otra persona, señala que Francisco de Paula Vilches -encargado de conducir la residencia de Bustamante- ha arribado (el 11 de abril de 1819) con procedencia de La Habana "con el ex-diputado de las Cortes, D. Antonio Larrazábal y D. Antonio Batres y Nájera." Valle debe sentirse herido al enterarse

---

[162] Documentos de Valle. Para información relativa a Teresa Aycinena, ver Chinchilla Aguilar, La inquisición en Guatemala, pp. 175-176.

[163] 18 de junio de 1818, Documentos de Valle. Manuel Pavón, hermano de Bernardo, a quien Bustamante rehúsa recomendar para archidiácono, es electo para la Junta Central.

que "Manuel Talavera" también goza de la confianza de Vilches[164]. Un mes después Valle, escribiéndole a Bustamante pero dirigiéndose a la misma persona a la que lo ha hecho anteriormente, señala que Talavera, los Palomos (Domingo, Antonio e Ignacio), Larrazábal y otros "individuos de estas familias rodean completamente" a Vilches. Escribiendo para su propia persona, Valle muestra con mayor claridad el panorama político de la colonia: "La influencia en palacio del susodicho Pavón es indudable. Hay evidencia de varios negocios para probarlo. El nuevo presidente ha hecho cadetes a los hijos de los Pavón y a algunos de los Aycinena". Y a Urrutia, de acuerdo a Valle, le son otorgadas algunas comisiones ilegalmente[165].

Valle, quien estuvo junto a González y Bustamante, está consciente de que es incapaz de hacer la transición hacia Urrutia, quien está encerrado y herméticamente sellado por Talavera, la familia Pavón, la familia Aycinena, Larrazábal y los Palomos. Esas son algunas de las personas que fracasan en su intento por ganar el favor de González y de Bustamante y que cuando Urrutia es nombrado apuestan exitosamente por ganar su favor rodeándolo al momento de su arribo. Toda la evidencia indica que una corriente de cartas fluye de los Pavón, los Aycinena y otras de "estas familias" hacia Urrutia incluso antes de que éste aborde la Hermosa Catalina.

El punto principal de esa lucha no está en que Valle pierde y sus

---

[164] Documentos de Valle. Valle, probablemente dirigiéndose a Melón, declara: "El 11 del próximo anterior llegó a ésta el Sr. Regente Francisco de Paula Vilches, comisionado en primer lugar para la residencia de V.E. Vino desde Havana con el ex-diputado de cortes D. Antonio Larrazábal, y D. Antonio Batres y Nájera y le recibió en el público el Oidor Moreno. No asiste todavía a la audiencia, ni ha abierto aún la residencia. Ignoramos lo que será; pero vemos con sentimientos que el sugeto [sic] de sus confianzas es hasta ahora el agente fiscal D. Manuel Talavera y que éste y otros enemigos de V.E. son los que rodean".

[165] Diario de diversas incidencias ocurridas en los meses corridos de Septiembre de '18 a Febrero, Documentos de Valle. Valle asegura que Urrutia había invertido las comisiones "sin practicar su recepción las diligencias que previene la ordenanza".

enemigos ganan, sino en que la misma sirve para sentar las bases de los primeros partidos políticos de Centroamérica. Debido a que esos partidos pronto se ven envueltos en el proceso de independencia, el que ese asunto sea una de las principales causas que distancian a Bustamante y a Valle de "esas familias", ha servido para ocultar las mezquindades de un conflicto político que desde ese entonces ya era indigno del país. Mencionar la independencia como un asunto serio en 1818, es distorsionar los objetivos de los enemigos de Valle. El argumento que convierte en patriotas a algunos de los hombres que rodean a Urrutia, o que se oponen a Bustamante, y que después de la independencia se convierten en líderes, es tan válido como aquel que asegura que Valle trabaja por la independencia para poder convertirse en una figura relevante.

La idea de la independencia cruza la mente de Valle en 1818. Le reporta a Gregorio de Castriciones que Urrutia ha "manifestado sus deseos por un libre comercio" y que algunos de los miembros del ayuntamiento y del Consulado lo han animado. Valle advierte que si Urrutia no hace que se cumplan "las leyes que lo prohíben, el comercio con la Península cesará, sus relaciones con América se interrumpirán, y la independencia de este Reyno estará preparada"[166].

No obstante, ese mismo año obtiene su más importante logro en la carrera política por el favor de Urrutia al conseguir que aquellos que han sido amigos de Bustamante (adictos) "vivan retirados y

---

[166] 18 de junio de 1818, Documentos de Valle. El que se deba al alegado deseo de Urrutia por contar con un libre mercado o a otras razones, las costas de Guatemala, si creemos en los apuntes de Valle, no están tan bien resguardadas tras la partida de Bustamante. Probablemente dirigiéndose a Melón, Valle escribe: "Un año ha que V.E. [Bustamante] salió de este Reino; y en tan corto tiempo son tantas las mutaciones que no es posible referirlas en una breve carta. El contrabando se ha aumentado extraordinariamente: el comercio de la metrópoli se ha destruido casi enteramente: los corsarios que en el Gobierno de V.E. jamás insultaron nuestras costas, ahora han tenido el atrevimiento de entrar en la boca de San Juan, primero, luego Sonsonate, después Realejo y últimamente en Omoa, apresando dos barcos en San Juan, uno en Sonsonate y cuatro en el Realejo." Ver De Valle (¿para Melón?) para Bustamante, sin día (abril de 1819), Documentos de Valle.

reducidos a hablar entre ellos[167]". Infeliz y blanco de líbelos que brotan del "flemático temperamento de estos países[168]", redoblaba sus esfuerzos para irse a España e insiste ante Castriciones para que suplique a Bustamante, cuando arribe a Cádiz, que "me saque de este país y me lleve a ese con cualquier cargo." Dígale, implora Valle, "que Usted se ocupará de todos los gastos a mis expensas y que este horizonte es más triste cada día." Esas son las palabras de un hombre que desesperadamente desea salir de Guatemala, pero que con seguridad desea marcharse teniendo la deslumbrante toga de oidor.

[5]

Tras recibir el frustraste revés que Díez y Tovar le comunica en su carta del 1 de diciembre de 1814, una orden real de la Cámara de Castilla pone a Valle en espera de cualquier vacante que pueda ocurrir en una audiencia de España. Díez y Tovar asegura que velará por los intereses de Valle "hasta el día" llegado, y lo molesta diciendo "será para Dios que es en Granada" donde la "tierra es bella". Con seguridad, al leer esto Valle hace una pausa para imaginarse a sí mismo en la histórica Granada, caminando por los caminos romanos, admirando la arquitectura de los moros, intercambiando correspondencia e incluso conversando con los sabios del Viejo Mundo, desde ahí podría "leer, escribir y gozar la vida que apetezco[169]". Pero los meses venideros no son halagüeños,

---

[167] De Valle para Gregorio de Castriciones, 18 de junio de 1818, Documentos de Valle.

[168] De Valle para (¿?), 18 de junio de 1818, Documentos de Valle. El documento es un borrador de una carta sin indicación de su destinatario. No está dirigida a Castriciones, pues incluye muchas cosas de las que Castriciones ya ha sido informado.

[169] De Valle para (¿?), 18 de junio de 1818, Documentos de Valle. El documento es un borrador de una carta sin indicación de su destinatario. No está dirigida a

y después viene la decepcionante carta de Díez y Tovar: "Aún no han anunciado la vacante que me dijeron ocurriría en Granada, pero...". Una vez más, Valle depende de las promesas de impulsar su candidatura. Su reacción es vigorosa y puntual, pues Díez y Tovar recalca que Valle ha insistido, contra todo consejo, en buscar un nombramiento en España. En consecuencia, debe sufrir los fracasos que le fueron anunciados con anticipación.

Con tenacidad Valle persiste en su empeño. Hasta se traga algo de su orgullo cuando le escribe a Juan Gualberto González, que tocó el violín en la orquesta de Campuzano antes de partir a España, pidiéndole poner a su disposición cuanta influencia le sea posible[170]. González esta un tanto sorprendido de que Valle quiera dejar "esa Etiopía, como Usted le llama," y le dice con suma franqueza que tiene más oportunidad de asegurar un puesto si va a España y actúa como su propio agente. El respeto para las recomendaciones provenientes de América, "a favor y en contra," ha "caído bastante." Además, hay un "infinito número con las mismas recomendaciones" que Valle posee y la Cámara de Castilla siempre prefiere nombrar alguno de los innumerables individuos que son personalmente conocidos. Muchas de esas mismas personas se encuentran en los primeros lugares de la lista pues están "sin empleo pero con salario". "Me gustaría verlo acá, pero si espera ser nombrado en la Península como resultado de mi influencia, le digo que no tengo relaciones que ofrecerle". La proporción de "10,000 a 1" debe cruzar el cerebro de Valle quien, agobiado por la frustración y la amargura, siente que las probabilidades no tienen importancia alguna. Nuevamente le escribe a González, revelándole que esta tan decidido a irse a España que

---

Castriciones, pues incluye muchas cosas de las que Castriciones ya ha sido informado.

[170] González reconoce haber recibido la carta (Madrid, 21 de abril de 1817, Documentos de Valle) de Valle del 18 de agosto de 1816.

incluso piensa vender sus haciendas[171].

El 24 de noviembre de 1817, Díez y Tovar revela las interioridades de la difícil situación que causa la frustración de Valle. La orden ha sido expedida poniendo a Valle en espera para una audiencia en la Península, pero Díez y Tovar está en la difícil posición de "desear vacantes y buscar los medios para asegurar el título de oidor". Valle, consuela a Díez y Tovar, pues esta "experimentando la miserable vida del suplicante". Sin desanimarse ante la dificultad y dolido por la partida de Bustamante, en junio de 1818 Valle escribe que su primer deseo es irse a España; pero que mientras espera su nombramiento puede aceptar con gusto los cargos de "oidor, alcalde de crimen, o fiscal en la audiencia de México." Escribe también que si no recibe nombramiento en la Península "en el año venidero [1819]", irá a España sin él. "Mi paciencia esta casi exhausta[172]".

En 1819 pide y recibe una excelente recomendación de Serrano Polo quien alaba a Valle por su lealtad, talento y capacidad de trabajo. Pero también recibe una descorazonadora carta en febrero de 1820: "Si Usted solicita o desea cualquier cosa de la Corte [España], es necesario que busque otro agente, pues un cierto Tovar no vale nada, excepto para pedir reales; trabaja para el gobierno." Después de trece años, esa imprudente nota pone fin a los intentos de Valle por asegurarse una posición en la audiencia de España.

[6]

Mientras Valle lamenta el traslado de Bustamante y fracasa en sus esfuerzos por irse de Guatemala, también tiene problemas con

---

[171] De González para Valle, Madrid, 29 de diciembre de 1817, Documentos de Valle. González escribe: "Me parece atrevido el pensamiento de vender sus fincas para trasladarse acá o a otras partes."

[172] De Valle para (¿?), 18 de junio de 1818, Documentos de Valle. Valle escribe: "La copa de la paciencia se va llenando".

sus haciendas, "Santa Bárbara," "Ola," y "San José." Esas son las tierras que están volviendo rico a Valle. Entre diciembre de 1813 y enero de 1814, vende 604 cabezas de ganado. Dos años después tiene 300 cabezas en "San José" y 180 en "Ola." Con todo, en 1816 la producción de queso se deprime, pues toda la mano de obra es reducida por la peste: "Algunos de ellos murieron." En la misma carta, el capataz, Juan José Pinel, reporta que los esclavos negros, pese a que son bien portados, son de poco valor en el campo, porque no entienden un trabajo de tal naturaleza. Pero les ha enseñado "una manera fácil de matar coyotes," que tan pronto como la pruebe informará a Valle de los resultados. En junio de 1819, Juan José tiene peores noticias. "Este año ha sido malo para todas las haciendas en esta costa [la del Pacifico]." La "peste de la morriña, la aridez de los campos [y] la falta de lluvia," han provocado la muerte de 186 cabezas de ganado. Seis meses después se entera que 150 cabezas de ganado compradas en octubre de 1819 no son las mismas que fueron entregadas.

Ese oscuro panorama va cambiando en el transcurso de los siguientes tres años, pues en abril de 1822, Valle compra una hacienda grande cerca de Chiquimula, en la provincia de Guatemala. "La Concepción" cubre más de 1,700 manzanas, que con equipo y ganado le cuestan a Valle 10,000 pesos. El recordatorio de que debe incrementar las ganancias de "La Concepción" -reduciendo los gastos y elevando la producción- sugiere ansiedad respecto a la obligación que ha adquirido. En condiciones normales, una compra de esa magnitud solo se concluye tras una seria reflexión y aún después de eso se realiza con ciertas reservas, pero el año de 1822 es un año problemático. Valle debe haber reflexionado aún con más sabiduría cada uno de sus actos. Entre septiembre de 1821 y abril de 1822, Guatemala -que iba desde el istmo de Tehuantepec hasta Panamá- se independiza de España, pasa por cuatro caóticos meses de libertad, se rinde ante los murmullos y pasar a ser parte de México.

Al acercarse el fin de la colonia, Valle comienza a compartir la opinión del Canon Bruno Medina de que "este Reyno es un lugar de destierro." Su plan era irse a España, donde él, a sugerencia de Medina, podría "gozar del buen clima de Europa," libre de todas las "personas caprichosas" -personas como las que le niegan el título de señoría desconociendo su "lugar de preferencia." Solo queda tratar de adivinar sus pensamientos cuando lee una invitación de algunas de esas mismas personas para asistir al ayuntamiento a "enaltecer" el "traspaso anual del real estandarte". Para entonces, su abrumador deseo de dejar Guatemala es legítimo y en 1818 llega a pensar en vender sus haciendas e irse a España sin empleo. Pero prefiere ir como oidor y mira a los "hijos de Guatemala -niños imberbes[173]-" recibir nombramientos reales mientras sus propias esperanzas son destruidas y su alegre confianza se torna en resentida amargura.

Su familia es su única alegría y los pocos momentos de felicidad que experimenta durante los últimos años de la colonia los encuentra en su seno. A pesar de esto, la amargura paralizante logra entrar y escribe que "Larreinaga y el mayor de los hijos de Barrio han partido para ese lugar [España]. Envidio su fortuna, pero no pierdo la esperanza de seguir sus pasos. Deseo saber; y si aspiro a una posición es para facilitar el viaje [a España] y dejar honor y mont[¿epío?] a los dos pequeños que tengo." También trata de escapar encerrándose en su estudio. En febrero de 1818 recibe cinco cajas de libros que le envía Gregorio de Castriciones. "Son buenos, y he tenido momentos de placer."

Dionisio de Herrera responde, en junio de 1819, a una carta: "Recibí tus profundas reflexiones concernientes a un lenguaje universal. Son dignos del más serio pensamiento." Valle también lee

---

[173] De Valle para (¿?), 18 de junio de 1818, Documentos de Valle. Valle escribe: "Los hijos de Guatemala, niños imberbes, están casi todos colocados; y yo no lo estoy después de un trabajo, y sacrificios".

ampliamente y con placer el campo de la economía. Pero cada vez que los principios de esa disciplina llevan al lector al laberinto que va más allá de los lazos de la autoridad real o amenazan la unión de la Corona y las colonias, procede con circunspección y prevenía de las consecuencias que para España traería el libre comercio. Así, en todo aspecto, ha ganado los cumplidos de Bustamante: "Vasallo benemérito". Pero no tiene como escapar el hecho de que Bustamante ya no está, que aún no recibe el tan deseado nombramiento y que los hijos de Guatemala -las familias de la Capital- rodean a Urrutia. Por ello, el horizonte de "esa Etiopía" se vuelve para él más triste cada día.

CAPÍTULO CINCO:
1820, EL AÑO DE LA DECISIÓN

[1]

Durante todo 1819 y hasta adentrado el siguiente año, la esperanza de una futura vida en España alimentó las fantasías de Valle. En esas fantasías se miraba supervisando el último baúl con sus pertenencias cuando era embarcado en una fragata cuyo destino era España. Esto, al menos, le ofrecía un descanso de los "días de mortificación" que se habían venido sobre él con la aparición de mordaces pasquines a lo largo de la colonia[174]. Estaba de acuerdo en que valdría "cien por ciento más"[175] en España, donde sería apreciado y "recompensado por sus continuos servicios en favor del Rey y el país"[176].

Todavía en la periferia de su anticipación -que se había convertido en la respuesta a todos sus problemas- comenzó a sentir el tormento de separarse de sus amigos, tal como la travesía lo prometía. Era muy cercano a Mariano Murillo, quien escribió: "Usted sabe que su viaje será doloroso para mí, por que contaba con su gentileza para la educación e instrucción de mi pequeño Mariano"[177]. La separación de su primo Dionisio de Herrera, quien probablemente era el más cercano fuera de la familia inmediata de Valle, sería aún más penoso para Valle. La amistad se extendía a asuntos familiares íntimos, incluyendo una cándida y amistosa

---

[174] De Valle para (¿?), 18 de junio de 1818, Documentos de Valle.

[175] De Juan Gualberto González para Valle, Madrid, 29 de diciembre de 1817, Documentos de Valle.

[176] De Mariano Murillo para Valle, León, 19 de septiembre de 1819, Documentos de Valle.

[177] De ídem para ídem, 19 de octubre de 1819.

discusión sobre el problema que había separado a sus padres[178]. De los corresponsales de Valle, fuera de su familia inmediata, Dionisio era el único que le escribía a Valle empleando formas familiares en el trato. Así, la invitación que Valle le hace a Dionisio para que compartan la alegría del viaje a España era, a la vez, sincera y natural[179]. Las cambiantes opiniones de la política Peninsular enfriaron el ardor de Valle; quien podía necesitar realizar ciertos ajustes que hacían que su vida en América fuera más placentera.

[2]

En marzo de 1820, Fernando VII forzado por una revolución dirigida contra el absolutismo real, restablece la Constitución de 1812. Poco después en esa misma primavera, cuando la noticia arriba a América, los colonos del Reino de Guatemala vuelven a pararse sobre el mismo umbral por el que habían pasado en 1812. Todo era como había sido -garantías constitucionales, elecciones para los ayuntamientos y diputaciones provinciales, representantes electos para las Cortes en España y autoridad ejecutiva investida en el Monarca. Había, sin embargo, una enorme diferencia en Guatemala; el enfermizo Urrutia había reemplazado la dura mano del "gran jefe" en el mando. No habría oposición autoritaria a la ley fundamental.

Guatemala respondió con prontitud a la nueva libertad, y las débiles líneas de dos tendencias políticas comenzaron a trazarse. Cada grupo, en sus inicios, poseía un periódico para promover sus puntos de vista. El Editor Constitucional, el primero de los dos periódicos fundado en 1820, fue concebido en reuniones periódicas (una tertulia) "de españoles y criollos liberales" en casa del Señor Canon Doctor José María Castilla. Los asistentes eran Juan y

---

[178] De Dionisio de Herrera para Valle, 17 de agosto de 1812, Documentos de Valle.

[179] De ídem para ídem, 8 de octubre de 1816.

Manuel Montúfar, Marcial Zebadúa, José Barrundia, José Beteta, Vicente García Granados, dos capitanes de artillería y el Médico Doctor Pedro Molina. Manuel Montúfar, empleado en la secretaría de Urrutia, era la persona indicada para reportar las noticias. El Dr. Pedro Molina acordó escribir la sección dedicada a la "educación física y moral," y la columna bajo el título "Variedades" fue encargada a José Barrundia, el Canon Castilla y los demás miembros[180].

El periódico del segundo grupo era El Amigo de la Patria, cuyo origen parece haber sido motivado por la necesidad de balancear los puntos de vista expresados en El Editor y servir como órgano de expresión para aquellos opuestos al grupo que incluía a Barrundia y Molina. En un informe dirigido a la Corona por el tesorero, quien después se niega a aceptar la independencia[181], arroja algunas luces sobre cómo se concibió El Amigo. "Los buenos Españoles, conociendo el peligro, y que el sistema Constitucional, auxiliaba notablemente de mil modos, a los desleales, trataron de establecer también otro periódico, con el nombre de Amigo de la Patria que se opusiese al primero; pero su principal Autor de tanto talento como disimulo, se hizo al fin dueño de la empresa, y siguió los impulsos de su genio, sembrando también con arte la semilla de la independencia." El autor principal era José del Valle, quien bien

---

[180] Pedro Molina, "Memorias acerca de la revolución de Centro-América, desde el año de 1820, hasta el de 1840" (en adelante referido como "Memorias"), Centro-Americano, XIII (abril, septiembre de 1921), 278. El autor está en deuda con el Señor José Luis Reyes, antiguo Librero de la Sociedad de Geografía e Historia de Guatemala por permitir el uso de este fragmento de las "Memorias" de Molina, mismas que fueron publicadas en algún momento entre los años de 1840 y 1854 año en que muere Molina. Para obtener más información concerniente a la vida de Molina, ver J. Joaquín Pardo, Bibliografía del Doctor Pedro Molina (Colección Documentos, XVI; Ciudad de Guatemala, 1954).

[181] Guatemala, hace ciento catorce años. Informe (inédito hasta ahora) del Ministro Tesorero de las Reales Cajas de Guatemala, acerca del Estado deficiente del erario antes y después del 15 de septiembre de 1821" (referido como "Informe"), Anales, XII (Sept., 1935), 10-11. El informe tiene fecha del 11 de marzo de 1824.

pudo haberse asociado con otros para fundar un periódico que se opusiera a El Editor, y que en vista de la abrupta cesación del silencio de quienes se oponían a El Editor, Valle probablemente en termina asumiendo el control. Pero parece altamente improbable que el tema principal fuera el de la independencia, e incluso que fuera un tema de importancia en las elecciones de 1820. Las diferencias entre ambos grupos parece haber sido nada más que la continuación de las rivalidades por posiciones de influencia y prestigio que se habían iniciado para Valle durante el tiempo del Capitán General González. El único cambio ocurrido era que los dos bandos habían asumido la dignidad de los partidos políticos. Los Gazistas o Bacos (Borrachos) giraban alrededor de El Amigo, y los que se agrupaban alrededor de El Editor fueron conocidos como los Cacos (Ladrones). Las posiciones buscadas por cada grupo, cuya influencia se extendía más allá de la provincia de la Capital, abarcaban los siete asientos de la Diputación Provincial, las del ayuntamiento de la Ciudad de Guatemala y los asientos para las Cortes en España[182].

Es posible que Valle se convirtiera en el principal candidato de los Bacos como resultado de una carta de José Venancio López y José Ignacio Foronda, ambos residentes en la Capital y ajenos a la "familia." Cada uno era un elector, y en unión con otros cuatro, elegirían los diputados a las Cortes y a la Diputación Provincial. Valle recibió con desánimo la noticia de la revolución en España. No podía contar más con la paz y la tranquilidad que la Península prometía. Ni se había ganado el favor de Urrutia, el que le hubiera dado posiciones de responsabilidad y prestigio. Así, cuando los electores López y Foronda explicaron que deseaban elegir a un Diputado Provincial, que poseyera todas las cualidades que la

---

[182] Cada provincia debía tener una diputación provincial de nueve miembros, dos nombrados y siete electos. La mitad de la membresía debía renovarse cada dos años. Ver Constitución Política de la Monarquía Española, Tít. VI, Capít. II, Art. 325-335. En relación con los asientos en las Cortes, los Cacos parecían estar contentos con elegir uno de los varios guatemaltecos que, en ese momento, se encontraban en España. Ver El Editor Constitucional, 31 de julio de 1820.

Constitución demandaba, y que se habían decidido por Valle, él acepto. Pero había un pequeño punto que necesitaba ser aclarado. "No dudamos su adhesión a la Constitución, pues si lo hiciéramos no lo habríamos escogido." Sin embargo, "tres o cuatro personas" habían protestado. Si Valle les pudiera dar "algunos documentos" que probaran su "patriotismo" y "adhesión a la gran carta," con facilidad serían capaces de callar a los que hacen oposición[183]. Valle, quien se había convertido en candidato a una diputación y al ayuntamiento de la Capital, tuvo que proporcionar las credenciales adecuadas.

El mismo día en que López y Foronda le escribieron, el Canon Juan Miguel Fiallos de Comayagua también le dirige una carta a Valle, misma que probablemente lo atrapó en la mitad de su transición de desear abandonar "esa Etiopía" para convertirse en candidato a importantes puestos locales. En cualquier caso, la carta de Fiallos enfatiza sobre la decisión que a Valle le tocaba tomar. El clérigo había estado solicitando en Comayagua y sus alrededores apoyo para convertir a Valle en diputado ante las Cortes, y le escribe para decirle que la gente afectuosamente se inclina en favor de su candidatura. "Si esto es cierto, como me lo han dicho, de que Usted piensa irse a España, esta comisión no le abrumara, y nuestra provincia rápidamente avanzará si Usted se hace cargo de sus intereses políticos[184]". Valle responde con palabras que recuerdan su retiro, en 1809, de la elección para Junta Central. Sin embargo, en 1820, sus motivos eran diferentes. La brillante y locuaz anticipación de ir a España como oidor se había desvanecido y se iba volviendo sombría. Ya no estaba soltero; tan solo un mes antes de que Fiallos escribiera había nacido su tercer hijo, y a pesar de toda la infelicidad, se estaba volviendo rico. Por el momento, tendría que esperar su hora en Guatemala y el corto tiempo, antes de que las

---

[183] 6 de septiembre de 1820, Documentos de Valle.

[184] Comayagua, 6 de septiembre de 1820, Documentos de Valle.

Cortes se reunieran, no le era suficiente para arreglar sus asuntos[185].

La decisión de Valle de permanecer en Guatemala puede ser interpretada de una manera que sugiere que él hubiera sido, en el mejor de los casos, un candidato perfunctorio. Pero una de las principales razones por las que deseaba irse era la enemistad que existía entre él y las familias de la Capital. Lo habían golpeado tras el arribo de Urrutia, pero ahora las elecciones le ofrecían un camino al triunfo sin tener que pasar, con el sombrero en la mano y a regañadientes, frente a los Aycinenas, Palomos y Pavones para llegar a Urrutia. La Constitución, a pesar de lo que pensara de ella, reducía las posibilidades a un punto en el que podía competir, y la competición con los "hijos de Guatemala" había alimentado a Valle desde el tiempo del Capitán General González. Sin embargo, en 1820, las líneas de la oposición incluían al ilegítimo Molina[186] y al fugitivo del garrote José Francisco Barrundia. Ellos habrían de darle a los Cacos un excelente apoyo, pero nadie sabía ¿Cuáles eran sus motivaciones, o si dirigían o eran dirigidos?

[3]

Los Cacos, que comienzan a publicar su periódico el 24 de julio de 1820, ganan sus primeras enemistades cuando Liberato Cauto sale atacando a los Bacos, revelándose contra el egoísmo y búsqueda del interés propio que inspiraba sus intentos por destruir la libertad de la Constitución. ¿Por qué se permite que estas "inmundas arpías" hagan nido en Guatemala? ¿Porqué es que han venido a romper "con sus talones" la "fiesta de los liberales," arruinando al resto con sus

---

[185] El Amigo de la Patria, 3 de noviembre de 1820. Valle, quien indudablemente escribió una réplica a las acusaciones que le hacía El Editor, anota que ha sido invitado a ser un candidato, citando un párrafo de la carta de Fiallos, y después da sus razones para declinar. Si Valle no escribió la réplica, Foronda y López, que la firmaron, habían leído la carta de Fiallos.

[186] Carlos Gándara Durán, Pedro Molina (Ciudad de Guatemala, 1936), p. 16.

"asquerosas inmundicias"? "¡Ciudadanos!" ¿Quieren saber? Miren hacia atrás; recuerden el despotismo que hasta hace poco nos dominaba ¿Quiénes eran sus ministros? ¿Quién lamentó el día de triunfo para la libertad Española? De esta gente es de la que nos debemos defender. ¡Alerta Guatemaltecos! Vigilen a los serviles que intentan destruir el "benéfico liberalismo" a través "de la división[187]".

Poco después de este asalto, Liberato Blanco ataca a quemarropa a los electores López y Foronda, de quienes se sabía apoyaban a Valle, desnudando la referencia al "despotismo" para que todos lo pudieran ver. En palabras llanas, los Bacos eran el partido del "Sr. Bustamante, predecesor de nuestro actual compasivo Jefe". De este partido, compuesto de "Europeos y criollos", provenían los "espías e informantes" que habían sido responsables del "silencio sepulcral" propio de un "gobierno despótico e inquisidor". Este es el partido que "casi extermina Granada," que difamó las instrucciones del Señor Peinada," que se opuso al cumplimiento de las "repetidas amnistías que la compasión de Su Majestad inspiró en favor de los llamados insurgentes de Guatemala [la conspiración de Belén]". A la luz de esto, Liberato Cauto intenta comprender como López, quien había sido hecho prisionero por complicidad en la conspiración de Belén, podía apoyar a los Bacos. Tampoco podía Liberato Cauto comprender a Foronda, quien también había "sufrido arresto, insultos y persecución" de manos de Bustamante. Pero el objetivo principal de Liberato Cauto no eran López y Foronda; tan solo intentaba que dejaran de apoyar a Valle, a quien ridiculiza por haber sido ministro de Bustamante. En un pie de página, Caco Cauto

---

[187] El Editor Constitucional, 18 de septiembre de 1820. Sin embargo, más tarde, Molina identifica a Valle por su nombre como el "íntimo consejero" de Bustamante en ese "despótico gobierno." Ver Pedro Molina, José Francisco Barrundia y José Francisco Córdova para Agustín de Iturbide, 3 de noviembre de 1821, Hernández Dávalos Collection, HD, 14-3, 1450. University of Texas Library. "La carta debe estar fechada 30 de noviembre, o un día inmediatamente posterior, pues el evento fatal mencionada en esa carta, ocurre ese día.

señala que "los ruidosos murmullos de desaprobación" que se escucharon en el salón cuando los electores López y Foronda incluyeron a Valle entre los nominados, insinuaban que Valle no se adhería a la Constitución[188].

Estas acusaciones pusieron a Valle, López, Foronda y los Bacos a la defensiva, debiendo soportar adjetivos como los de ignorantes, esclavos y arpías; trataron de responder a veintiún acusaciones separadas que el encolerizado Cauto les hacía y que provenían del arsenal que había acumulado desde los días de Bustamante. En un intento por destruir el velo de dudas que Cauto había arrojado sobre su fe en la ley fundamental, declaran su más decidida adhesión a la Constitución, al tiempo que buscan avergonzar el espíritu que había hecho que Cauto calumniara y promoviera el espíritu de la familia. Que los Bacos fueran el partido de Bustamante por supuesto que es ridículo. "¿Puede un hombre que ha cesado su mando el 28 de marzo de 1818, tener un partido -un hombre que ya no es más jefe de estas provincias, un hombre que está ausente y que algunos suponen esta expatriado en Portugal?[189].

Foronda, pensaba que Liberato Cauto había tratado de halagarlo, y estaba furioso por la acusación de que había sido arrestado, insultado y perseguido, y relata con exactitud los hechos a los que Caco Cauto se refería, culpando a Ignacio Larrazábal, hermano del

---

[188] El Editor Constitucional, 16 de octubre de 1820. Sobre este mismo asunto, Liberato Cauto acusa que Valle había escrito la réplica que López y Foronda publican el 3 de octubre, y Cauto dirigiéndose a Valle lo hace en estos términos: "Oíd esta verdad, hombre oscuro, que hablas por boca de otros y te ocultas". Para estos y todas las demás acusaciones, ver El Amigo (2 de diciembre de 1820) a los que contesta:

"Que cuatro veces al mes un Zoilo insolente

Levante rabiosa una voz impotente.

Yo no oigo sus gritos por el odio formados;

Yo no veo sus pasos en el fango estampados".

[189] El Amigo de la Patria, 3 de noviembre de 1820. Valle no firmó el documento, pero sin duda redactó la parte que le concierne.

antiguo diputado, por todo el problema.

En 1814 hubo una pelea de toros. Estaba fuera del ruedo en el que estaban peleando, tras la barrera con el Coronel Lagrava. Los jóvenes que estaban en el techo encima de los asientos comenzaron a tirar cortezas y peladuras de frutas. Francisco Arguello, segundo secretario del gobierno, reporto esto al dueño de los asientos, Francisco Rodríguez. El subió al techo, que estaba hecho de cuero, para regañar a los que estaban provocando esos desordenes. Los muchachos estaban asustados y comenzaron a correr y hacer ruidos que uno puede esperar. La gente en los asientos [abajo], desconociendo lo que ocurría, se exaltó, pensando, algunos de ellos, que era un terremoto, y otros, que se trataba de un levantamiento. Larrazábal (Apréndanlo hombres sabios) [,] Larrazábal creyendo esto último y suponiendo que yo era el autor fue a decírselo al Sr. Bustamante.

Bustamante llamó a Foronda y éste explicó todo a satisfacción del Capitán General. No hubo ningún arresto, ni insultos, y ni persecución alguna, tan solo el hermano de Antonio Larrazábal corriendo donde Bustamante.

En relación a las burlas dirigidas en contra de Valle, López y Foronda declararon que estaban tan orgullosos de apoyarle como las "cuatro provincias de León, Sonsonate, San Vicente y Tegucigalpa" lo habían estado en 1809. El que ahora Comayagua tuviera el deseo de apoyarle para el puesto de Diputado a las Cortes los hacía igualmente orgullosos. Sin embargo, estaban de acuerdo en que Caco Cauto estaba en lo cierto al reportar que habían habido voces de desaprobación cuando el nombre de Valle fue puesto en la lista de nominados, pero Liberato Cauto, como era de esperarse, olvida mencionar que los "ruidosos murmullos" provenían de una familia que apoyaba la candidatura de dos sobrinos[190].

---

[190] Ibid. Valle probablemente escribió la sección en la que cita casi palabra por palabra un párrafo de la carta que había recibido de Fiallos. Fiallos escribió: ".....nuestra provincia adelantaría mucho si V. tomara a su cargo sus intereses

En contra de la familia que apoya a los Cacos, es que los Bacos, Valle, López y Foronda, lanzan sus golpes más efectivos. En casi todos sus argumentos, se refieren a una familia, cuyos miembros -se insinua- estaban estrangulando la vida política y económica de Guatemala. Sin embargo, el término "familia" era un tanto intangible y no abarcaba todo el significado que los Bacos deseaban. Para corregir esto, publican, en una edición especial de El Amigo, los nombres de los miembros de la familia, mostrando los vínculos entre cada uno de ellos, su ocupación y sus salarios. Cincuenta y nueve miembros con sesenta y cuatro cargos en el gobierno y la iglesia y un salario combinado de 89,025 pesos, eran figuras que los lectores fácilmente podían retener. A la cabeza de la familia aparecía José Aycinena, empleado en el Consejo de Estado en Madrid, con un salario de 6,000 pesos. Era hijo de Juan Fermin de Aycinena, quien a través de tres matrimonios había emparentado a la familia Aycinena con las familias Nájera, Muñoz y Piñol, y los hijos de esos matrimonios habían extendido los vínculos a las familias Aguado, Aguirre, Asturias, Arrivillaga, Barrio, Barrundia, Batres, Beltranena, Céspedes, Coronado, Croquer, Echeverría, Lara, Larrazábal, Letona, Manrique, Matute, Montúfar, Olaverri, Pacheco, Palomo, Pavón y Vallecillo. La lista incluía tres jueces, cinco alcaldes, y muchos otros importantes y bien pagados puestos. Estas eran las familias que componían "la familia." La historia de la elección de 1820 muestra que en esa justa electoral estuvieron del lado de los Cacos[191].

[4]

El Baco Mateo Ibarra, funcionario del Consulado, fue acusado y

---

políticos." Fiallos podía usar la forma posesiva porque él y Valle eran de la misma provincia. Valle simplemente substituye el artículo determinado.

[191] El Amigo de la Patria, 29 de octubre de 1820. Ver también Thompson, Narrative of an Offical Visit, pp. 521-522; Troy S. Floyd, "The Guatemalan Merchants, the Government, and the Provincianos, 1750-1800," HAHR, XLI, (Feb., 1961), 98.

enjuiciado por ejercer presiones más allá de los límites que la prudencia indica en su celo por elegir a Valle y a otros Bacos. Su testimonio y las reacciones que provocó muestran con mayor claridad las asociaciones políticas y revelan la que posiblemente era la principal causa de discordia entre Bacos y Cacos.

El 16 de noviembre de 1820, Ibarra va a la Antigua (a casi veinticinco kilómetros de la Capital) a tomar los baños que su salud demandaba. Al día siguiente de su arribo, dos tejedores le preguntaron si había habido respuesta a una petición para prohibir el comercio con el exterior, mismo que los tejedores de Antigua habían presentado a la Diputación Provincial de la Capital. "La pregunta en la calle en que los encontré fue una casual," declaró Ibarra, quien le explicó a los tejedores que "hablaría de esto en la casa de Tomás Arroyave." Esa noche los dos tejedores, acompañados por otros veinte, fueron a la casa de Arroyave para oír lo que Ibarra tenía que decir. Ibarra se apresuró a agregar que no había invitado a los otros veinte.

Pocos después de la llegada de los tejedores, le preguntaron a Ibarra en quien podían depositar su confianza en la elecciones. "Por la mejor gente," les responde Ibarra." Todos los hombres en la casa de Arroyave eran "hombres de honor." Los tejedores también eran "buenos hombres." Debían protegerse contra el "espíritu de la familia" -la familia "que siempre trata de dominar las elecciones." Este espíritu, de acuerdo a Ibarra, era el "origen de casi todas las estrepitosas diferencias que ocurren en Guatemala." Ahora, era alarmante saber que la familia había tomado tales medidas para ganar las próximas elecciones y que los tejedores se sentían obligados a buscar su consejo. Las juntas en la Capital habían sido públicas y escandalosas. El objetivo de algunos no "había sido inocente," pero la familia no había iniciado ningún proceso legal. "También había habido juntas en Antigua... y ningún caso ha sido hecho en relación con ellas." Varios miembros de la familia habían ido a Antigua en los días previos a la elección de diputados provinciales. Isidoro Montúfar y Máximo Coronado, ambos miembros de la familia, eran los que más fuertemente trabajaban pasando las listas. Aún así, temían la derrota; entonces, el Alcalde de Antigua, Máximo Coronado, inició proceso contra Ibarra. Ibarra acusaba que era objeto de un brutal acto de injusticia, especialmente a la luz del hecho de que Rafael Montúfar y Coronado habían ido a Antigua con Antonio Arrivillaga y Coronado y Manuel Pavón y Muñoz para capturar opiniones en favor de los Cacos. "De acuerdo a la opinión general," Ignacio Larrazábal, "abusando de su autoridad" como sargento mayor de la plaza de la Ciudad de Guatemala (Salario: 1,000 pesos) despachó a Antigua "siete dragones con cuchillos y carabinas, que indudablemente consumarían la escandalosa violencia con la que el Alcalde Coronado ilegalmente me visitó aquella noche." Y el herido Ibarra añade que Pedro Arrivillaga y Coronado era "Coronel de batallón de los dragones y Manuel Montúfar y Coronado el Adjunto."

El Alcalde Coronado, por supuesto, se opone al testimonio de Ibarra, alegando que la reunión en casa de Arroyave era algo más que una visita con una discusión casual: era parte del deliberado y premeditado plan para atraer los votos de los tejedores prometiéndoles que los Bacos trabajarían para impedir el ingreso de textiles provenientes de Wailis (Honduras Británica) a Guatemala. Cuando los tejedores arribaron a la casa de Arroyave, fueron recibidos por Ibarra, Pablo Figueroa, Manuel Rivera y Mariano Vides. Una vez que todos estaban presentes, Ibarra efectivamente se dirigió a ellos: "Es necesario que cada uno se refleje en la persona que será nombrada elector para que elija a los que aman al país, que beneficiaran a los pobres y que son hombres temerosos de Dios." Le pidió a los tejedores que centraran su atención en los Bacos "no en los Cacos." Además, el Caco Coronado acusó a Ibarra de inspirar una petición firmada por 210 tejedores y sometida a consideración de la diputación[192] "pidiendo la total extinción del comercio con Wailis." Lo que enfurecía a los Cacos no era la ridícula petición, pero el que Ibarra hubiera tratado de hacer pasar como firmas de tejedores las de "sastres, barberos, zapateros, coheteros y otros artesanos que nunca se habían dedicado al oficio de tejedores." "Estamos seguros," testificó Coronado, que la única razón por la que Ibarra favorecía la extinción del comercio con la Honduras Británica era porque tenía "productos de algodón valorados en veinte mil pesos" por los que esperaba obtener un alto precio gracias a la prohibición.

En conclusión, Coronado se mueve buscando acabar con la presa. Con confianza, explica que en Antigua, donde viven hombres de "verdadera piedad," las actividades de Ibarra "no eran tan temibles." Pero "en las villas, donde la ignorancia es tan espesa y donde le creen a un charlatán como si fuera un oráculo infalible," la influencia de Ibarra era "verdaderamente espantosa." Coronado, que había estado investigando el pasado de Ibarra, estaba convencido de que era un charlatán. "Cuando fue denunciado ante mí," Coronado continuó, "decidí descubrir qué clase de hombre era -su origen y circunstancias. Descubrí.... que era un nativo Americano [Indio] de Mixteca, Mexico, y que su apellido es Pérez y no Ibarra. Pero en ningún documento..... ha podido presentar pruebas de su cristianismo."

Cristiano o no, Ibarra y los Bacos se habían ganado el respaldo de los tejedores, tal como se llamaron a sí mismos al atestiguar. Juraron que "varios miembros de la familia, viajaban frecuentemente a Antigua durante los últimos días anteriores a las elecciones"; todo mundo sabía que se trataba del Marqués de

---

[192] En El Amigo de la Patria (11 de noviembre de 1820), Valle publica la petición de los tejedores, en la que sostienen que la industria textil casi ha sido destruida por la importaciones provenientes de la Honduras Británica. La diputación recibió la petición de los tejedores el 13 de noviembre de 1820. Ver AGG, B1.13, 478, 16. Actas de la diputación provincial de Guatemala.

Aycinena y sus parientes. Pero los tejedores, deseando no tener ningún trato con la familia, habían elegido electores que eran de la misma opinión. Concerniente a los cargos hechos por Coronado de que algunos tejedores habían votado ilegalmente porque estaban involucrados en procesos que los podían llevar a prisión, los tejedores suplicaban que se les permitiera decir, con todo respeto, "que nuestra conducta es mejor que la del Alcalde Máximo Coronado y su confidente, Isidoro Montúfar y Coronado." "Podemos probar," continuaron los tejedores, "y lo haremos de ser necesario (cuando tengamos un juez imparcial) que... están en deuda con los fondos públicos y que este último ha sido procesado por contrabandear aguardiente[193]".

La rivalidad entre los Bacos y los Cacos se extendía incluso hasta los corredores en donde los electores depositaban sus votos para Diputados Provinciales por la provincia de la Capital. Una nota dirigida a Valle describe brevemente lo que pasaba. Los seis electores estaban tratando de elegir uno de los tres candidatos, pero una y otra vez el conteo arrojaba tres votos para Mariano Beltranena, dos para Valle y uno para alguien más. Una mayoría era necesaria para declarar hecha la elección, y en un intento por romper el obstáculo se decidió confinar la votación a Beltranena y Valle. El primer conteo arrojo un nuevo empate: tres votos para Beltranena; tres votos para Valle. Esta coyuntura caldeó los ánimos, se decidió dirimir la controversia en una lotería, pero antes de que los electores pudieran proseguir, Mariano Aycinena demandó que se "suspendiera el acto" o se excluyera de la "lotería al Señor Valle," quien no había

---

[193] AGG. Ssin fecha [diciembre de 1820]. Pedro Molina ("Memorias," Centro-Americano, XIII [abril-septiembre de 1921], 278-279), verifica que los tejedores apoyaban a Valle. Ver también Manuel Montúfar y Coronado, Memorias para la historia de la revolución de Centro-América (Ciudad de Guatemala, 1934), p. 45. Montúfar escribe sus memorias en su exilio mexicano, y fueron publicadas por primera vez como anónimas en Jalapa en 1832. Fueron conocidas popularmente como las Memorias de Jalapa; en adelante serán referidas de esa manera. Montúfar insinúa que Valle y los Bacos había comprado los votos.

presentado "pruebas de su adhesión a la Constitución." Pasando sobre la protesta, los electores continuaron, sacando el nombre de Mariano Beltranena[194], lo que debió haber calmado a su furioso pariente Aycinena. Así, los Cacos ganaron un asiento en la Diputación Provincial, pero los Bacos no se quedaron con las manos vacías.

Valle, con la ayuda de otro elector y amigo, Dr. Mariano Larrave, gana el puesto de Alcalde del ayuntamiento. De acuerdo a Molina, Barrundia y Córdova, Larrave hizo circular una "proclama manuscrita" entre la "gente ignorante." El manuscrito, Molina y compañía continúan, estaba dirigido a la "familia" y atraía a las "clases bajas" hacia los Bacos. Así, Valle se convirtió en Alcalde, además, en marzo de 1821, Mateo Ibarra fue electo a las Cortes y Valle a la Diputación Provincial[195].

[5]

Las elecciones de 1820 le proveyeron a Valle de medios para escapar a una serie de circunstancias que, en 1818 y 1819, encontraba insoportables. Rodeado de enemigos y sin el favor de Urrutia, enc AGG, B1.13, 8337, 494. Junta convocada por Mateo Ibarra (13 de diciembre de 1820).

Ibid, sin fecha [diciembre de 1820]. Pedro Molina ("Memorias," Centro-Americano, XIII [abril-septiembre de 1921], 278-279), verifica que los tejedores apoyaban a Valle. Ver también Manuel

---

[194] 18 de noviembre, Documentos de Valle. La nota no calza firma.

[195] De Molina, Barrundia y Córdova para Iturbide, 3 de noviembre de 1821, Hernández Dávalos Collection, HD, 14-3, 1450, University of Texas Library. La elección del ayuntamiento municipal ocurrió el 31 de diciembre de 1820, los ganadores fueron anunciados en El Editor Constitucional el primero de enero de 1821. La elección de Ibarra para las Cortes y de Valle a la diputación provincial fue anunciado en El Amigo de la Patria, del 17 de marzo de 1821. Ver además la carta de felicitación para Valle de Juan Antonio López (Quetzaltenango, 7 de abril de 1821) y José Tinoco (Comayagua, 25 de abril de 1821), Documentos de Valle.

Montúfar y Coronado, Memorias para la historia de la revolución de Centro-América (Ciudad de Guatemala, 1934), p. 45. Montúfar escribe sus memorias en su exilio mexicano, y fueron publicadas por primera vez como anónimas en Jalapa en 1832. Fueron conocidas popularmente como las Memorias de Jalapa; en adelante serán referidas de esa manera. Montúfar insinúa que Valle y los Bacos había comprado los votos.uentra a España más atractiva que nunca; pero entonces, en 1820, la Península se volvió revolucionaria; su retiro en esa dirección fue cortado y dejado a merced de sus enemigos. Juan José Zelaya con seguridad se acercaba a los pensamientos de Valle. Escribiendo sobre la posibilidad de que Valle viaje a España como diputado, Zelaya sugiere que sería prudente que, "mientras las turbulencias de la Península se calman, servir como substituto [diputado] de esos [Guatemaltecos] que estaban en España, y cuando el mar se calme, entonces, si usted lo desea, pude ir[196]". Sin duda Valle estaba de acuerdo "con el viejo." Tan solo en base a la economía, Valle veía como poco práctico vender sus haciendas, las que, para 1813, lo habían hecho lo suficientemente rico como para retirarse de su práctica como abogado, "dejando de necesitar los honorarios para la cómoda vida de su familia[197]". No había cumplido con su amenaza de viajar a España sin empleo en 1819, cuando en ese año la Península era más atractiva que nunca. Eso lo hizo rechazar su candidatura a las Cortes. Pero Valle, quien siempre se sentía miserable si no tenía una mano en el gobierno, colonial o republicano, estaba aún en la lista de los "retirados" y "aislado en su casa" como resultado de la partida de Bustamante. Así, cuando Valle recibe invitación de los electores López y Foronda, acepta con placer la oportunidad de convertirse nuevamente en parte activa de la vida política, y su entusiasmo se derrama desde las columnas de El Amigo. Para septiembre de 1820

---

[196] Para Valle, 4 de septiembre de 1820, Documentos de Valle.

[197] Polo recomienda a Valle, 12 de septiembre de 1819, Documentos de Valle.

había aceptado las Constituciones como una realidad con la que había que convivir; habían pocas alternativas y nunca había considerado vivir en las Alemanias, Rusia, China o Etiopía.

Para los Cacos, la elección también ofrecía la oportunidad de satisfacer intereses personales, los que probablemente eran tan variados como las personas que componían el grupo. Es difícil imaginar que Molina y Barrundia junto a Mariano Bedoya[198] y José Francisco Córdova, ambos fervientes activistas de los Cacos, tuvieran en común con los Aycinenas, Beltranenas, y el resto de la familia, su mutua aversión por Bustamante. En vista de su pasado y su futuro, Molina, Barrundia, Bedoya y Córdova perfectamente podían estar pensando en la independencia. Pero si lo estaban, trabajan chocando con los interés de la familia, cuyo máximo interés parece ser el de proteger sus tradicionales posiciones de influencia, mientras atacaban a Valle, su tradicional y más efectivo contender de provincia. La aversión por Bustamante tenía poco que ver con su filosofía política debiéndose al hecho de que el círculo familiar no gozaba de su favor. Cuando Bustamante se propone negarle el título de oidor a José del Barrio, José Ingenieros Palomo y Miguel Larreinaga, gracias a sus vínculos y conexiones; éstos escriben que es un error "suponer que nos hemos opuesto al restablecimiento del sistema de administración de justicia de 1808." Cuando, en el tercer punto de su petición, culpan a Valle por las acciones de Bustamante, no estaban involucrándose en una polémica concerniente a su ideología política. Barrio y Palomo eran miembros de la familia, y Larreinaga, que a pesar de ser de León, estaba tan íntimamente vinculado que llevó al hijo mayor de Barrio en el gran viaje. Aparentemente, la familia tenía razones para estar molesta con Bustamante, pues había demandado a Aycinena por una deuda de 35,000 pesos en impuestos no cancelado y porque, parece ser, procesó a los Beltranenas por contrabando.

---

[198] Bedoya era el cuñado de Molina.

Pese a esto, ciertos miembros de la familia no permitieron que su enojo pusiera en peligro sus puestos al quejarse con demasiado vigor en contra de Bustamante. Cuando los miembros del ayuntamiento de 1810, que habían firmado las instrucciones dadas al Diputado Larrazábal, le piden a Fernando Séptimo suspenda la pena que les impide ocupar empleos públicos, el Marqués de Aycinena firma la petición, la que al mismo tiempo era una queja contra Bustamante. Pero unos días después, escribe disculpándose retirando su nombre. El hecho de que los otros signatarios de las instrucciones (quienes en su mayoría eran miembros de la familia) pidieran que fuera suspendida la pena hace que surjan algunas preguntas. ¿Le pedían a Fernando que hiciera a un lado su decisión para que se les permitiera participar en gobiernos tan absolutos como cualquiera de los que están al este del río Oder? Por supuesto que algunos miembros participaban sin ningún sentimiento de revulsión. Y Aycinena, José; servía en el Consejo de Estado en Madrid, mientras su pariente Antonio Larrazábal languidecía en una prisión española en espera de su libertad. Un Larrazábal corrió a decirle a Bustamante sobre Foronda y Máximo Coronado, quien dudaba del cristianismo de Ibarra, denunciando al mismo Ibarra como un "revolucionario," asegurando que había estado involucrado en las revueltas de León y San Salvador. Los Aycinenas, los Palomos y los Pavón rodeaban a Urrutia, a quien Fernando el Deseado, había nombrado. El que Urrutia se hiciera de la vista gorda ante el contrabando, o dicho en términos menos groseros, libre comercio, hizo que sus relaciones con la familia congeniaran. Pero entonces una revolución restauró la Constitución, y Urrutia, como Jefe Político, debía compartir importantes decisiones con la Diputación Provincial. Entonces, la familia no solo tenía que mantener estrechas relaciones con Urrutia, sino que también necesitaba tener un miembro en la diputación para proteger sus intereses. Cuando Beltranena triunfa, gracias a un golpe de suerte, en su intento por capturar un asiento, la familia se relaja un poco. Con la posible excepción de algunos miembros, el interés de los Cacos era el de servir sus propios intereses, los que incluían mantener a Valle "retirado" y "aislado en su casa."

Pero los Cacos fracasaron en su intento de desplazar a Valle, y las elecciones de 1820 demostraron por segunda vez que la aversión en su contra estaba confinada, en gran parte, a la familia, y a aquellos cuya filosofía política los hacía ver con repugnancia el absolutismo real de Fernando, cuya expresión en Guatemala había sido Bustamante. Cada vez que una prueba de fuerzas ocurría, como sucedió en 1809 y 1820, en donde todos menos los negros podían participar, Valle sale bien, sin embargo, esto puede ser interpretado como un signo de protesta contra el control de la familia sobre la Capital y de la Capital sobre la provincia o como una muestra de genuina confianza en Valle. Sin duda, un poco de ambas cosas estaba presente en cada elección.

Pero las elecciones habían pasado, y el Alcalde Valle se preparaba para presentar un efectivo programa para la Capital. Programa que, junto con sus ensayos en El Amigo y sus opiniones legales, dan una idea de cómo era Guatemala inmediatamente antes de romper sus vínculos con España.

CAPÍTULO SEIS:
ALCALDE DE LA CIUDAD DE GUATEMALA. UN ATISBO DE GUATEMALA EN LA VÍSPERA DE LA INDEPENDENCIA

[1]

El hacerse cargo de la alcaldía de Guatemala el 2 de enero de 1821[199], le permitió a Valle ponerle punto final a la tediosa y frustrante ociosidad. Durante cinco meses las muchas y variadas funciones del ayuntamiento ocuparon su tiempo de una manera desconocida para él desde la llegada de Urrutia. La Constitución de 1812 encargaba a ese cuerpo la supervisión de la salud pública, la preservación del orden público y el mantenimiento de las prisiones; la administración e inversión de los fondos municipales; el cuidado de las escuelas primarias, hospitales, organizaciones de beneficencia, mantenimiento de calles y puentes; y de la promoción de la agricultura, la industria y el comercio[200]. Fresco de espíritu y rebosante de ideas, Valle busca respuestas a cada uno de los problemas; su visión del orden público, del crimen, y del castigo hacían que sus referencias al Marqués de Beccaria resaltarán más en El Amigo[201].

El 10 de enero de 1821, Valle incluyó en El Amigo una pequeña narración de la ejecución pública de un hombre sentenciado por asesinato. Encontró aterrador el espectáculo, no solo por los

---

[199] AGG, A1.2.2, 15747, 2194. Libro de cabildos de Guatemala, año 1821. La primera reunión se realizó para organizar los comités. Valle presidió el de educación.

[200] Constitución Política de la Monarquía Española, Tít. VI, Capít. I, Art. 321.

[201] 2 de diciembre de 1820.

horrorosos detalles de la ejecución, sino por el hecho de que pensaba que el homicidio y los crímenes violentos ocurrían con mayor frecuencia en la Ciudad de Guatemala que en cualquier otro lugar con igual población. En 1817, actuando como Fiscal, escucha la petición de clemencia hecha por el abogado de una mujer culpable de asesinato. Inmutable ante tal petición, Valle explica que su crimen había sido tan inhumano como cualquier otro cometido por el más criminal de los hombres. Después se encarga de llamarle la atención al abogado, declarando que la "escandalosa carnicería" que se daba en la Capital demandaba de "castigos ejemplares". Cada año la violencia se incrementaba. "Cuando el Sor. D. Miguel Batalla era Fiscal, solo quinientos heridos entraban al hospital en un año. Ahora, ya no hay quinientos, sino ochocientos o novecientos". Valle continuó señalando que solo durante la última semana de cuaresma, cuarenta o más heridos habían ingresado al hospital y uno había terminado en la morgue[202]. En relación con la sentencia que condenaba a muerte a un hombre que borracho había asesinado a otro, Valle, notablemente indignado, escribe que la Ley de Partida, promulgada en la España del siglo XIII por Alfonso X, condenaba a quienes asesinaban mientras estaban borrachos, a cinco años de destierro en una isla, pero si el "Rey Dn. Alfonso hubiera conocido Guatemala y visto el carácter sanguinario de este pueblo," seguramente "habría impuesto una pena más severa"[203]. Valle

---

[202] AGG, A1.15, 37774, 4474. Contra María Arriola por homicidio en Gregorio Mendoza. Valle escribió su opinión el 22 de marzo de 1817, y sobre el hecho de que la asesina era una mujer declara: "Se dice que la debilidad del sexo merece equidad; pero es contradicción vergonzosa alegar debilidades en el acto mismo en que se comenten delitos tan inhumanos de que sólo parecían capaces los hombres más criminosos." El hecho de que un hombre terminará en la morgue provenía de otro caso. Ver AGG, A1.15, 37856, 4479. Contra Rito Orantes por homicidio en José María Fuentes. Valle escribió: "Este ministro ha visto un estado formado por el contador del hospital, y de él aparece que en siete corridos desde 16 hasta 23 de febrero último entraron 25 hombres y 16 mugeres (sic) y a más de esto un cadáver".

[203] AGG, A1.15, 37856, 4479. Contra Manuel Eugenio Lito por homicidio en Miguel Lemús. El abogado de Lito trato de obtener un fallo más favorable a su

encontraba creíble la violencia solo en "una nación donde la holgazanería e inmoralidad del pueblo multiplican los excesos[204]". Tampoco aceptaba la violencia desde una visión filosófica; intentó encontrar las razones y trató de eliminarlas.

Pensaba que la holgazanería y la pobreza eran las dos principales razones, e imploró al Superior Gobierno para que eliminara de raíz los obstáculos que impedían el adecuado desarrollo de la agricultura, la industria y el comercio, para que estuviera disponible el empleo necesario para la felicidad y prosperidad. Escribe, que el ayuntamiento podía contribuir a facilitar la diversión y recreación de que carecía la juventud de la Capital. Sin embargo, el gobierno no podía solucionarlo todo. La mayor parte de la responsabilidad debía descansar en las espaldas de los ciudadanos, los que podían formar una sociedad o club dedicado a prevenir que la juventud se descarriara. Valle explica que si los miembros de la organización propuesta, se hacían cargo de la conducta de un muchacho tan pronto comenzara a mostrar signos de "estarse entregando a los vicios," la Capital sería más honorable y el número de criminales sería menos sorprendente[205].

El crimen y la mala conducta de los adultos podían sujetarse a

---

cliente alegando que estaba borracho al momento de cometer el crimen. El 30 de mayo de 1817, Valle escribió: "La ley de Partida que condena a cinco años de destierro en una isla a los homicidios ebrios fué expedida para España en siglo muy diverso del nuestro. Si el Rey Dn. Alfonso hubiera conocido Guatemala y visto el carácter sanguinario de este pueblo... seguramente habría impuesto pena más severa." Valle no fue el único en expresarse de esa manera. Un informe publicado en El Editor Constitucional (21 de febrero de 1821) comenzaba: "Guatemala, que por desgracia abriga en el seno de 40,000 almas una plebe libertina y sanguinaria, ve con horror, que sus archivos en lo criminal puedan exceder a los de la Europa entera." A esta exageración le seguía un comentario más preciso": Por los estados del hospital que obran en el expediente se verá: que en el año ´19 hubo 476 hombres heridos, 158 mugeres (sic), 70 soldados, y entre todos 19 muertes.... En el ´20 pasaron de 900."

[204] AGG, A1.15, 37812, 4477. Sobre la formación de estados y modo de dar cuenta de las causas criminales para que se arreglen a lo dispuesto en la real cédula de 1800. Escrito por Valle el 12 de marzo de 1817.

[205] El Amigo de la Patria, 20 de enero de 1821.

los mismos acercamientos pero demandaban medidas más enérgicas. En ausencia de un cuerpo policial, el alcalde Valle propuso un plan para prevenir el crimen a través de una supervisión más estricta de las conductas de los ciudadanos de la Capital. Su intención era la de subdividir cada uno de los cuatro distritos de la Ciudad de Guatemala en secciones de tres o cuatro bloques. Valle propone que para cada sección el ayuntamiento debía seleccionar un ciudadano de reconocidas virtudes e integridad para ayudar a preservar el "orden y la moralidad" a través de informes al ayuntamiento sobre "juegos, embriaguez y concubinato". Sin embargo, estos "vigilantes" (celadores) no tendrían ninguna autoridad policial[206].

Por supuesto que Valle se da cuenta de que incluso en circunstancias ideales, habrían descarriados que eventualmente fueran acusados, sentenciados y encarcelados por los crímenes cometidos. Pero insistía en que la sociedad aún tenía obligaciones para con estos pobres desafortunados, y el primer deber era el de asegurar al acusado una pronta aplicación de la justicia. De acuerdo a Valle, la justicia en Guatemala se administraba de manera exageradamente lenta. Cuando, por ejemplo, El Amigo reporta la ejecución pública, resalta y crítica que la tardanza había mantenido a la justicia aguardando pacientemente durante cuatro años[207]. Pero también podía citar casos de su propia experiencia profesional. En el caso de la Corona contra Rito Orantes por el asesinato de José María Fuentes, apela el fallo de la Corte Municipal ante la Audiencia, el Fiscal Valle escribe con inocultable disgusto, que debían "enfocar su atención" no sobre las acusaciones hechas en contra de Orantes, si no en el tribunal del ayuntamiento, el que había procedido con lentitud y descuido. Que el caso era uno muy simple molestaba aún

---

[206] De Valle para la diputación provincial, 6 de abril de 1821, AGG, B1.13, 345, 18. Si la diputación respondió a la petición de Valle para poner su plan en marcha, el autor fue incapaz de encontrar tal respuesta.

[207] 20 de enero de 1821. El Editor Constitucional (22 de enero de 1821) también comenta sobre la ejecución.

más a Valle. El 15 de septiembre de 1814, en el curso de una pelea, Orantes golpeó en la cabeza a Fuentes con un machete. Fuentes murió en el hospital el 7 de octubre, y finalmente, el 7 de marzo de 1815, el tribunal solicitó un informe médico concerniente a la "gravedad de la herida[208]". El informe llegó el 12 de mayo de 1815, pero "sin ninguna razón" el caso quedó en suspenso. Valle anota que "el prisionero no ha escapado". Por el contrario Orantes reconocía que le había propinado a Fuentes el golpe de muerte pero que lo había hecho en defensa propia. Entonces, a vista del vil escrito de diecisiete páginas, Valle encuentra que el único punto difícil de probar es el de quién dió inició a la pelea. La oscuridad de este punto, unido al hecho de que Orantes ya había "sufrido dos años y medio de prisión por la tardanza en su caso" movieron a Valle a recomendar que el oidor de la sala del crimen sostuviera la sentencia de "seis años en la prisión del Petén" pronunciada por el juzgado municipal. Pero Valle también recomienda que el oidor reprenda a la corte por su notable tardanza, misma que se evidencia "en la substanciación en el despacho de las criminales, especialmente sobre heridas y homicidios que tanto abundan".

Razona Valle que los jueces, tras asegurar al acusado una expedita administración de justicia, tenían la obligación de imponer una pena que correspondiese al crimen. Observa que "es una observación constante de todos los criminalistas que la severidad excesiva de las penas produce efectos contrarios al objeto de su establecimiento." En el caso de un joven del campo condenado (un rústico de menor edad) por sodomía, Valle escribe que la Ley de Partida demandaba la pena de muerte y que las leyes de Castilla iban más allá agregando la hoguera. Pero escribe que "la pena capital" es

---

[208] En los casos en los que las heridas eran hechas con machetes o cuchillos (si era encontrada el arma), el médico examinante frecuentemente dibujaba la silueta del arma, si el cuchillo o el machete eran demasiado largos para la página, el dibujo continuaba en un desplegable en la siguiente página. El Dr. Esparragosa sirvió como médico forense por algún tiempo.

un "remedio violento," útil tan solo cuando se emplea con "gran economía." Se opone a los azotes pues considera que es una pena injusta, que no solo castiga físicamente a la parte culpable, sino que también lo degrada públicamente. Confinado como estaba a los "llamados plebeyos," los azotes discriminaban y a juicio de Valle, todos debemos ser iguales ante la ley.

A juicio de Valle, si los criminales son sentenciados a confinamiento, la sociedad y el gobierno estaban obligados a asegurar que la prisión fuera habitable y que la comida fuera substanciosa. Poco después de convertirse en alcalde, descubrió que más de cuarenta prisioneros dependían para su subsistencia de la carne que podía comprarse con "cuatro reales." Movido por su hambre y miseria, declara ante el ayuntamiento que tal tratamiento era inhumano y no era conforme a la leyes que expresamente señalaban que las prisiones no eran para "atormentar prisioneros pero para mantenerlos en custodia." Debido a que los fondos municipales eran notoriamente limitados, propuso completar la dieta de los prisioneros con caldo de hueso de cabeza de vaca, mismo que proveía substanciales cantidades de nutrientes y además era muy barato.

El alcalde Valle también reconoce lo peligroso que resultaba confinar criminales condenados con aquellos "detenidos para corrección y solo por ofensas menores," y le propone al ayuntamiento un plan para separar a los prisioneros. Sin embargo, los limitados fondos restringían su plan a una parte o a la compra del viejo edificio de una escuela que también había servido como Convento de Santa Clara. El concejal Pedro Sorogastúa fue comisionado para inspeccionar el edificio, y al día siguiente reportó que era inhabitable. Sin embargo, el ayuntamiento, reservo 206 pesos para hacer arreglos al lugar donde acomodar a los prisioneros.

En un esfuerzo por llenar cada obligación impuesta por la Constitución al ayuntamiento, Valle hace recomendaciones para más industria y agricultura. En el sentido moderno del término, Guatemala no tenía industria. Los textiles de Antigua, el que fuera centro de atención durante las elecciones, eran productos artesanales. La minería, industria rentable en el pasado, especialmente en la provincia de Comayagua, hacia mucho que había dejado de atraer inversionistas. Entonces, el propósito de Valle era el de llamar la atención sobre la falta de toda industria digna de ese nombre y a sugerir qué posibilidades, en razón de tan pobre tesoro, estaban abiertas para Guatemala. Cuando en marzo de 1821, la provincia de la Capital eligió al Baco Mateo Ibarra para las Cortes, el alcalde Valle propuso que las instrucciones del ayuntamiento para Ibarra deberían incluir una declaración acerca de la facilidad con la que podían ser establecidos molinos de papel y vidrio e industrias de tintes.

La agricultura era y siempre había sido la principal fuente de riqueza, pero en el siglo XVIII había comenzado a declinar. El Consulado había estado previniendo de ese declive, pero en 1817, revisa los pobres desenvolvimientos que anunciaban el desastre. En 1750 Guatemala perdió la "fuente de su ancestral riqueza" al perder su comercio de cacao. Cargamentos de cacao salían de los puertos de Omoa y Trujillo, sobre el Golfo, a México y España y después hacia toda Europa y de los puertos del Pacífico para Perú y el resto de Sur América. Sin embargo, México y Perú, comenzaron a cultivar cacao, y su competencia liquidó ese comercio en Guatemala. Afortunadamente, la demanda de añil compensó en buena medida la pérdida del cacao, pero en 1817, el comercio del añil, la única fuente de ingresos, declinó estrepitosamente, y el Consulado, para salvar ese comercio de la ruina absoluta, se siente obligado a informar al Superior Gobierno de las causas y sugiere remedios. Las causas para el declive eran numerosas. La distancia hacia los puertos, las malas vías de comunicación, los periódicos ataques de la plaga de la langosta, y las continuas guerras de España habían contribuido notablemente. Pero mientras Guatemala continuara siendo una de las principales fuentes de añil, el simple mecanismo de aumentar sus precios compensaba los costos adicionales impuestos por estos obstáculos. Eran los años en los que el añil de Guatemala se "vendía a cuarenta reales la libra" en España , y cosechas de 1,100,000 libras no eran inusuales. Sin embargo, recientemente la venta del añil a cualquier precio era casi imposible. Los almacenes de Cádiz y Guatemala estaban a rebalsar, y a precios de "seis o siete reales" la libra pocos tenían interés en comprar. Los ingleses, con su añil del este, habían capturado el mercado. Para salvarse de la ruina completa compitiendo exitosamente con los ingleses, el Consulado recomendó la reducción del impuesto al añil, mismo que era cercano al 30 por ciento.

Valle, que como Fiscal había leído el informe del Consulado, estaba vivamente preocupado por el pobre estado de la agricultura, como lo muestran sus acciones en el ayuntamiento y sus ensayos en El Amigo. Cuando supo que las Cortes estaban considerando la eliminación del impuesto sobre el añil, introdujo una moción ante el ayuntamiento para suplicar a las Cortes la remoción del impuesto sobre el grano, el que Valle consideraba era el mejor substituto del añil. Además, con el apoyo del ayuntamiento, propone tomar diez mil pesos de los fondos públicos de los pueblos indígenas para subsidiar el cultivo de cereales.

A través de El Amigo, en ensayos sobre el valor de las estadísticas, presenta información que explica con mayor claridad las razones para la penuria de la agricultura e industria. Escribe que "estamos en la casi absoluta ignorancia concerniente a nuestras provincias." Continúa diciendo que no conocemos la "extensión de sus áreas ni la verdadera posición de sus principales lugares." Aún las "plantas que adornan su superficie" y los "minerales ocultos en sus montañas" son desconocidos. Los "países más bárbaros" han sido mapeados -"el país de los hotentotes tiene un mapa." Pero "Guatemala después de tres siglos de llamada civilización no tiene uno." "Un gobierno," insiste Valle, "que no conoce la tierra que gobierna, los frutos de esa tierra, ni las gentes que lo habitan, es como un ciego que no ve la casa en la que vive." El estado económico de una nación está cercanamente relacionado al éxito o fracaso del gobierno, y un perfil estadístico mostrando los recursos naturales señalaría la dirección por la que se llega a la prosperidad.

Por ejemplo, un estudio estadístico del distrito de Suchitepéquez mostraba que "tres cuartos de la población poseen solamente un tercio de la tierra," y un examen más detenido revelaba que esas tres cuartas partes eran Indios, que eran, en palabras de Valle, "incultos, ignorantes, pobres, miserables, hombres casi salvajes." De estas estadísticas infiere que los Indios carecían de la fuerza y fortaleza para pelear largo tiempo contra las ventajas que favorecen a "un cuarto," y propone subsidiar sus fuerzas con educación y pequeñas parcelas de tierra.

En respuesta a un acta de las Cortes dirigida al poder financiero de la Iglesia, Valle formula sus comentarios, criticando el control eclesiástico sobre la tierra de Guatemala. Alarmado, señala que difícilmente una "medida de tierra" estaba libre de obligaciones con la Iglesia. No era inusual adquirir haciendas mediante el simplemente pago de hipotecas en favor de la Iglesia. Cuando Valle compró "La Concepción" tuvo que pagar 2,000 pesos al Convento de La Merced y 3,000 pesos al Convento de la Concepción. Estas hipotecas representaban la mitad del precio de venta. No era injustificado su temor de que pronto toda la tierra de Guatemala estaría en manos de "seculares y regulares." Reconocía los servicios prestados por la Iglesia. "¿Pero sería correcto que una clase se convirtiera en propietaria de toda la tierra, rural o urbana?" La agricultura era la "madre de la prosperidad," y en interés de la agricultura, escribe Valle, los frutos de la tierra no pueden ser gravados por impuestos excesivos, la tierra debe ser repartida entre los Indios, y los Indios deben ser educados.

[3]

En el ayuntamiento y en El Amigo, Valle se ocupa de sobre cómo se debe educar a los "dos tercios". Como él bien lo sabía, el siempre recurrente obstáculo era la falta de dinero, pero su característica imaginación hacen que el empobrecido tesorero parezca menos ahogado. El 27 de febrero de 1821, introduce al ayuntamiento un plan de impuestos para mantener y expandir la educación en la capital. Su plan era el de gravar con impuestos directos a la cabeza de cada familia; sin embargo, el monto variaría de acuerdo a la capacidad de cada individuo para pagar. Mientras que una familia pagaría tan solo un real otras pagarían diez o más. Enfatiza que las ventajas del impuesto radicaba en su simplicidad y en el hecho de que el "ingreso sería fijo o el mismo cada año," permitiéndole al ayuntamiento planear más eficazmente sus necesidades de educación. Igualmente importante, el nuevo impuesto dejaría libre la parte de los dineros regulares reservados en el pasado para la educación a nuevos proyectos, como uno para suplir la urgente necesidad de agua que tenía la capital.

La educación de los Indios se presentaba como un obstáculo adicional a los restringidos fondos que Valle resume en el título de un pequeño editorial: "Merezcamos la confianza del indio." Advera que las leyes que prohíben a españoles y ladinos vivir en poblaciones indígenas, fueron decretadas para proteger a los indios, que han fracasado en su propósito y sirven solo como "pared de separación," previniendo la transferencia de cultura de los españoles a los indios. Mucho podría lograrse derrumbando esa pared, inculcándoles a los indios la cultura española a través del incremento del número de escuelas primarias; demandando que las diferentes sociedades, organizaciones y ayuntamientos estuviesen "siempre compuestos de indios, españoles y ladinos."; y alentando los "matrimonios de indios con otras clases."

Mientras Valle buscaba medios para expandir la educación, la Diputación Provincial ofende su sentido económico con la propuesta de establecer un nuevo tribunal (jueces de letras) descrito en un acta de las Cortes. Estos nuevos jueces estarían ubicados en las municipalidades y asientos distritales (cabezas de partido) con un salario anual de 1,500 pesos. Como alcalde, Valle desafía las intenciones de la Diputación, y su oposición se centra en las inadecuaciones de la Capital y las provincias, mismas que lo motivaban desde la mañana hasta la noche en su búsqueda de medios para mantener el orden público, la seguridad personal, agua suficiente, caminos transitables y educación primaria.

El 16 de febrero el alcalde Valle informa al ayuntamiento que había recibido noticias del Jefe Político y de la Diputación Provincial sobre su decisión de establecer el nuevo tribunal. Tiempo atrás, cuando la decisión aún estaba pendiente, el ayuntamiento había expresado su preocupación y había pedido ser escuchado. Ahora Valle exhortaba al ayuntamiento a sostener su oposición, explicando que la Constitución investía al Monarca con el poder de nombrar a los nuevos jueces y estipulaba que los tribunales debían ubicarse en las cabezas de partido. Señalaba que Guatemala todavía no había sido dividida en la manera prescrita por la ley fundamental. Entonces, la decisión de la Diputación y el Jefe Político no solo violaba la Constitución, pero, al hacerlo, también "pasaba sobre la autoridad de los alcaldes."

Aún concediéndole legalidad de la diputación, Valle alega en contra del establecimiento de los nuevos juzgados, alegando que el "tesoro público" de la capital no podía soportar una carga adicional de 3,000 pesos por el salario de dos nuevos jueces. Y el ayuntamiento poseía "pruebas incontrovertibles" de que la diputación no tenía la más mínima idea de si existían o no fondos para pagar los salarios. Tan solo unos días atrás, el ayuntamiento había solicitado permiso para gastar 600 pesos en nuevos lavanderos en la "única fuente del distrito de la Havana". La respuesta recibida preguntaba al ayuntamiento si habían algún excedente en su tesoro. Valle explicaba, que el ayuntamiento todavía no había elaborado el informe mostrando el estado de las finanzas municipales. Así que la diputación no podía saber si habían o no recursos para pagar a los nuevos jueces. De acuerdo a los cálculos de Valle, el tesorero, lejos de tener excedentes, se hundía por obligaciones que iban en el orden de los 101,000 pesos, y el ingreso municipal proveniente de los impuestos había ido declinando desde 1814.

El alcalde Valle prefiere invertir los impuestos recibidos en mejoras para la capital. Fracasando en su intento por obtener el permiso necesario de la diputación, el ayuntamiento inició una subscripción pública para recoger los 600 pesos necesarios para la nueva lavandería y los nuevos baños en el distrito de la Havana. Con la cooperación de la Iglesia y dinero del bolsillo de Valle, el ayuntamiento todavía se encontraba lejos de su meta. En esta coyuntura, el Consejo envía otro despacho solicitando permiso para tomar "100 ó 200 pesos" de la tesorería. "Y la Excelentisima Diputación Provincial no ha respondido." En cumplimiento a una orden de las Cortes, el ayuntamiento envía notas a los Conventos de "La Merced" y "Recolección" ordenándoles abrir escuelas primarias. Sus respuestas muestran que uno necesitaba de 100 a 114 pesos y el otro 50 antes de que las escuelas pudieran abrir. El ayuntamiento solicita permiso para dar el dinero, pero "hasta ahora," atesta el ayuntamiento, la Diputación Provincial no ha respondido. En vista de la desesperada necesidad de contar con nuevas escuelas, Valle pone de su propia bolsa 50 pesos.

Como el ayuntamiento había experimentado tal dificultad para obtener permiso para mejoras, Valle, escribiendo por el Consejo, insinúa que los miembros de la Diputación estaban ciegos ante las simples, pero importantes necesidades de los ciudadanos. Los invitó a "ver los miserables distritos" de la capital. "Ninguno de ellos tiene escuelas; ninguno de ellos tiene suficiente suministro de agua; ninguno tiene correccionales; ninguno tiene policía; ninguno tiene lugares decentes para la recreación y diversión." En la capital, la "pobreza, miseria, desnudez, hambre y sed" eran los constantes compañeros de esos que la Constitución tan recientemente ha conferido el título de ciudadanos. Pero en contraste con los pueblos, donde los fondos públicos escasamente existían, la Capital era una bulliciosa metrópolis. Pregunta Valle si en vez de aliviar esta "miserable gente" que carecía de "casi todo," era justo, ¿Qué 3,000 pesos anuales se destinaran al salario de los jueces?

Los miembros de la diputación y el Jefe Político desatendían la oposición del ayuntamiento nombrando jueces temporales. Tras el anuncio de los nombramientos, risas contenidas y miradas de soslayo debieron ser intercambiadas cuando Valle caminaba por las calles. La Excelentisima Diputación Provincial y el Jefe Político habían nombrado a Valle como uno de los jueces, y su nombre encabezaba la lista de cuarenta y ocho.

La escogencia de Valle como uno de los jueces parece ser el último disparo de otra disputa entre él y la familia. Mariano Aycinena, miembro del ayuntamiento, favorecía los nuevos juzgados y le había pedido al Jefe Político que nombrara a los jueces. Cuando Valle y el ayuntamiento se oponen fuertemente a los nuevos juzgados, Aycinena niega cualquier apoyo a esa posición y publica su punto de vista en El Editor, declarando que el Consejo era "un cuerpo casi muerto" que "nuevos individuos" estaban tratando de revivir y que la intervención de estos individuos en los asuntos del gobierno llevaría tan sólo a la inestabilidad. La Constitución había convertido a los ayuntamientos en subordinados de la Diputación Provincial, y el que un Pavón, un Beltranena y Alejandro Díaz Cabeza de Vaca fueran miembros de la diputación vuelve más comprensible el desdén con que, de acuerdo a Valle, había sido tratado el ayuntamiento. Si Valle estaba motivado, aún en la menor medida, a emplear su puesto y su talento en un intento por cobrarse viejas cuentas con la familia, hábilmente logra ocultarlo identificándolo con el interés público. Sus contribuciones financieras e inagotables esfuerzos por expandir la educación, incrementar el suministro de agua y estimular la agricultura e industria podían ser tomados por la diputación; quizá justificadamente, como un intento de su parte para disminuir a la diputación atrayendo la atención al ayuntamiento y a su persona. La rivalidad entre ambos cuerpos sin duda explica el porqué la diputación falla en responder o reconocer las peticiones del ayuntamiento. Si el público instruido concluía que la rivalidad se originaba en intereses personales, una nota de El Editor era en parte culpable. El anónimo redactor, con idénticas partes de consternación, disgusto y comprensión, escribe: "Jueces de Letras. Palabras sobre las que pesa una maldición en Guatemala. No hay nada que sufra una suerte más inconstante e inmerecida que estos Jueces de Letras. Aplaudidos y adversados sucesivamente por diferentes autoridades, hoy existen, mañana ya no, y su última voluntad es que no estén in saecula saecolorum. Amen." Entre los obstáculos que se presentaban para el establecimiento de un nuevo sistema de gobierno, señala el escritor, se encuentran el "egoísmo, las rivalidades y el interés personal." Atribuye la polémica sobre el establecimiento de los juzgados a la "natural inconsistencia del hombre."

[4]

En mayo de 1821, Valle renuncia de la alcaldía para aceptar el cargo de Auditor de Guerra; sería la última vez en la que la mano de Bustamante lo tocaría. Tan solo dieciocho meses antes, el "Español puro" había recomendado a Valle para ese cargo. Ese corto tiempo había sido importante para Valle. Para septiembre de 1820, cuando decide presentarse como candidato en las elecciones, había aceptado la Constitución, y desde ese momento hasta mayo de 1821, la defiende a cabalidad, como lo muestran los archivos del

160

ayuntamiento y sus ensayos en El Amigo. En respuesta a la ley fundamental y las actas de las Cortes, intenta mejorar las condiciones de vida de la capital y las provincias, señalando la necesidad de prisiones adecuadas, de un castigo equitativo a los delitos cometidos, de facilidades educativas adicionales, de añil y grano libre de impuestos, y tierras libres del control de la Iglesia. En su gestión de cinco meses como alcalde, se involucra en una controversia con la Diputación que pone al desnudo una sociedad al borde de la bancarrota, misma que además muestra que sus rivalidades con la familia continuaban. En 1821 esa rivalidad impedía que dos cuerpos de gobierno cooperaran entre sí, dándole a las aflicciones de Guatemala más cuerpo que todas las tristes descripciones de penalidades y pobreza.

CAPÍTULO SIETE:
LA INDEPENDENCIA,
15 DE SEPTIEMBRE DE 1821

[1]

Para enero de 1821, época en la que Valle se convierte en alcalde, la independencia se presenta como algo menos que un deseo en las mentes de unos pocos hombres que aparentemente no poseían nociones que les permitieran convertir sus deseos en realidad. Es claro que los guatemaltecos estaban al tanto de los cambios que Bolívar, San Martín y O'Higgins estaban realizando en América del Sur y seguían con detenimiento el tortuoso curso de los acontecimiento que ocurrían en México. De hecho, Valle y sus amigos, habían estado intercambiando información desde el inicio de esos sucesos. El Coronel Arechavala, por ejemplo, le escribe en 1817, informando que noticias provenientes de México hablaban de la derrota del "traidor Mina" y de la captura del "apóstata Mier[209]" y dos años después Mariano Murrillo le agradece a Valle por los documentos que hablan de los preparativos españoles para lanzar una expedición en contra de Buenos Aires[210]. Guatemala también estaba en el listado de direcciones de escritores de cartas anónimas que, desde España y América, contribuían en una menor medida a la independencia. Menos de dos semanas después de que Valle se hiciera cargo de la alcaldía, el ayuntamiento recibe otra carta anónima invitando a ese concejo a tomar posición en favor de la independencia, advirtiendo que no podía esperarse justicia del gobierno español. El ayuntamiento califica de subversivas esas ideas, pero una carta de José Sacasa, diputado suplente por

---

[209] Para Valle, León, 19 de agosto de 1817, Documentos de Valle.

[210] Ibid., 19 de septiembre de 1819.

Guatemala, lamentando la desigual representación en la Cortes, centra la atención en las protestas que contra ese hecho hacen los redactores de El Editor. De cierto diálogo en ese mismo periódico, los lectores podían concluir que la independencia era la respuesta a esa afrenta. Para mayo de 1821, cuando Valle se retira del ayuntamiento, un tono muy distinto empapa las páginas de ese periódico, sugiriendo que Pedro Molina y otros miembros del medio apostaban decididamente por romper los lazos con España.

Dos hechos, sin relación entre sí, que ocurren entre enero y mayo explican el cambio de posición de El Editor y virtualmente aseguran la pronta unión de Guatemala a las filas de los revolucionarios. El primero en tiempo e importancia, fue el drástico cambio en la correlación de fuerzas que se da dentro de la política mexicana. Tras la derrota de Hidalgo y Morelos y el fracaso de la expedición de Mina (1817-1818), el movimiento independentista languidece hasta 1820 cuando Fernando restaura la Constitución. Las leyes electorales reducían las posibilidades de la aristocracia de continuar controlando el gobierno, y las Cortes electas amenazaban el poder e influencia de la Iglesia a través de nuevas leyes. El alto clero se ve obligado a unirse a la aristocracia para promover la independencia, la cual habían combatido durante los últimos diez años, con el objeto de preservar sus privilegios coloniales. Necesitados de un líder militar, escogen a Agustín de Iturbide, que había peleado contra los viejos insurgentes hasta que fue dado de baja, por sospechas de peculado. Cuando en 1820 recibe el llamado, acepta, feliz ante la posibilidad de reconstruir su fortuna. Puesto en el campo de batalla, cierra filas con los viejos insurgentes, junto a los cuales marcha rumbo a la Ciudad de México y la independencia bajo la bandera del Plan de Iguala o de las Tres Garantías: Catolicismo, independencia y una Constitución monárquica mexicana.

La importancia de esos eventos para la futura independencia de Guatemala es un punto sobre el que todos los contemporáneos que dejaron un registro concuerdan, pero Manuel Montúfar y Coronado lo expresa mejor que ninguno. Escribe que Guatemala vivía en paz en 1821, preocupada tan sólo frente a las estipulaciones de la Constitución. Sin embargo, la libertad de prensa y las rivalidades entre los partidos durante las elecciones habían creado una opinión favorable para la independencia. Al arribar la noticia del Plan de Iguala, los patriotas comienzan a celebrar reuniones, pero pronto reconocen que carecen de los medios para lograr su fin. Comienzan a aguardar con impaciencia (a juzgar por las páginas de El Editor) las noticias del éxito o del fracaso del Plan de Iguala. La independencia de Guatemala dependía de Iturbide.

El segundo evento que ayuda a garantizar la independencia de Guatemala ocurre silenciosamente y sin dramatismo en la Ciudad de Guatemala. El 9 de marzo de 1821, el Jefe Político Urrutia, viejo y enfermizo, acepta los consejos de Pedro Molina y otro médico y entrega el poder por "uno o dos meses" a Gabino Gaínza, quien recientemente había llegado a Guatemala después de un oscuro viaje de trabajo a Chile. Todos los relatos coinciden en que la importancia de este traspaso transitorio del poder, radica en que Gaínza carecía de todas las cualidades de un líder y además siempre vaciló entre su incierta lealtad a la Corona y su deseo personal de aprovecharse de la independencia, en el caso de romperse los lazos con España. Para mayo de 1821 el escenario estaba preparado para el drama del 15 de septiembre, y mientras la atención se centraba en México, los redactores de El Editor preparan a una receptiva audiencia en Guatemala.

[2]

El 28 de mayo de 1821, El Editor informa, en actitud más desafiante que de alarma, que su director, debido a su sincera manera de hablar, se había hecho de enemigos y que otros redactores habían sido "odiados y censurados" hasta encontrarse renuentes a expresar sus opiniones. El Editor, sin embargo, no se acobardaría o intimidaría, y en la siguiente edición, en un relato que recuerda el rimbombante estilo de Simón Bergaño, aún el lector más casual podía discernir una política más agresiva contra España. Un redactor anónimo describe un viaje reciente a la luna, en el que un "hermoso joven alado, que me dijo ser el Espíritu de la Libertad, me condujo hasta un pueblo llamado Airebi que era gobernado por un tirano, cuyo nombre, si no lo he olvidado, era Odnanref le Otargni." En Airebi, el escritor presenció una inmensa multitud de todas las "clases, sexos y disposiciones" corriendo exaltados por las calles y plazas. "No podía distinguir con claridad las cosas que gritaban," pero relata, que acercándose escuchó estas palabras: "¿Qué nuevo monstruo es éste? ¿Qué plaga, tan cruel y misteriosa, es ésta...? Poseemos suelos fértiles y carecemos de beneficios. Somos activos e industriosos y vivimos en la pobreza. Pagamos enormes impuestos y nos dicen que no son suficientes... ¿Qué es el enemigo que nos devora?" Odnanref le Otargni, que era el enemigo, el monstruo y la plaga, no era otro que Fernando el Ingrato deletreado al revés, y el lugar, Airebi (Iberia) era la Ciudad de Guatemala o cualquiera otra ciudad bajo el dominio de España.

Entre los que leyeron el "Viaje a la Luna" estaba Antonio Robles, fiscal de la Junta de Censores. Tras haber leído dos veces la historia, el 8 de junio acusa a El Editor de difamar a Fernando VII. Robles presentó la acusación ante el juzgado del ayuntamiento, pero antes de poder procesar la acusación, era necesario un dictamen de la Junta de Censores[211]. La Junta, tras haber recibido la acusación, procedió a examinar el controversial relato para determinar si en realidad Fernando había sido difamado. Para evitar acusaciones de parcialismo, pública una relación de la investigación que se hizo en El Editor, pero no toda la investigación fue publicada, pues las minutas inéditas revelan con más claridad la lógica de la Junta.

---

[211] El Editor Constitucional, 6 de agosto y 20 de agosto de 1821.

Los miembros primero señalan que El Editor había publicado un relato titulado "Viaje a la Luna," en el que un escritor anónimo había descrito "con vigor e imaginación" la "revolución de un pueblo contra un gobierno opresor." Pero en los nombres asignados al lugar y al tirano, Robles "vio en anagrama los nombres de España y Fernando el Ingrato", acusando al periódico de difamar "al Soberano." La Junta inmediatamente encontró el "gran absurdo de la acusación." Robles se había referido al rey con la palabra Soberano. La Junta explica que la palabra Soberano era el "augusto y exclusivo título de la nación" y se aplica correctamente tan sólo al pueblo. En estos términos, el relato "lejos de ser injurioso para el Soberano", era "excesivamente elogioso", porque arrojaba luces al "imprescriptible derecho de la nación en acción [revolución] más característico de su soberanía." Además, la Junta señala con alegría, el relato habla de un feroz tirano y Fernando era un monarca constitucional. Seguramente Robles se dio cuenta que un anagrama, de cuyas letras se pueden formar varios nombres, no era suficiente evidencia para respaldar una acusación de difamación. Sin embargo, el hecho de que Robles acusara basándose en tan pobres evidencias (la Junta estaba ahora en peligro de muerte) suponía una amenaza para la libertad de prensa y el presente "gran sistema político". Pero en un país donde el "servilismo" había reinado con tal dominio y en donde, hasta recientemente, el gobierno de "D. José de Bustamante había estrangulado la prensa aún cuando la Constitución era observada a lo largo de la monarquía," la Junta no se sorprendía ante la noticia de que algunos ignorantes adictos al "reinado de la oscuridad" todavía permanecían en Guatemala. La Junta asegura que estos adictos, miraban por encima del "dogma político de la soberanía del pueblo y la facultad de escribir" con gran aversión, sin desaprovechar una oportunidad para "obscurecer el primero y atacar el segundo de estos bastiones de la libertad." Estos "consumados demagogos" (a la Junta ahora se le estaba amargando el ánimo) eran responsables de corromper y engañar a la gente "inculta y malcriada" en las elecciones generales.

La amarga invectiva, la mención de las elecciones, el ataque contra Bustamante (quien rápidamente se convertía en la "camisa sangrante" de la política guatemalteca) y el fallo contra Robles llegaron sin sorpresa para los habitantes de la capital que sabían que la Junta incluía a Pedro Molina, José Francisco Barrundia y José Francisco Córdova.

El 23 de agosto de 1821, la Junta, convencida de la santidad de la soberanía popular, del derecho a la revolución y la libertad de prensa, declara nuevamente que puede reconocer la diferencia entre libertad y libertinaje. Ese día recibe del ayuntamiento de Sonsonate una denuncia hecha por el cura parroquial José Antonio Peña, sobre la reimpresión de un panfleto titulado Constitución secreta de las cortes, publicado por vez primera en España, después en 1814 en Mérida con permiso del gobierno y ahora en 1821. Que los autores del panfleto "eran demonios descendiendo de linaje humano," la Junta tenía la autoridad sobre lo que "era dicho en Cádiz." El propósito del "absurdo, impío, extravagante" ensayo, se descubría de inmediato, era el de iniciar una revolución que destruyera la Constitución que las Cortes le habían dado a España y "establecer una licencia anárquica," sembrando semillas de odio para las autoridades del presente sistema. En conclusión, la Junta prohíbe el panfleto, diciendo: "En este vago y pobremente elaborado plan se ve un autor de visiones limitadas pero de malignas intenciones que ha confundido la verdad con el error, la libertad con el libertinaje, la piedad con el sacrilegio y los sagrados derechos del hombre con subversivos principios de desorden." Por unanimidad la Junta declara al panfleto (que carecía de la fuerza del "Viaje a la Luna") como "altamente calumnioso" para las Cortes y "subversivo para las leyes fundamentales de la monarquía."

Mientras la Junta tomaba estas decisiones, algunos de sus miembros cuestionaban, a través de El Editor, la justicia de la guerra de España con los americanos y señalaba la amenaza que representaba la Santa Alianza para el liberalismo español. Entonces, el 3 de septiembre, inmediatamente abajo de un ensayo sobre la libertad, aparece un informe de que sólo la Ciudad de México, Durango y Vera Cruz no estaban bajo el control del General Agustín de Iturbide, cuya exitosa campaña había obtenido reconocimiento oficial en la Ciudad de Guatemala.

[3]

El 31 de agosto el Dr. Mariano Larrave, que había reemplazado a Valle en la alcaldía, informa al ayuntamiento que las últimas noticias de México habían inspirado algunas peleas y eran responsables del creciente número de líbelos y rumores "dirigidos tanto contra Españoles Americanos como contra Europeos." Las "clases bajas" (pueblo bajo), de mestizos, mulatos y zambos[212] eran los principales culpables. Estas gentes, que cometen "cada crimen," se volvían "más sangrientos y temibles cada día" y eran los que atemorizaban el corazón de todos los aristócratas y hacían que Larrave aconsejara a los miembros del ayuntamiento prevenir abusos y desordenes.

Cuatro días después el Jefe Político Gaínza se pronuncia en respuesta a otra noticia desde México dirigiéndose al ayuntamiento, diciendo que había tenido noticias que "algunas gentes de la capital" habían estado visitando los distritos "recogiendo firmas con el propósito de declarar la independencia" y le pide al ayuntamiento tome medidas para descubrir quienes eran los líderes de tal movimiento.

---

[212] Documentos de Valle. En un documento sin fecha, relacionado con su deber de explicar las instrucciones electorales de 1812, Valle escribe que "no hay censo exacto" de la capital. Aún más, el censo disponible no distingue clases -"blancos, Indios, mestizos, mulatos y zambos". Continúa diciendo que el número de ilegítimos era tan grande que casi igualaba a los nacidos en matrimonio. Los hombres de color y los ilegítimos, en su mayoría, formaban la "clase baja" a la Larrave tanto temía.

En esta coyuntura, Mariano Aycinena recibe reconocimiento y declara que es "sabido con certeza" que varias provincias de México, incluyendo la vecina Oaxaca, han declarado la independencia, y estaba igualmente seguro que la opinión generalizada en la Ciudad de Guatemala y sus provincias favorecían el mismo curso. "De la necesidad", sostiene, Guatemala "debe seguir el mismo camino de México." Los hombres que estaban solicitando las firmas, según Aycinena, tan sólo intentaban mostrarle a Gaínza que la opinión pública en Guatemala aprobaba la independencia y hacerle que tomara la delantera, evitando de esa manera cualquier "conmoción popular." Como para darle seguridad a Gaínza, Aycinena dice que es de su entender que los hombres que recogen esas firmas no anticipaban, con la llegada de la independencia, algún cambio en las autoridades constituidas. Pero enfatiza que algunas personas de la capital estaban comprometidas con la independencia y que no creía que cambiarían de opinión.

Gaínza responde que el simple hecho de que las firmas tenían que ser pedidas era prueba suficiente de que no existía ninguna "opinión general por la independencia" y que los "radicales" (acaloradores) que recogían las firmas, lejos de servir al gobierno, distraían sólo a la "juventud en la universidad y el colegio."

De acuerdo a todos los relatos, Gaínza jugaba de manera precaria. Aparentemente todos sabían, incluyendo Gaínza, que Pedro Molina y Mariano Aycinena eran los propulsores ocultos de la independencia. Se cree, desafortunadamente sin demasiada evidencia, que gozaban de la aprobación tácita de Gaínza, a quien le habían prometido se convertiría en el primer magistrado de la nueva república. Es seguro que Aycinena sugiere lo mismo en el ayuntamiento. A pesar de que, sin duda, Gaínza escuchaba las promesas con despierta expectación, también recuerda sus obligaciones como oficial de la armada española y la posibilidad de tener que rendir cuentas a un airado rey por insubordinación u otro cargo peor. Logra mantener una fachada de lealtad ante los ojos de la autoridad española reprendiendo en público a los hombres cuyas promesas escuchaba en privado.

Sin embargo, el arzobispo Casaus, no deja dudas sobre su posición. El 8 de septiembre, una semana antes de la independencia, condena "con gran vehemencia" la "injusticia de la insurrección" y la "repugnancia de Iturbide," jurando "derramar la última gota de sangre" antes de volverse en contra de la colonia.

Mientras Casaus delira y Gaínza vacila, los patriotas, temerosos que la cresta de emociones fabricadas por los eventos en México no serían suficientes para llevar a Guatemala a la independencia, envían a Cayetano Bedoya, cuñado de Molina, a Oaxaca ha persuadir al General Nicolás Bravo para que apoye la independencia de Guatemala. Bedoya nunca completa su misión. Cuando arriba a la Ciudad Real, en la provincia de Chiapas (ahora parte de México), se da cuenta que la Ciudad Real ya ha proclamado su libertad y ha suscrito el Plan de Iguala.

Noticias de la atrevida decisión tomada por la Ciudad Real llegan a Guatemala el 13 de septiembre, y a la mañana siguiente el ayuntamiento examina dos despachos fechados el 5 de septiembre. El primero venía de la Ciudad Real y el segundo de Tuxtla, también en Chiapas. Ambos informan que han declarado la "independencia de España" y urgen a la Ciudad de Guatemala a hacer lo mismo. En vista de la gran importancia de estas noticias, el ayuntamiento llama a una sesión extraordinaria para las últimas horas de esa tarde. Gaínza preside la sesión de la tarde, diciendo que él también había recibido el despacho de Chiapas y había decidido llamar a una reunión general para la mañana siguiente a representantes de todas las corporaciones y autoridades de la capital para decidir cómo proceder a la luz de estos nuevos acontecimientos.

Años después Pedro Molina escribe que el pueblo "estaba preparado para pedir la independencia," pero al mismo tiempo, "eran tímidos". Probablemente Molina era el que mejor posicionado se encontraba para saberlo, pues él y Mariano Aycinena, en la noche del 14 de septiembre, recorrieron los distritos de la capital consiguiendo apoyo para la independencia y quizá intimidando a los Serviles, que era el otro nombre con que se conocía a los Bacos.

La muchedumbre que se reunió a la mañana siguiente frente al palacio parece atestiguar sobre la efectividad de los esfuerzos de Molina y Aycinena. Antes de la llegada de los más de cincuenta representantes a la reunión, el patio, la antecámara, los corredores y los vestíbulos estaban todos llenos de gente en favor de la independencia. Después de que todos los representantes se habían reunido, Gaínza dio inició a la sesión leyendo el despacho de la Ciudad Real. Inmediatamente después, de acuerdo a un testigo, Valle, que asistía como auditor de guerra, se hizo sentir. En un "elocuente discurso," estamos seguros, señaló la "necesidad y justicia" de la independencia pero concluye aconsejando a los representantes no declararla hasta que todas las provincias emitieran su opinión. Si el plan de Valle ganó partidarios entre los presentes, sin duda, los perdió cuando el Arzobispo Casaus apoya decididamente el plan trazado por Valle. Sin embargo, el Canon José María Castilla, de los redactores de El Editor, apoya abiertamente la independencia. El Dr. Antonio García Redondo apoya la posición de Castilla seguido por Miguel Larreinaga, Mariano Aycinena, Mariano Larrave y la mayoría de los presentes restantes. La entusiasta multitud celebró cada declaración afirmativa con estruendos de aprobación, las contrarias con estruendosas burlas y pronto la bulla se había mezclado con los delegados, contribuyendo a la confusión. Aparentemente se votó antes de tomar la gran decisión; ciertamente una mayoría votó a favor; y tan pronto como Gaínza se percata del resultado proclama la independencia.

Después de que la muchedumbre abandona el palacio para celebrar la ocasión, dos cuestiones de importancia demandaban la atención inmediata. Se debía formar un gobierno provisional y el entusiasmo de la proclamación de la independencia debía traducirse en una declaración escrita. Valle aparentemente fue el responsable de redactar lo que pasó a ser conocido como la Declaración de Independencia, documento que muestra claramente que su opinión, a pesar de haber sido derrotada por los bullicios de la confusión, terminó imponiéndose al final del día. De acuerdo a la declaración número ocho del documento, Gaínza presidiría el gobierno provisional (Junta Provisional Consultiva), que incluiría miembros de la diputación provincial y a los siguientes representantes de sus provincias: Miguel Larreinaga, León; José del Valle, Comayagua; el Marqués de Aycinena, Quetzaltenango; José Valdés, Sólolá y Chimaltenango; Ángel María Candina, Sonsonate y Antonio Robles, Ciudad Real. El numeral uno y dos de la declaración hablaban de la transitoriedad de la independencia, misma cuya continuidad dependía de la decisión de un congreso que debía reunirse el primero de marzo en la Ciudad de Guatemala, mientras que los numerales tres y cuatro estipulaban que habría un diputado por cada 15,000 personas (los negros debían contarse como ciudadanos) que sería electo al congreso por los electores, que el primero de marzo de 1821 habían electo diputados para las Cortes[213].

Un examen más detallado de la declaración de Valle, o por lo menos de la declaración que lee y corrige, revela que el único cambio que se produce en el gobierno de Guatemala después de la mañana del 15 de septiembre, está en que ya no le debía obediencia a Fernando VII y a España. Todo lo demás continuaba igual. Los aristócratas de las provincias seguían mandando y en apariencia lo hacían más por designio que por accidente. Hasta la exitosa campaña de Iturbide en México se habían adherido tenazmente a la Corona. Después, cuando el poder español había sido roto en casi

---

[213] El documento original se encuentra en: Libro de contestaciones de la jura de independencia. Cuando el autor examinó el documento carecía de clasificación en el archivo. El documento no está escrito en la letra de Valle y éste tampoco lo firmó. Sin embargo, las enmiendas si son suyas. Una reproducción del documento puede encontrarse en Boletín, IV (1939), 127-129, con los comentarios a las enmiendas por el Profesor y Archivista J. Joaquín Pardo, quien descubrió el Acta de Independencia en 1934.

toda América, tenían sólo un camino a seguir si deseaban mantener sus posiciones de poder e influencia: tenían que situarse a sí mismos en la vanguardia de los que dirigían la independencia para poder manipularla en su propio beneficio. La independencia mexicana era un cuento que se repetía en Guatemala y ningún acto lo ilustra mejor que cuando el ilegítimo Molina y el aristócrata Aycinena recorrieron pausada y penosamente las lodosas calles bajo la lluvia en la noche del 14 de septiembre para garantizarse que una multitud se reuniera en las afueras del palacio a la mañana siguiente. Uno se puede maravillar de lo que Molina y Aycinena hablaron esa noche, pues la completa exclusión de Molina, Barrundia y Córdova del gobierno provisional asegura que la conversación tenía poco que ver con lo que pasaría después de la independencia. Veintitantos años después, un triste pero sabio Molina confiesa que no todos los Cacos habían estado en favor de la independencia.

El que los aristócratas comprometieran la independencia en el día de su nacimiento no significa que no comprendieran los conceptos de democracia, soberanía popular y el derecho a la revolución. Por el contrario, los entendían tan bien que pensaban que su aplicación en Guatemala era ridícula, cuando no suicida. Conocían su país tan bien como lo conocía Valle. Sabían que fuera de la capital y de las ciudades más grandes de las provincias, eran extranjeros en su propia tierra, generalmente incapaces de comunicarse, a menos que conocieran alguno de los veinticinco dialectos de la familia lingüística Quiché. Como extranjeros temían no sólo a los Indios sino a toda la gente "inculta y mal educada" a que se refería la Junta de Censores. El Dr. Mariano Larrave, aliado político de Valle, expresó ese temor cuando habló ante el ayuntamiento de la "clase baja." El Editor, periódico de los Cacos, se encoge ante la idea de los novecientos que entraron al hospital en 1820. Mariano Aycinena habla de ese mismo temor cuando habla de intentar evitar una "conmoción popular." Valle lo reconoce en una carta dirigida a Castriciones en 1814, en 1817, como abogado de la

Corona y en 1820 y 1821 a través de El Amigo. Todo el que intervino en la redacción del Acta de Independencia reconoce su temor en la declaración número uno, mismo que con desvergonzado candor, explica que Gaínza había declarado la independencia "para prevenir las consecuencias que serían temibles en el caso de que las proclamase de hecho el mismo pueblo." Sin embargo, sus temores, no se alimentaban sólo de estadísticas hospitalarias y de registros de juzgados criminales. Tenían ante si el ejemplo de la rebelión India de 1820 en Totonicapán, en la que los indios Atanasio Tzul y Lucas Aguilar se convierten en autoridad como "Rey o Rey Fiscal" y "Presidente," respectivamente. También la noticia de la castración de los españoles de "ultramar" en Almachapán, inmediatamente después de la independencia, enfatiza el miedo oculto en la declaración primera de la llamada Acta de Independencia.

Este temor aunado al empobrecimiento generalizado que vivían los ciudadanos de Guatemala y el alto concepto que se tenía del contenido del Plan de Iguala son, sin duda, las razones más importantes tras el intento de los aristócratas de cambiar la independencia, aún antes de haberla alcanzado, por una esquina bajo el dosel de un trono -el que Iturbide se estaba fabricando en México. A pesar que la intención de los aristócratas no era tan aparente el 15 de septiembre, sí se manifestó con claridad después de un mes. Baste con decir aquí, que Mariano Aycinena, el mismo aristócrata que el 14 de septiembre acompaño a Molina, trataba de vender el premio antes de ganárselo. En una carta de Iturbide para uno de sus oficiales escribe que "en Guatemala puede confiar en Mariano Aycinena, quien ha mantenido correspondencia conmigo desde antes que la capital declarara la independencia." Iturbide pensaba utilizar las "buenas conexiones"[214] de Aycinena. A un amigo en Chiapas,

---

[214] Boletín, IV (1939), 308-309. La amistad de Aycinena se ve con mayor claridad en la correspondencia que se cruzan tras el exilio de Iturbide. Ver Mariano Cuevas, ed., El Libertador: documentos selectos de D. Agustín de Iturbide (México, 1947), pp. 393-394. (En adelante referido como Cuevas, ed., El

donde la lealtad a Iturbide era un hecho, el Marqués de Aycinena, miembro del gobierno provisional, le escribe: "Mi amigo, trabajo incesantemente para lograr la unión de estas provincias con el Imperio Mexicano. Pídale a Dios que mi labor no sea en vano."

[4]

La posición de Valle, durante los meses que precedieron la independencia y llegado el 15 de septiembre, simplemente se diluye en sus escritos en El Amigo. En casi todas las ediciones y relacionado con diversos tópicos, abraza sin reservas la Constitución de 1812 y las leyes de las Cortes. Su tema constante era que el conocimiento adquirido en el estudio de las ciencias sociales y naturales eran la base para el buen gobierno, el que define, una y otra vez, como el gobierno que hace el mayor bien al mayor número de personas. Al mismo tiempo, critica dura y abiertamente los gruñidos y sesgos de la vida colonial, condenando la Ley de Partida, las Leyes de Castilla y de las Indias. Sostiene que la justicia no estaba siempre disponible en los tribunales de la colonia, y cuando llegaba, sin importar su marca, llegaba a un alto precio[215]. Sugiere que los oidores se comportaban como si fueran miembros de una organización fraterna exclusiva al momento de procesar acusaciones contra uno de ellos. Muchas veces, los jueces en todos los niveles miraban primero quién era el procesado, antes de considerar la acusación y la evidencia. Pone el dedo sobre la llaga del sistema al señalar, como ejemplo, que para convertirse en corregidor la

Libertador.) Después de que Aycinena sale exilado de Guatemala, publica en 1834 un panfleto en Nueva York, en el que declara: "Lo digo con mi franqueza, en 1821, no creía el régimen republicano adaptable a mi país. Mi opinión por una monarquía moderada se funda en la superioridad de esta forma de gobierno." (Citado en Salazar, Mariano Aycinena, p. 51.)

[215] 9 de diciembre de 1820; 25 de enero de 1822. En 1812, Valle señala que estaba descontento con las leyes de Indias. Ver Valladares, ed., Valle, p. 7; El Amigo de la Patria, 26 de octubre de 1820.

principal aptitud requerida era la de saber "hacer la señal de la cruz con el dedo índice y pulgar", declarando ante Dios cumplir las obligaciones de su cargo "bien y fielmente". Finalmente y en repetidas ocasiones, culpa a la colonia por toda la pobreza, ignorancia y miseria que miraba cada vez que caminaba, desde su grande y bien ubicada casa, hasta palacio. Frecuentemente anclaba sus argumentos en pies de páginas o citas textuales que mostraban un estudio detenido, no sólo de los códigos de España y las Indias, que casi se sabía de memoria, sino también de las obras de Buffon[216], De Pauw, Humbolt, Say y Montesquieu entre otros. Hasta ese momento, los estantes de su biblioteca están llenos de volúmenes de Voltaire, Rosseau, Racine y otros miles de volúmenes, papeles y revistas que resistirían una comparación favorable con la biblioteca de cualquier hombre de la Ilustración, incluyendo la de Simón de Bergaño. En vista de lo que escribió y leyó, es fácil, casi irresistiblemente fácil, concluir que Valle compartía el mismo espíritu que movió a Pedro Molina a agitar a los débiles de corazón y tímidos de alma en esa lluviosa víspera de la independencia.

Sin embargo, Valle compartía ese inarticulado temor al pueblo bajo y estaba suficientemente empapado de historia para reconocer y temer el patrón de una revolución. El ahora clásico ejemplo de los franceses era su contemporáneo, y debió estremecerse junto a todo los aristócratas, ante la noticia del ataque de Hidalgo a Guanajuato y la masacre de la alhóndiga. Pero al mismo tiempo Valle se da cuenta: "El mundo está cambiando y no retrocederá. Difundamos el conocimiento para que su marcha sea pacífica. Entonces gozaremos el bien que la independencia promete sin sufrir el mal que ha

---

[216] Valle generalmente empleaba las obras del Conde Jorge Luis Leclerc Buffon y del Abate De Pauw para mostrar que poco se conocía de América (El Amigo de la Patria, 5 de mayo de 1821). En la edición del primero de abril de 1822, Valle comentando sobre los historiadores de América, escribe que De Pauw estaba delirante.

afligido a otros países".[217] Esta idea que expresa en febrero de 1822, después de que una segunda revolución ha atado Guatemala a México, parece cercana a resumir su punto de vista en septiembre de 1821, cuando trata de controlar la dirección que la independencia tomaría. Molina ganó espectacularmente la lucha de esa mañana, pero la posición de Valle prevaleció. La decisión final concerniente a la independencia quedó en manos del congreso que habría de reunirse el primero de marzo de 1822, en el que los representantes al mismo serían electos por los mismos electores que eligieron a Valle para la diputación provincial y a Mateo Ibarra para las Cortes. Parece ser que los Serviles comandaban una mayoría del grupo que planeó la declaración en la noche del 14 de septiembre, o en algún otro momento, antes de que el acta fuera redactada. En este grupo, Valle sin duda contaba a Gaínza. El que Valle señalara que era de sabios esperar a las provincias fue, probablemente, arreglado de antemano[218]. En cualquier término, la aceptación del plan de Valle, después de ser rechazado en la reunión, debe ser considerado como una coincidencia, que es mucho menos aparente que estas presunciones. Si el 15 de septiembre existía alguna componenda entre Valle y Gaínza, es fácil entender el porqué Valle, durante los siguientes tres meses, escribió casi todos los despachos importantes que calzan la firma de Gaínza. Pero el que Valle, el 15 de septiembre, no estuviera en completo control, se demuestra en la selección de Larreinaga y el Marqués de Aycinena para el gobierno provisional.

---

[217] El Amigo de la Patria, 22 de febrero de 1822.

[218] Se podría esgrimir un mejor argumento si estuviéramos seguros que Valle habló después de Gaínza, pero las fuentes no coinciden. Por ejemplo, Marure (Bosquejo histórico, I, 23) escribe que fue Valle, pero Montúfar (Memorias de Jalapa, p. 47) asegura que José María Castilla habló después de Gaínza.

Valle acepta la independencia, pero, ahora la gran pregunta es cuándo lo hace. Su vida antes de 1820 nos asegura que la revolución en España, la restauración de la Constitución y el éxito de los insurgentes en México y Sur América, lo forzaron a revaluar el curso de su vida pasada y a definir qué quería del futuro en función de los cambios que se habían operado. La transición comienza con su decisión de permanecer en Guatemala, continúa con sus críticas al período colonial y culmina con su aceptación de la independencia y la definición de su nueva posición, el 30 de noviembre de 1821. Ese día publica su parecer en la primera edición de El Amigo, que aparecía desde la independencia. Después de una inocultable lucha interna, Valle liga su destino de manera inequívoca e irreversible al futuro de América. Abandonando el bien ganado título de súbdito, se convierte en el ciudadano Valle. El argumento con el que justifica su decisión llena de luces el abismo que separa la vieja y la nueva posición y enfatiza sobre la celeridad con la que pasa de un lado a otro.

Subraya la proclama que los americanos poseían los derechos naturales del hombre -derechos que España pisotea al enviar a Cortés, Alvarado y Pizarro a las Indias. La naturaleza había otorgado a los americanos y europeos los mismos derechos imprescriptibles que hacían al hombre libre, igual y amo de su tierra. Ignorando la existencia de cada uno, los europeos y americanos vivían felizmente, pero entonces los conquistadores, calzados con botas y espuelas, arribaron desde España y su aparición marcó el inició de los "sufrimientos" en América y la "riqueza" para Europa. La razón le negaba a España el "título legítimo" para conquistar América, pero lo que la razón le negaba, España lo tomó con brazo fuerte y hoja de acero. Que la religión autorizaba a España para someter a los americanos y llevarlos a la Iglesia era una sofistería. ¿Tenían los Romanos, los Cartagineses y los bárbaros del norte el derecho para conquistar a los españoles por las mismas razones? El "divino Hacedor" no le encargo a nadie la conquista del mundo.

Pero, violentando los derechos naturales, llegaron los españoles trayendo consigo la silla de montar y las armas de la autoridad que, desde el Cabo de Hornos hasta Tejas, habían irritado y sometido a los americanos. Por designio y cálculo, los españoles, con un número infinito de leyes, aíslan a América y a los americanos. La opinión española, la educación española y la censura española arruinaron el conocimiento americano haciéndolo marchar un siglo atrás de Europa. La política económica española era el origen de la pobreza americana y el sistema de castas era la fuente de la desconfianza entre americanos. El color de la piel de un hombre no es señal de esclavitud o de superioridad. Es cierto que los españoles eran más blancos que los indios, pero los alemanes eran aún más blancos que los españoles. Pero esos mismos españoles, poniendo la ley por encima de la ley, separan a los Indios del mundo, le prohíben a los ladinos poner un pie en las universidades, excluyéndolos de las carreras honorables y restringiendo las relaciones entre españoles y criollos. Para asegurarse que estas leyes se cumplieran al pie de la letra, España mandó a las Indias, como virreyes, a hombres del ejército, nacidos y educados en la Península, puros Españoles. Entonces, desde el siglo dieciséis, España había gobernado a pesar de todas las advertencias de los sabios.

Montesquieu había señalado que las Indias pendían de un hilo. Buffon se había maravillado ante la ignorancia que perpetuaba el dominio de las naciones europeas en sus colonias. Adam Smith explicaba que desde los primeros años los europeos habían pisoteado a las Indias con impunidad pero, con seguridad la balanza, se inclinaría para el otro lado. Condorcet predecía la independencia y Raynal (¿Sin lagrimas?) miraba a los americanos rompiendo los grilletes forjados en España y comenzando de la nada, aspirando primero y logrando después su puesto en la historia del mundo.

"Dios ha oído tus voces, hombre sabio y previsor." Norte

América se rebela contra los ingleses dejando una lección a cada americano desde México hasta Buenos Aires. Después los franceses, defendiendo su libertad en 1789, derramando "luces sobre sus hijos y los de todo el Globo". Finalmente, las luces se propagaron por las colonias españolas: "También soy hombre" dijo el sencillo y modesto americano. "Yo también he recibido de la naturaleza los derechos que ha sabido defender el europeo." El hombre donde quiera que viva esta bendecido con esos derechos. "Hay en Madrid más frío en invierno y más calor en estío que en Guatemala", tierra de la eterna primavera. "Pero el madrileño no tiene más derechos que el guatemalteco." En verdad, la misma Constitución de 1812 que los españoles alabaron y maldijeron, y volvieron a alabar, era el documento que garantizaba a los americanos su independencia y derechos inherentes. Los americanos siempre deberán respeto a España por la herencia que les dejó. Sangre española riega las venas de incontables americanos; las melódicos sonidos de Castilla eran escuchados desde Vera Cruz hasta Santiago; y la aceptación del catolicismo era casi unánime. Sin embargo, el amor filial no debe ser contrario a los deberes impuestos por el patriotismo. Los americanos están obligados a defender sus derechos. Pero dejemos que los sangrientos Robespierres se queden en Francia. El carácter del americano es la "dulzura" y la sensibilidad, tan aparente en su cara y en los suaves acentos de habla. Pero la dulzura no debe confundirse con debilidad; los americanos no deben ser perseguidos, ahora que han recibido los derechos que durante tanto tiempo se les había negado.

Con su nueva libertad, ya no husmearan sin designio en el basurero de la civilización. Su ingenio y los recursos naturales de su tierra apuntan hacia un brillante futuro -un futuro que prodigará a América y sus hijos, la riqueza del más rico de los recursos minerales, de una floreciente agricultura, de puertos rebosantes de comercio y del empuje de una revolución industrial. Por todo lo largo y ancho del gran designio que es América, los sonidos de las lenguas de los alemanes, suizos e ingleses se escucharán, mezcladas primero y unidas después con el castellano, por los matrimonios entre Indios y ladinos. Y el indio, con su cara arrugada y marcada por tres siglos de humillación, sombrero en mano, mirada fija en la tierra y pies descalzos agitándose en la tierra, ya no será un ser degradado. "Será lo que es el hombre: un ser noble que en la elevación de sus miradas da a conocer la de su esencia." Ambos, Indios y ladinos abandonarán los "placeres del crimen," sabiendo bien que por la simple negación no recibirán los premios de la virtud. En el futuro, harán "los sacrificios que exige el honor" y las horribles estadísticas de los hospitales contarán una historia diferente, más agradable. Finalmente, si América procede lentamente, sin correr de un extremo a otro, encontrará su lugar bajo el sol y Guatemala, localizada en la "posición geográfica más feliz" será punto focal para el mundo.

La transición de Valle de "esa Etiopía" con el "triste" horizonte de Guatemala, hasta el punto focal para el mundo, demandaba de cierta agilidad. Tomó su decisión, y al hacerlo, seleccionó una de las dos alternativas que, entre 1755 y 1825, permanecían abiertas a todos los americanos de origen europeo al sur del Río Aroostook: permanecer fiel a la Corona y regresar a la madre tierra; o aceptar la independencia y permanecer en América. ¿Quién se atreve a acreditar una respuesta incompetente en favor de la independencia de parte de esos hombres que han pasado a la historia como los padres de la independencia, del norte o del sur, de América? "Jorge Washington," cuyo retrato cargó Valle en todo su trayecto de México a Guatemala[219], viajó a Nueva York en 1789 temiendo que sus actos como primer presidente estropearan la reputación de que ya gozaba. Simón Bolívar, junto a cuyo retrato Valle deseaba colocar el de Washington, declara en un momento de ira, que América Latina no valía la flota Británica. Y algunos padres de la independencia guatemalteca fueron decisivos en la anexión de su país a México.

---

[219] José del Valle, "Manifiesto a la nación guatemalana," Valle y Valle Matheu, eds., Obras, 76-77.

CAPÍTULO OCHO:
UN MODELO DE AUTOCONTROL.
EL GOBIERNO PROVISIONAL Y LA
ANEXIÓN DE GUATEMALA A MÉXICO

[1]

Mientras el último documento de la Guatemala colonial y el primero de la América Central se archivaba, Valle -apropiada, sino simbólicamente- daba el coup de grâce al viejo régimen, cuando anuncia sus minuciosos esfuerzos en favor del nuevo y exitosamente propone que la audiencia deje de usar el sello real de España. El "mundo está cambiando" y Valle que había servido a un amo "bien y fielmente," se movía con la ola del siglo diecinueve sin mirar hacia atrás, listo para servir a un nuevo amo con la misma disposición. Pocos hombres podían, en 1821, alegar que tenían un registro igualmente distinguido y ninguno en el gobierno provisional podía igualar su capacidad o seguir sus pasos. Su habilidad para organizar, su escrupulosa atención a los detalles y su facilidad para sintetizar con economía[220] los convertían en el principal administrador del gobierno provisional.

El 17 de septiembre de 1821, el gobierno, reunido por primera vez, encarga a Valle la elaboración de los procedimientos parlamentarios. Los diputados estaban de acuerdo en que las sesiones diarias debían extenderse hasta el mediodía y que las sesiones del lunes, jueves y sábado deberían ser públicas. Cada

---

[220] Su habilidad no siempre es tan aparente en sus escritos publicados, en los que frecuentemente era verboso y empleaba frases para lograr efectos líricos y simétricos en vez de buscar transmitir razones. Sus opiniones legales eran escritas con escrupulosa economía, como lo eran también ciertos despachos del gobierno provisional. En otros despachos su verbosidad era dirigida a opacar los asuntos en disputa y evitar declaraciones directas.

sesión debía iniciar con la lectura del acta de la sesión del día anterior y los diputados podían sentarse donde les pareciera (signo inequívoco de que la colonial había terminado). Sin embargo, el Jefe Político Gaínza gozaría de una silla "preferente" y debido a que las leyes de España prevalecerían hasta que el congreso se reuniera en marzo de 1822, una copia de los códigos, leyes de procedimientos y registros de las sesiones debían ser puestos en una mesa frente a él[221]. Para agilizar aún más los negocios de gobierno, Valle propone comités para la educación, la defensa y seguridad, estadística, agricultura, industria, comercio y finanzas. El presidente de cada comité debía ser un miembro del gobierno provisional pero los miembros podían escogerse de entre la comunidad. Valle, que presidía el comité de finanzas, inmediatamente presenta recomendación para que las diputaciones provinciales y ayuntamientos enviaran informes describiendo los problemas financieros y políticos, y sugerencias para "consolidar el nuevo gobierno". Tenía especial interés en apreciar la agricultura, industria y comercio, pues sabía bien que la nueva nación no sólo había heredado todos los problemas financieros de la colonia, sino que también se había hecho de nuevos.

Un despacho del ayuntamiento de la villa de San Marcos, explica que el alcalde había desconocido el monopolio gubernamental sobre el aguardiente, mereció una respuesta de parte de Valle que enfatiza los nuevos obstáculos para llegar a tener un presupuesto balanceado[222]. El tesoro ya no podía contar con la

---

[221] AGG, B3.4, 00936, 46. Junta Consultiva Provisional. Valle también propone (3 de octubre de 1821) que el gobierno debía publicar las actas de las sesiones. Aparentemente algunas fueron publicadas, pues el impresor Ignacio Beteta (12 de febrero de 1822) informa al gobierno que debido a la falta de fondos a tenido que descontinuar la Gaceta (AGG, B1.13, 562, 19).

[222] AGG, B3.6, 1090, 48. El ayuntamiento del pueblo de San Marcos sobre los motivos que tuvo el alcalde para suspender el estanco de aguardiente (6 de octubre de 1821). Valle redacta la respuesta el 27 de octubre, pero tan sólo la mitad de la carta está escrita con su letra.

derogada alcabala y los tributos habían sido reducidos[223]. Con la pérdida de estas rentas, Valle calculaba que los gastos del próximo año sobrepasarían los ingresos. En el pasado, el aguardiente había sido una de las principales fuentes y contaba fuertemente con el impuesto que produciría. "El deplorable estado del tesoro", simplemente impedía que alguien aboliera el monopolio. Las rentas del monopolio sobre la pólvora eran importantes, pero el costo para el Estado de mantener esa industria excedía la mitad de los ingresos totales. Los relatos de Valle cuentan la misma historia sobre el monopolio del café. Sin embargo, las recaudaciones del aguardiente para el período de 1814-1819, habían aumentado a 212,460 pesos, sin incluir 29,000 pesos del mes de diciembre. Después de descontar los gastos (13,822 pesos), la ganancia neta era de 198,577 pesos y un simple cálculo le decía que los gastos sólo habían absorbido una fracción mayor del 6 por ciento del total. "Quitar el monopolio sería abolir el impuesto más productivo," amonesta Valle. "Si este fuera un impuesto inmoral" derivado de un monopolio que corrompe a la sociedad, el comité de finanzas sería el primero en actuar en su contra. Con seguridad el aguardiente sería más barato y abundante si estuviera fuera del control gubernamental, pero el incremento en la embriaguez disminuiría la ventaja. Con el monopolio, los precios eran más altos, el aguardiente no era tan abundante y su abuso era menos frecuente[224]. "El Reverendo P. Fr. José Antonio Goicoechea,

---

[223] Ibíd. La alcabala era un impuesto sobre ventas y el tributo era cobrado a los Indios.

[224] Aparentemente la embriaguez era un verdadero problema. Un miembro del ayuntamiento se queja el 20 de noviembre diciendo que: "…. hay dos cantinas donde grandes grupos se reúnen por las noches a emborracharse, causando serios desordenes en el vecindario." Ver AGG, A1.2.2, 15748, 2194. Libro de cabildos de Guatemala, año 1821. El 20 de enero de 1822, en una orden el doble de larga que la declaración de independencia, Gaínza define las reglas para el funcionamiento de las cantinas y promete castigo para los ofensores. Entre las diecisiete distintas prohibiciones se incluían algunas contra las cantinas ubicadas en callejones, contra la permanencia de los clientes en las cantinas para "formar reuniones" con

que honró estas provincias con su sabiduría y moralidad, examinó estos mismo asuntos en 1811... en una carta (que debe ser publicada) a uno de los miembros del comité." De acuerdo con Goicoechea, el abolir el monopolio favorecería los mejores intereses de la sociedad si los "celosos reformadores" pudieran proteger contra la enorme abundancia de aguardiente disponible con mayor facilidad. Pero Goicoechea sabía, y Valle también, que el abolir el monopolio equivaldría a decapitar la "Hidra de Lerna". Pues donde hoy había una fuente de aguardiente mañana habrían siete. Frente a estos hechos, Valle reprende al ayuntamiento de San Marcos, llamándole la atención a sus miembros por no educar a la juventud y por fracasar en encontrar trabajo para los pobres.

Entonces, la necesidad obligó a Valle a mantenerse alerta para asegurarse nuevos medios que levantaran el dilapidado tesoro. Sugiere que los diputados, que habían sido electos para las Cortes, devolvieran los 3,000 pesos recibidos como gastos de viaje; se opone a la moción de pagar salarios, con dos meses de anticipación, para coronar a los empleados que regresaban a España; y el 22 de noviembre de 1821 propone exportar siete mil tercios (un tercio pesaba cien libras) de tabaco[225]. Pero en justicia, se niega a apoyar una solicitud que pedía un impuesto del 35 por ciento en el oro y la plata, 20 por ciento en perlas y piedras preciosas y 15 por ciento en cualquier cosa perteneciente a personas que, negándose a aceptar la independencia, se marchaban de Guatemala[226].

---

el pretexto de escuchar música y contra la venta de bebidas alcohólicas a los que "ya están tomados, como se dice vulgarmente." Ver AGG, A1.22, 1510, 46.

[225] AGG, B3.5, 00937, 46. Junta Consultiva Provisional. El 18 de diciembre de 1821, Valle llama la atención sobre el hecho de que el ayuntamiento de Quetzaltenango había tomado de la jurisdicción del Director General de Tabacos tabaco valorado en 16,000 pesos (AGG, B1.13, 562, 19).

[226] AGG, B3.6, 100, 217. Sobre que se cobre un tanto por ciento de los caudales que en oro y plata extraen los europeos que regresan a la península (16 de octubre de 1821). La oposición de Valle se sustenta en las siguientes razones: "El hombre es libre y de esta libertad se deriva otra que los ingleses llaman loco-motivo, que significa que un ciudadano puede mudarse al país o nación que prefiera. Cuando

Mientras Valle, con la ayuda del comité de finanzas, infructuosamente busca los medios para hacer solvente a la nación, Pedro Molina, José Francisco Barrundia y José Francisco Córdova inician una lucha política que tiene sus raíces en el Acta de Independencia.

[2]

Molina, Barrundia y Córdova, autoproclamados representantes del "pueblo," estaban decididos a tener participación en las decisiones del gobierno provisional, pese al hecho de haber sido excluidos del mismo. Durante la segunda sesión, Barrundia presenta un proyecto de procedimientos parlamentarios, que fue pasado a Valle, protestando al mismo tiempo porque los puertos de Omoa y Trujillo estaban en peligro (y realmente lo estaban) y de que no estaban adecuadamente (y no lo estaban) protegidos. Entonces, después de que el gobierno nombrara los comandantes para los puertos, todos los patriotas criticaron los nombramientos. El 13 de octubre de 1821, solicitan con buen suceso permiso para establecer una tertulia patriótica, que junto a El Genio de la Libertad, nuevo nombre del periódico de Molina, actuaba como vocero de la oposición. Durante los primeros días, su principal meta era la reforma[227] del Artículo 3 del Acta de Independencia.

---

lo básico de un gobierno cambia, este derecho se vuelve más claro que en cualquier otra circunstancia. Una vez que la unión con la vieja forma es cortada, los hombres que vivieron bajo el viejo gobierno continúan siendo libres para ser miembros de la nueva sociedad o para mudarse y convertirse en miembros de otra." Posiblemente, esta es la línea general de pensamiento con que miraba su propia situación. Continúa, diciendo que el gobierno tenía derecho a gravar los bienes tomados del país, pero sugiere el muy modesto monto de 1 por ciento en el oro y la plata (sobre 1,000 pesos); 4 por ciento para las piedras preciosas (sobre 400 pesos); y el acostumbrado impuesto, si es que había alguno, para las otras cosas. Ver AGG, B1.13, 562, 19. Junta Consultiva Provisional, 17 de octubre de 1821.

[227] AGG, B3.5, 00934, 46. Junta Consultiva Provisional, 25 de septiembre de 1821. Valle, Valdés, Robles y José Matías Delgado se oponen. No está claro

El disputado artículo especificaba que los electores que habían votado por Valle y Mateo Ibarra en marzo de 1821, deberían elegir los diputados al congreso que tomaría la decisión final sobre la independencia. Durante la sexta sesión del gobierno, Molina presenta una petición "escrita por varios ciudadanos de la ciudad" para reformar la ley electoral. Tras una breve discusión, los diputados se dividieron cinco a cuatro en favor de la reforma. Molina anota temprano y, debido al hecho de que Barrundia había sido electo secretario del gobierno el 24 de septiembre (puesto que rechaza), las posiciones de los Cacos parecían estar a la espera.

Animados por su victoria, Molina, Barrundia y Córdova junto a sus reclutas, continúan asistiendo a las sesiones públicas, interrumpiendo, aplaudiendo y desafiando a los diputados. El 27 de septiembre, mientras el gobierno escuchaba pacientemente la lectura de un despacho de Suchitepéquez, Córdova, hombre de complexión ligera con reputación de chistoso y perrero, interrumpe la sesión demandando desde la galera la expulsión de todos los que no han jurado aceptar la independencia, leyendo una lista de los mismos. Las deliberaciones de la sala cesaron y Gaínza mandó desocupar el salón[228]. Al siguiente día, los diputados debatieron una moción para suspender las sesiones públicas, aceptando finalmente admitir a "1, 2 o 3" personas, advirtiendo que era necesario pedir permiso antes de que alguien se dirigiera al gobierno[229]. Continuando con los

---

porqué Delgado se une a Valle en la oposición, pero una de las explicaciones es que Delgado había sido electo al diputación provincial, que se convirtió en parte del gobierno provisional, por electores de la provincia de San Salvador. Entonces, le interesaba conservar esos electores.

[228] AGG, B3.5, 00934, 46. Junta Consultiva Provisional. Manuel Montúfar (Memorias de Jalapa, p. 49) escribe que Valle llegó a discutir con la multitud. Sin embargo, Montúfar era miembro de la "familia" y un enemigo dedicado de Valle.

[229] AGG, B1.13, 562, 19. Junta Provisional Consultiva, 28 de septiembre de 1821. Larreinaga, Delgado y Rivera se opone a cualquier cambio. El ayuntamiento de la capital, presidido por el Dr. Mariano Larrave, amigo de Valle, apoya la posición de Valle en contra de las sesiones públicas. Ver AGG, A1.2.2, 15748, 2194. Libro de cabildos de Guatemala, año 1821 (28 de septiembre y 9 de octubre). Para críticas

desórdenes y las restricciones a las sesiones públicas, los diputados llegan a un acuerdo sobre la naturaleza de la reforma del Artículo 3, pero eventos fuera de la capital disminuyeron la importancia del debate y finalmente destruyeron la posición de los Cacos.

[3]

Antes de que las autoridades de la Ciudad de Guatemala declararán la independencia, la provincia de Chiapas, siguiendo el paso de la Ciudad Real, se había pronunciado en favor de la alianza con Iturbide y la unión con México, proveyendo el patrón de disensión que redujo a Guatemala a la confusión y el conflicto civil. Cuando la ciudad de León (Nicaragua) se da cuenta del Acta de Independencia, el gobernador Miguel González Saravia, con la ayuda de Joaquín Arechavala, declara la independencia de España y de la capital en favor de la anexión a México. En Comayagua (Honduras), José Tinoco repite la acción de González y en San Salvador, el Gobernador Pedro Barrière aparentemente tenía la misma idea cuando encarcela a Manuel José Arce y otros de los llamados "liberales." Entonces, tres provincias favorecían a Iturbide, San Salvador se inclinaba en esa dirección y Costa Rica se declara independiente pero "neutral".

Estas declaraciones y pronunciamientos en favor de México, ponen de manifiesto la poca envidiable situación del gobierno provisional. Careciendo de autoridad para declararse en favor de la independencia absoluta o de la anexión, tambaleaba ante el peso de tener que llevar a la antigua colonia unida a un congreso. Para hacerle frente a los desórdenes resultantes de los esfuerzos de González y Tinoco para forzar a otros pueblos y ciudades a

---

contra la restricción de las sesiones, ver El Genio de la Libertad, 4 de octubre de 1821. Finalmente, el 14 de noviembre, el gobierno decide que las sesiones serían secretas siempre que el "poder gobernante" fuera ejercido y público durante el ejercicio de la autoridad "legislativa." Valle fue acusado de transmitir la decisión al público. Ver AGG, B1.13, 562, 19.

declararse en favor de México, el gobierno provisional cambia la fecha del congreso al primero de febrero de 1822, enviando representantes especiales a cada una de las áreas conflictivas[230]. Pero los diputados, durante los primeros dos meses, cautelosamente evitaron comprometerse con cualquiera de los cuestiones causantes del desorden. Su loable objetivo requería una política de evasión y retraso, con la esperanza de que se les permitiera retirarse dejando la delicada decisión en manos del congreso. Por ejemplo, cuando el comandante militar de Oaxaca invitó a los diputados a pronunciarse en favor de Iturbide, Valle, aceptando la tarea de evitar una respuesta directa, contesta: "El último 15 de septiembre [1821], 108,589 días después del 2 de junio de 1524, cuando Pedro de Alvarado llegó a Guatemala con 300 Españoles, la feliz independencia de la capital fue proclamada". Después de echarle más flores a la canasta, Valle señala que el congreso determinaría el futuro de Guatemala. Los diputados aprueban.

La negativa se disfrazaba con frases grandilocuentes. Sin embargo, tenían poca aceptación en las provincias, donde la crisis se profundizaba ante la insistencia de González y Tinoco de forzar a otros en su designio. En un gesto fútil, Valle comisionado por el gobierno, redacta un manifiesto publicado bajo la firma de Gaínza en el que se señalan los peligros en que podían enfrentar las provincias[231]. Valle escribe que la "falta de armonía" que siguió a la independencia, era algo menos que una diferencia de opiniones, pero que en las semanas siguientes, las diferencias se convirtieron en temibles rivalidades que, de continuar, seguramente llevarían a la "guerra civil." La unidad del gobierno provisional era fundamental.

---

[230] AGG, B1.13, 562, 19. Junta Consultiva Provisional, 10 de noviembre de 1821. Valle era responsable de informar a los ayuntamientos de los propósitos de los enviados y el gobierno ordena 600 copias del manifiesto.

[231] AGG, B5.4, 01372, 59. José del Valle remite al Jefe Gaínza las contestaciones que deben darse a las autoridades de León y Granada, que no están de acuerdo en la independencia, sin fecha [noviembre de 1821].

El hombre es débil y esa debilidad lo hizo unirse a otros hombres para formar aldeas. Pero esas aldeas no podían permanecer aisladas y se unieron a otras para formar distritos. Pero los distritos eran vulnerables y estaban expuestos al peligro y se unieron para formar provincias, que por las mismas razones se unieron para formar estados. Aquí descansaba la llave que en el siglo dieciocho abriría los axiomas de la sociedad y que eran tan aplicables a la Guatemala del siglo dieciocho como lo habían sido a los momentos más diminutos de la historia. Intentando marcar el paso, Valle presenta una solución que creía podía funcionar. Guatemala tenía tres alternativas: (1) Cada provincia podía convertirse en un estado independiente; (2) todas se podían unir a México; (3) cada cual podía permanecer fiel al gobierno provisional. Sin embargo, los estudiosos del arte de gobernar habían especificado un mínimo de población, ingresos y poder necesarios para que la independencia tuviera éxito. Ninguna de las provincias por sí sola llenaba esos requisitos. Las alternativas se redujeron a dos: México o el gobierno provisional. Para auxiliar en la decisión de ser una provincia del uno o del otro, Valle, en una nota estridente, declara que era necesario "formar un paralelo exacto de las ventajas y desventajas" de cada opción, comparando las distancias de la capital de México y Guatemala, la facilidad o dificultad para transportarse y la representación que las provincias tendrían en el congreso de cada nación. Estas eran las consideraciones prácticas que deberían de guiar a los llamados a tomar esa decisión, la que en última instancia debería provenir de la "voluntad del pueblo." Voluntad que se expresaría en el congreso llamado con ese propósito.

La influencia del manifiesto de Valle, medido contra los eventos en las provincias, era insignificante. Huehuetenango y Quetzaltenango favorecían a México, al igual que Santa Bárbara y Sacatepéquez (a dieciséis kilómetros de la capital). En Sonsonate, un cabo hiere a un miembro del ayuntamiento y en la capital, de acuerdo al alcalde Larrave, pocas personas no portaban un arma. En resumen, Guatemala, desde la Ciudad Real hasta Cartago, rápidamente se dividía en torno a la idea de la independencia absoluta o la unión con México, mientras las luchas esporádicas y las malquerencias aislaban a la capital, un despacho de Iturbide agregaba cargas a los diputados, mismos que sólo aguardaban entregar al congreso.

[4]

El 27 de noviembre de 1821, el mensajero José de Oñate, arriba a Guatemala llevando despachos de Iturbide. Desde que en septiembre de 1821 México había declarado su independencia, el General Iturbide había ganado nuevos títulos: el de Libertador, General de Mar y Aire y Presidente de la Serenísima Regencia. Dirigiéndose a Gaínza, Iturbide revela una amenaza con promesas de poder y prosperidad. Con chanza y ruegos de más espacio, Iturbide contesta con frases de felicitación que señalan que Guatemala esperaba la decisión del "soberano congreso" que debía escoger sobre la base de un diputado por cada 15,000 personas. No es este "el momento para señalar los inconvenientes" de una ley electoral cuya aplicación era difícil aún bajo las mejores condiciones. "Mi objetivo es sólo el de manifestarle que los presentes intereses de Guatemala y México son tan idénticos o indivisibles que no pueden constituirse en naciones separadas o independientes sin riesgo para la seguridad de cada...". Sin embargo, juntos bajo el Plan de Iguala, cada uno estaría seguro en el disfrute de la libertad, libres de toda amenaza interna o externa. Ahora, si los diputados no eran convencidos por su buen juicio, los invitaba a expresar sus puntos de vista, prometiendo no emplear la fuerza aún en interés de su "felicidad y bienestar". Con el objeto de proteger su felicidad y prosperidad una "extensa y bien disciplinada división" había partido para la frontera, marchando bajo la bandera de "Religión, Independencia y Unión... Qué Dios lo proteja por muchos años".

La amenaza no se perdió entre los diputados, que en vez de obligarlos a tomar decisiones para los cuales no estaban autorizados, decidieron hacer lo único que consideraban legal. Después de pasar "casi la mañana entera" (28 de noviembre) discutiendo el despacho, acordaron informar al General de Mar y Aire Iturbide que carecían de las facultades para resolver la cuestión, pero que enviaban copia de la carta a todos los ayuntamientos, pidiéndoles que en un cabildo abierto determinaran la voluntad del pueblo y en el término de un mes informaran al gobierno provisional de los resultados del mismo. Decisión que los diputados se encargarían de transmitir a Iturbide. Valle, quien fue encargado de redactar el manifiesto para los ayuntamientos, se retira de la sesión para iniciar la redacción del mismo. Apresuradamente elabora el mensaje, que a su retorno es leído y su borrador aprobado por los diputados[232], que estaban de acuerdo con la urgencia del momento. Valle enfatiza que la carta acompañante demandaba la atención de asuntos de singular importancia. Mientras el General habla del "placer y felicidad" de una nación independiente cuyo gobierno se anida en su "seno," le enfatiza al gobierno provisional la insuperable superioridad en "población, poder y riqueza" de México y compara estas ventajas con las disensiones de Comayagua, León, Chiapas y Quetzaltenango. Sobre la base de estas expresiones, y la creciente amenaza de una intervención armada, Valle hace énfasis en que la decisión sería tomada por los ayuntamientos.

Dos días después (3 de diciembre), Valle, cambiando el tono de su prosa, explica a Iturbide la posición del gobierno provisional. "La gente del siglo diecinueve no es la que era en el doce"; con los avances de la civilización se han dado cuenta de sus derechos; y el poder de su opinión debe tomarse en cuenta. Temerosos aún ante la

---

[232] AGG, B1.13, 562, 19. Junta Consultiva Provisional, 29 de noviembre de 1821.

El 3 de diciembre Valle presenta el borrador de la respuesta, misma que debería ser enviada al día siguiente. Sin embargo, de acuerdo al Boletín (IV [1939], 372-376) el despacho no fue enviado hasta el 29 de diciembre de 1821.

idea de un acto arbitrario, los diputados evitan pronunciarse en favor de la independencia absoluta, creyendo que el pueblo se volvería en contra de quienes los "habían privado de la unión con un imperio rico y poderoso". Igualmente peligrosa era una declaración en favor de la unión con México, porque esa misma gente, siempre cambiante, posiblemente se alzaría en contra de los que habían atado su futuro al de otro estado sin haber consultado su voluntad. Entre ambos extremos se encontraba "una línea dibujada por la prudencia," misma que el gobierno provisional estaba dispuesta a seguir. Así, aún a las puertas de cumplirse la amenaza de Iturbide, los diputados se adhieren a la única posición que creían podían defender. Sin embargo, la opinión fuera del gobierno se alejaba de la línea de la prudencia en favor de los extremos.

[5]

En contraste con las actitudes correctas del gobierno provisional, el ayuntamiento de la capital favorecía la anexión. El 4 de noviembre de 1821, en respuesta a una invitación del gobernador de Oaxaca para unirse a México, el Alcalde Mariano Larrave asegura que la declaración de independencia de Iturbide había incluido a "Guatemala y todas sus provincias" y continúa diciendo que el ejército real no "vería con indiferencia nuestra separación", en especial por que las principales provincias habían unido sus destinos al Plan de Iguala. Larrave razonaba que Guatemala carecía de las "armas, dinero y disposición militar" necesaria para oponerse a Iturbide; consecuentemente era aconsejable que la antigua colonia se pronunciara voluntariamente en favor de México, alcanzando de esa manera más ventajas. El 23 de noviembre, después de que Larrave había argumentado en contra de la necesidad de llamar al congreso, el concejal Quiñones se queja de que alguien a quitado los retratos de Pedro de Alvarado y Fernando VII y demanda su reintegro. Entonces, el 27 de noviembre José de Oñate, el mensajero de

México, arriba a la capital y después de presentar sus credenciales al gobierno provisional, va al ayuntamiento atrayendo una multitud de curiosos ávidos de noticias. Al entrar al concejo municipal, presenta un paquete que abre el secretario, revelando una carta de Iturbide invitando a Guatemala a "asociarse a sí misma con su gloria." La invitación, una copia del Plan de Iguala y noticias de los escalofriantes eventos mexicanos no podían haber encontrado manos más receptivas.

En el otro extremo, los patriotas Molina, Barrundia, Córdova y sus amigos continuaban tenazmente aferrados al principio de libertad absoluta y por medio de El Genio de la Libertad y de la Sociedad Patriótica, hacían pública su posición opuesta a la del ayuntamiento. En octubre de 1821, cuando las ciudades y pueblos comenzaron a llenar el ambiente con voces de alarma en favor de México, El Genio protestaba: "¿Quién garantiza que el congreso mexicano será convocado?" (Un congreso había sido llamado para formular una constitución). Los monarcas son veleidosos e inclinados al absolutismo, especialmente cuando tienen un ejército igualmente armado de "despotismo". "¿Y quién puede obligar a un monarca, "que tiene una fuerza armada" a cumplir sus promesas?" Mientras este sesudo artículo levantaba las preguntas pertinentes, Córdova, ante la Sociedad Patriótica, se mofaba de los enemigos de la independencia por emplear el Plan de Iguala como pretexto para promover sus propios intereses. El furioso Barrundia, que debió darse cuenta que la causa estaba perdida, grita en su frustración: "Hombres ignorantes, ¿No tienen ojos para ver las ventajas de un país que hasta ahora han sido frustradas por la tiranía? Cobardes, sin el corazón para tener y defender una patria".

Como sugiere Barrundia, los patriotas golpeaban el diente de un temporal, estaban desesperadamente perdidos, completamente confundidos y rodeados por sus enemigos, que debieron haberle escrito a Iturbide, en tono lastimero, con sinceridad y la ingenuidad de la inocencia juvenil en un mundo adulto, pidiendo ayuda contra los que golpeaban los tambores, pues la anexión ilumina sus compromisos solemnes como no lo hace ningún otro acto. Felizmente habían recibido la noticia de la independencia mexicana, pero la noticia del deseo de Iturbide de anexar Guatemala "nos llena de confusión" y consume "nuestras esperanzas" de "ver alguna vez libre a nuestro país." Después, señalando a los que deseaban la unión con México como "prosélitos de un odioso servilismo," el horrible hijastro del "despótico gobierno" de Bustamante, esperaban alejar a Iturbide de aquellos cuyo apoyo buscaba.

El que los patriotas se encontraban en desesperanzadora minoría, se hizo evidente durante los días inmediatamente posteriores al arribo de Oñate. En la noche del 29 de noviembre, una "orquesta bien conocida" lleva serenata a Oñate y "más de tres mil" robustos hijos de la capital se reúnen en sus alojamientos gritando: "¡Viva el Imperio Mexicano!, ¡Viva Guatemala!, ¡Viva el invencible Iturbide!, ¡Viva nuestro Libertador!... ¡Viva el Capitán José Oñate!... No queremos democracia. No queremos una república". De acuerdo a Molina, Barrundia y Córdova, encabezaban el desfile Gaínza, el Arzobispo Casaus "hombre de variable y acomodaticio carácter," José del Valle "cabeza de los serviles" y los dos alcaldes del ayuntamiento, Mariano Larrave y Antonio Robles, "borrachos de profesión". Después de alabar a Iturbide y elogiar a Oñate, la muchedumbre partió a las casas de los patriotas gritando "en su embriaguez" los nombres que encontraban "más ultrajantes", llamándolos "republicanos, serviles, herejes y francmasones." En respuesta, los patriotas se redujeron a rayar los exteriores de algunas viviendas con: "Democracia o sangre. Abajo con Iturbide y que viva la república. Oñate ha venido a Guatemala... a hacernos miserables... Muerte a Oñate y su familia". Estremecido por esos "malditos insultos" y un discutible atentado contra su vida, Oñate se arma y solicita un guardaespaldas.

A la noche siguiente (30 de noviembre), algunos patriotas asisten a una reunión de la Sociedad Patriótica y escuchan una intervención sobre si algún cuerpo gobernante de Guatemala poseía suficiente autoridad para anexar Guatemala a México. La reunión terminó a las 10:00 p.m. y Molina, su cuñado y Mariano Bedoya junto a otros doce, caminaban "disfrutando la luna" y gritando "vivas y halagos por el país, por su libertad y también por el gobierno republicano." Mientras pasaban por la calle donde se ubicaba la cantina Lucrecia, se separaron. Pero, en ese mismo instante, se encontraron con una patrulla que comandaba el Cabo Francisco Isla acompañado de Mariano Larrave, quien, como alcalde había ordenado la patrulla. Isla pregunta a los patriotas el quien vive, y estos responden: "Guatemala libre." Insatisfecho, Isla ordena al comandante de la patrulla patriótica avanzar para ser reconocido. Responden que no eran una patrulla y que no tenían comandante. Después de repetir la orden y recibir la misma respuesta, Isla dispara sobre los patriotas matando a Bedoya y Manuel Meida (o Mayda o Mella). Molina, negándose a custodiar el cadáver de Bedoya, y asegurando que Larrave estaba "ebrio como de costumbre" lo acusa junto a Isla de asesinato.

Larrave, por supuesto, cuenta otra historia. De acuerdo a su versión, los patriotas, después de la reunión de la Sociedad Patriótica, comenzaron a insultar al alcalde y a los miembros del ayuntamiento, además de someter a José Oñate a los "peores insultos." Algún tiempo después de que los patriotas habían ofendido a Oñate, encontraron la patrulla y Larrave los acusa de portar armas. Cuando Isla los recusa, los patriotas responden con tiros de pistola y ante tal provocación, no tuvo más remedio que devolver el fuego y había matado dos hombres. Larrave concluye pidiendo prohibir todas las reuniones nocturnas y especialmente las de la Sociedad Patriótica.

Molina presenta su queja ante el gobierno provisional involucrando a Valle de dos formas. Como miembro del gobierno, Valle debía contribuir a cualquier decisión proveniente de ese cuerpo y actuaría en el juicio como auditor de guerra, en el tribunal de primera instancia, en el caso de que Isla fuera llevado a juicio. Por supuesto que Molina sabía esto y protesta contra la participación de Valle, tanto en calidad de diputado como de juez, basando su protesta en la "declarada enemistad que el Sr. Valle me profesa" y su "cercana amistad con el Dr. Larrave y otras miles de circunstancias que son igualmente conocidas". El gobierno informa a Molina que no tenía la suficiente autoridad para suspender los derechos de cualquiera de los diputados, pero Valle pide permiso para excusarse del conocimiento de cualquier asunto relacionado con el caso. Y sobre el voto unánime de los diputados, persiste en su decisión. En un movimiento, sin duda, calculado para hacer que Valle se retirara del conocimiento del caso (si es que se presentaba), Eusebio Castillo, el abogado asistente del auditor de guerra, también pide ser excusado porque Molina es el padrino de uno de sus hijos.

Dos días después de que Bedoya y Meida mueren asesinados, Gaínza, con la venia del gobierno, emite un decreto para restaurar el orden a la capital. De aquí en adelante toda música callejera sin licencia quedaba prohibida. Todas las personas atrapadas formando grupos o bandas para aclamar cualquier "sistema de gobierno, autoridad, funcionario o ciudadano privado," o por gritar "mueras a cualquier clase o persona de opinión contraria" sería procesada. Después de las 8:00 p.m., no más de tres hombres podían andar juntos en la calle, a menos que estuvieran acompañados de alguna "dama decente o damas de sus familias." El portar armas estaba prohibido (como siempre lo había sido) y la Sociedad Patriótica quedaba suspendida.

Iturbide, observando el caos y la violencia alimentadas por la encarnizada lucha, frota sus manos de satisfacción ante los "agradables progresos de la independencia en el Reyno de Guatemala." Y como los frutos de sus esfuerzos se sacudían, a punto de caer, le ordena al Coronel Antonio Flon, ir a Ciudad Real, atrapar al Conde de la Cadena y llevarlo de regreso sin ninguna herida. La noticia de las ordenes de Iturbide, unida a la referencia anterior de las "bien disciplinadas" tropas, fue suficiente para perpetuar en Guatemala el gangrenoso rumor de que cinco mil soldados estaban en camino.

[6]

Las amenazas de Iturbide, las muertes del 30 de noviembre y las abrasivas contiendas en las provincias comenzaron a cansar a los diputados, quienes esperaban las respuestas de los ayuntamientos. El 10 de diciembre, Gaínza, quien anteriormente había denigrado a Iturbide, pone de manifiesto fisuras en el frente de objetividad que el gobierno había mostrado a lo largo de octubre y noviembre. Creyendo que cinco mil soldados estaban en camino, o temeroso de que no, le da crédito a los rumores, informando que la autoridad de la opinión general en la capital es que ya habían entrado al "territorio de Guatemala". Para evitar las "dañosas consecuencias" prometidas por la intervención armada, propone que el gobierno envíe dos diputados al congreso mexicano, enfatizando que sería más barato pagar sus salarios que soportar los sacrificios que la "venida de las tropas" demandaría. Más que dinero estaba envuelto en la sugerencia de Gaínza, que era equivalente a conceder la anexión. Por el momento los diputados esperarían noticias de los ayuntamientos.

A lo largo de los restantes días de 1821, la rivalidad que alcanzó su punto más alto el 30 de noviembre, lentamente da paso a la impaciencia de lo inevitable. Molina, amargado y desconsolado, señala el fin de la oposición de los patriotas cuando pide permiso para salir de la capital. Y para el 18 de diciembre el Marqués de Aycinena pudo informar a un amigo que el gobierno provisional había recibido instrucciones para elegir diputados al congreso mexicano, a pesar de que éstas no habían circulado. Pero a causa de la efectividad del despacho de Iturbide, "todas las provincias" estaban "declarando por la unión con el imperio y antes del fin de mes, ésta capital también se unirá". Una semana después, el pariente Mariano Aycinena, dirigiéndose al ayuntamiento, alaba la independencia de España (posesión dulce) pero lamenta el completo estado de anarquía en que la nación se ha sumido. Sin embargo, el remedio estaba a la mano en la persona de Iturbide, quien rápidamente se convierte en la panacea a todos los males de la nación. Con el "más profundo conocimiento de la política" y con "habilidad y comprensión rara vez concedida a un mortal," había mostrado claramente porqué Guatemala no podía existir como un estado aparte. "La altura de mi deseo," confiesa Aycinena, "es la unión y conformidad con nuestros hermanos de México". El 29 de diciembre, el ayuntamiento de la capital vota a favor de esos "deseos", cumpliéndose la profecía del Marqués de Aycinena.

El gobierno provisional, firme en su posición hasta el fin, se reúne el 2 de enero de 1822, sabiendo que había prometido a Iturbide que saldría una respuesta de Guatemala al día siguiente. Sin embargo, tomar la decisión final no fue tan simple como los diputados esperaban. En vez de contar los votos, determinar una mayoría y trasmitir los resultados a Iturbide, tuvieron que tomar en cuenta que algunos ayuntamientos aún no habían respondido. Valle, el alma de la objetividad en ese gobierno, quería ver cuantas respuestas fueran posible antes de emitir su voto. Informó a sus colegas que acaba de recibir noticias que el voto de Tegucigalpa estaba en camino y les ruega retrasar la decisión, ofreciéndose para informar a Iturbide de las circunstancias por el correo del día. Larreinaga, que quería resolver el asunto cuanto antes, argumenta que la voluntad del pueblo es bien conocida. Sólo "muy pocos ayuntamientos" han dejado de responder y su tardanza, dice con irritación, no debe permitirse perjudique los intereses de Guatemala en el congreso mexicano, convocado para febrero de 1822. Además, el gobierno provisional había dado su palabra -el honor obliga- de trasmitir la decisión al día siguiente. Después de mucha agonía y con el apoyo de Gaínza, los diputados acordaron ocuparse de la cuestión después de almuerzo.

Esa tarde, durante la segunda reunión del 2 de enero, Valle hace ver otro problema. De su análisis de la votación, descubre que los ayuntamientos, en vez de votar a favor o en contra, expresaron cuatro puntos de vista diferentes: (1) sólo un congreso constituyente podía decidir sobre la anexión; (2) anexión incondicional; (3) que el gobierno provisional decida; (4) anexión bajo condiciones específicas. La primera había sido la posición del gobierno provisional hasta la llegada del despacho de Iturbide. La tercera había sido descartada, pero la segunda y la cuarta eran objeto de infructuosas discusiones. El Marqués de Aycinena, melancólicamente pensaba que el nombre "Guatemala" debería aparecer en el del Imperio. Valle, pensando en las elecciones para el congreso mexicano, quería puntualizar el procedimiento electoral. Pero Larreinaga se negaba a poner condiciones a Iturbide y, al no poder ponerse de acuerdo sobre la cuestión de si era o no conveniente poner condiciones, deciden informarle a Iturbide que una mayoría de ayuntamientos habían votado por la unión, quedando de enviar el informe sobre la decisión relativa a las condiciones tan pronto como la hubiesen tomado. El despacho fue enviado al día siguiente y la anexión fue hecha pública el 5 de enero de 1822. Nada quedaba para el gobierno provisional con excepción de algunos cabos sueltos.

Pero Valle creía que esos cabos sueltos eran importantes y razona sobre las condiciones que deseaba imponer. Sugiere que la elección de diputados al congreso mexicano, debería hacerse de acuerdo con el procedimiento de la Constitución Española de 1812, pero de acuerdo con el cociente diputado-población mexicano. Larreinaga responde que creía que la propuesta de Valle buscaba proteger los más altos intereses de Guatemala, pero explica que la elección tenía que ser conforme al procedimiento prescrito en México. Insatisfecho con las regulaciones mexicanas, que le daban a los ayuntamientos la autoridad para elegir diputados, Valle tercamente persiste, declarando que "el derecho del pueblo es muy sagrado" y que México "pisoteaba" ese derecho con una "ley injusta". Así, cuando la asunto fue sometido a votación, ruega para que conste su oposición verbal por escrito "para que la posteridad le haga justicia."

Gaínza, quien aparentemente no tenía más interés que el poner fin a tan agotador asunto, el 5 de enero propone declarar al gobierno en sesión permanente hasta que los diputados tomaran una decisión. Los diputados estuvieron de acuerdo, y Valle agrega que deberían tener el privilegio de emitir por escrito todas los razonamientos del voto que estaban por emitir. Pasados los preparativos, se concentran en la moción: ¿Tenía el gobierno provisional la autoridad para condicionar la anexión de Guatemala a México, en vista de que la mayoría de los ayuntamientos habían votado sin reservas por la unión? Inmediatamente, Valle dice que para resolver la cuestión era necesario revisar primero los votos de cada ayuntamiento. Pero sobre las protestas de Valle, los diputados acordaron que estaban bien informados de la votación, que de acuerdo a Gaínza reflejaba: 104 votos incondicionales por la anexión; 11 por la unión condicionada; 32 dejaban la decisión en manos del gobierno provisional; 21 querían que el congreso decidiera y 2 estaban opuestos a la anexión. El resto no había respondido[233]. La oposición de Valle indujo a los diputados a aceptar que el gobierno provisional podía incluir sólo las condiciones expresadas y que sólo debían aplicarse a los ayuntamientos que las habían especificado. Tenazmente, Valle se aferra a su posición aún después de que la

---

[233] AGG, 5 de enero de 1822. Algunos días después, Valle le pide al secretario Mariano Gálvez las respuestas de los ayuntamientos y a su recibo comienza "un prolongado estudio de los mismos (hasta las 12:30 p.m.), en presencia del gobierno." Al siguiente día (8 de enero de 1822) informa a los diputados que el "resto" de los ayuntamientos que no habían respondido sumaban "setenta y uno." Este número, más tangible que "el resto," hace que Larreinaga se apresure a declarar que Valle había contado algunos ayuntamientos "que no estaban en Guatemala o que por lo menos no se sabía que estuvieran." AGG, B1.13, 562, 19. Junta Consultiva Provisional, 7 y 8 de enero de 1822.

moción había sido tomada en cuenta, diciendo que la autoridad de un congreso guatemalteco era necesaria para imponer las condiciones, pero que, como era el caso, el congreso no sería convocado, esa autoridad recaía en el gobierno provisional. "Algún poder soberano debe existir para poder decidir". Pacientemente Gaínza le dice a Valle que debió haber presentado ese punto antes que la cuestión fuera resuelta. Valle, que en tenacidad igualaba en paciencia a Gaínza, contesta que se le había ocurrido después de la votación, pero que expresaría el punto por escrito.

El 7 de enero, cinco días después de tomar la decisión de anexar Guatemala y dos días después de votar sobre las condiciones de la anexión, Valle con la mirada puesta en su futuro y en la posteridad, presenta su opinión escrita. Sin embargo, para ese entonces había ampliado su idea por coincidencia o cálculo, de manera que se pudieran deducir sus puntos de vista sobre la anexión, al igual que la facultad del gobierno para imponer condiciones. Escribe que la "nación guatemalteca" tenía tres derechos: El pueblo podía unirse o escoger representantes para unirse, con el propósito de tratar los asuntos concernientes al poder legislativo; podían discutir sobre estos asuntos; y podían tomar decisiones sobre los mismos. Bajo ninguna circunstancia podía el pueblo renunciar a estos derechos, pues hacerlo sería renunciar a su existencia. Tampoco podían los ayuntamientos ejercer estos derechos. La autoridad soberana era necesaria para los lazos que sostendrían la unión, y el hecho de que una mayoría de los ayuntamientos votaran por la anexión incondicional, era irrelevante; pues no eran el poder soberano. El congreso que debía reunirse encarnaría la soberanía y como las circunstancias impedían la reunión del congreso, la autoridad soberana correspondía al gobierno provisional. Pero los otros diputados habían desestimado su parecer, que ahora proponía.

El gobierno provisional continúo hasta febrero de 1822, pero las crisis había ido y venido. Una abrumadora mayoría de los ayuntamientos había votado para anexar Guatemala a México, menos de cuatro meses después El Genio de la Libertad, en exhuberante y jactancioso humor, gritaba: "Viva el soberano pueblo de Guatemala. Viva su libertad e independencia. Viva...."

[7]

Si estos cuatro meses no habían enseñado nada, enseñaron con hechos que la jerarquía de la autoridad colonial, tan cuidadosamente ordenada de manera que las riendas del poder estuvieran en manos del rey, se convierte en anatema cuando, en esa colonia, el gobierno de la capital deja de representar a la persona del rey. Los Gobernadores Barrière y Tinoco, tras la remoción de la capa púrpura, gozaban de tanta autoridad como Gaínza y el gobierno provisional. Y los gobernadores no eran menos acertados en la imposición de su voluntad a los ayuntamientos que, más por tradición que por respeto, se adherían más a la autoridad de la capital que a Gaínza y al gobierno, en comandar la lealtad de los que la habían rechazado alejándose de la autoridad de la capital. Esta desafortunada distribución del poder, unida al resentimiento que las provincias guardaban por la capital, daban como resultado una serie de eventos que bien pudieron predecirse. Y culpar al asunto de la unión con México de las luchas y el caos, es ignorar lo que pasó entre 1826 y 1829. Dionisio de Herrera, inteligente, moderado en sus opiniones e íntimamente ligado a Tegucigalpa, donde se opusieron al gobernador González, manifiesta las razones que hicieron a muchos provincianos, incluido Valle, rechinar sus dientes:

...mi carácter, mis principios y mi conciencia se oponen al sistema de Guatemala. No puedo comprometerme convirtiéndome en instrumento de la mentira para los hijos de la capital. Ellos rodean, informan y dirigen el gobierno -como tú [Valle] bien lo sabes, ellos lo hacen todo. Esta es la causa de los incidentes en San Salvador y de la discordia en Chiapas, Comayagua, León,

Tegucigalpa, etc, etc. Apostaría diez contra uno que si el gobierno se mueve a cualquier otro lugar todo volvería a la calma[234].

Mientras la confusión señalada por Herrera envolvía Guatemala, acabando con el comercio y las comunicaciones y, en términos generales, volviendo imposible el desarrollo de una vida normal, muchos de los que habían sido indiferentes u opuestos a la anexión con México, comenzaron a verla en la misma forma que Justo de Herrera, hermano de Dionisio, lo hacía cuando escribió:

Lo que me confunde es que siendo independientes, hay Europeos [Españoles] que controlan el gobierno, el ejército y los puertos de nuestro país.... Pero que a pesar de que no es el gobierno más servicial, servirá como medio para restablecer la tranquilidad doméstica y para protegernos de la amenaza extranjera, que demanda toda la atención de América[235].

Un gran número estaba de acuerdo con el amigo del hermano de Próspero de Herrera quien, eufórico de entusiasmo, habla de los "héroes" del siglo: "Iturbide, Bolívar y San Martín". Estas opiniones, combinadas con las de quienes miraban a Guatemala como parte de México aún antes de la independencia, aunados a la amenaza abierta de Iturbide, proveyeron los elementos esenciales para la anexión.

---

[234] Para Valle, Tegucigalpa, 9 de agosto de 1822, Documentos de Valle. Herrera explicaba por qué habían rechazado, por segunda vez, la autoridad ejecutiva de su provincia.

[235] Para Próspero de Herrera, Choluteca, 22 de julio de 1822, Documentos de Valle.

Para Valle, los meses que siguieron a la independencia estuvieron entre los más provechosos de su carrera. Durante todas las sesiones del gobierno provisional, provee las habilidades administrativas claves, organizando comités, custodiando los fondos públicos y redactando despachos en la prosa demandada por las circunstancias. Y su presencia actuó como freno sobre los diputados más impacientes cuando tuvieron que enfrentarse con el asunto de la unión con México. Valle, más que cualquier otro miembro del gobierno, comprendía la precariedad del asunto para cada uno de los que participaban en la toma de decisiones. En el despacho a Iturbide, Valle reconoce los peligros cuando escribe que el gobierno estaba siguiendo "una línea dibujada por la prudencia entre los extremos". Sabía y astutamente declara que habría consecuencias, independientemente de la decisión. El que un hombre, un diputado como él, podía arruinar su carrera por oponerse o apoyar la anexión, era una cuestión de elemental de política para Valle. Por eso es que desde los primeros momentos en que el gobierno tuvo que hacer frente al asunto hasta su resolución, el Diputado Valle escrupulosamente, sufriendo intensamente, sigue la línea de la prudencia. Con enorme cuidado, como si fuere el custodio de los derechos humanos imaginados en el siglo dieciocho, defiende los del pueblo de Guatemala. Era tan celoso en su favor, que altera su opinión concerniente al derecho del gobierno provisional para ejercer la autoridad soberana. El poder soberano tenía que estar en alguna parte. Paciente y meticulosamente ordena y cuenta las respuestas de los ayuntamientos, ruega por que se esperen las respuestas retrasadas, y trata infructuosamente agregar condiciones relativas al procedimiento electoral. Y nunca mencionó el asunto en su periódico. De sus actos en las sesiones y de lo que escribió en El Amigo, emerge el retrato de un hombre completamente dedicado al principio de la objetividad, tan en contraste con el Marqués de

Aycinena, cuyas simpatías ya conocemos, Valle parece preferir la independencia absoluta. También es posible deducir sus opiniones en relación con la autoridad del gobierno sobre cuestiones específicas, de manera que sea visto como un defensor de la independencia. Pero ésta y otras opiniones escritas para que la "posteridad" le hiciera "justicia," fueron elaboradas y presentadas a consideración después de que todas las decisiones importantes habían sido tomadas. Pero su figura en el gobierno era tan convincente que los ciudadanos de San Salvador, que se oponían a la anexión por la vía armada, invitan a Valle a asumir la autoridad ejecutiva de su provincia.

Sin embargo, hay razones para creer que Valle personalmente prefería la unión con México y que era de esa opinión desde la primavera de 1821, tras el arribo de las noticias del Plan de Iguala. Es igualmente probable que también estuviera pensando en términos de un Imperio Mexicano cuando leyó y corrigió el acta de independencia. En una declaración jurada, José Velasco, Director General del Monopolio de Tabaco y Pólvora, declara que había conocido y trabajado con Valle, tratando familiar y frecuentemente con él. En la asamblea general convocada para decidir sobre la independencia, "Lo escuché votar a su favor, hablar en favor de la anexión al Gran Imperio, aún antes de decidir conocer la voluntad del pueblo." Al mismo tiempo, Valle se asegura que "si los asuntos llegan al punto de destruir el orden, pondría a su familia en camino a la capital de Guatemala." En una segunda declaración, Nicolás Cobo, contador en jefe del monopolio del tabaco, quien vivía a la par de Valle, certificaba que conoce a Valle desde hace muchos años y que como vecino lo visitaba y con conversaban con regularidad. En una ocasión, en mayo de 1821, Cobo y Valle conversaban y entre otras cosas hablaron del Plan de Iguala, mismo que acababa de llegar a Guatemala. "Hablamos despacio sobre el mismo, estando siempre de acuerdo en que era el más útil y sabio plan que podía haberse redactado." Cobo recuerda a Valle diciendo, que si se ponía en práctica el plan, con el tiempo México se convertiría en la "más feliz, rica y poderosa nación del Globo." Cobo se sintió obligado a declarar que Valle hizo esa declaración cuando "era un crimen grave hablar del Plan." Después, pero "aún antes de la unión de estas provincias con el Imperio, me dijo que su idea era liquidar todos sus intereses y llevarse a su familia a México." En una tercera declaración, otro contador juró que Valle había dicho que el gobierno mexicano era el "más apropiado para sus ideas"[236].

Cada uno de estos amigos hizo su declaración en diciembre de 1822 bajo circunstancias extraordinarias. Valle estaba preso en México como resultado de una conspiración en la que se había visto involucrado. Habiendo entonces razón para sospechar de la confiabilidad de estos testimonios. Pero circunstancias extraordinarias que rodean su encarcelamiento (que serán tratadas más adelante), indican que en ese momento lo que Valle más necesitaba de sus amigos era la verdad sin barnices. Pocos errores y exageraciones se pueden encontrar en las declaraciones sobre eventos presentados como hechos. Cada uno elogiaba y ensalzaba a Valle, pero elogiaban y ensalzaban las mismas cualidades que los Capitanes Generales González y Bustamante y el Oidor Polo habían celebrado. Pero ninguno de los testigos habla del entusiasmo que movía a González y Bustamante cuando se dirigían a Valle. Más aún, las declaraciones de los amigos de Valle calzan perfectamente en la transición que tuvo que realizar. Muy comprensiblemente le era más fácil pasar de una corona española a una corona americana, que de la autoridad real a un gobierno republicano en el que personas de escasos o ningunos antecedentes y educación, podían participar. En estos términos, la anexión era para Valle el fruto de

---

[236] José María Santa Cruz, 18 de diciembre de 1822, Documentos de Valle. En una cuarta declaración jurada (17 de diciembre de 1822, Documentos de Valle), José Vicente del Águila, Tesorero General del monopolio del tabaco, cuenta esencialmente la misma historia, pero su relato deja en claro que no conocía a Valle tan bien como los otros.

los compromisos del 15 de septiembre. Ese era el único camino que él y la enorme mayoría de hombres con intereses económicos, antecedentes familiares y educación formal similares a la suya podían tomar para asegurarse estabilidad, seguridad y la continuidad de su condición. Si bien es cierto que el educado aristócrata Simeón Cañas, el miembro de la diputación más contrario a Bustamante, se oponía a la unión con México, y favorecía una monarquía en Guatemala. La experiencia les había probado a estos aristócratas que un rey podía mantener el orden y de ser necesario, oprimir; y además, conocían lo que era un gobierno republicano y sabían de su desconocimiento por la enorme mayoría de los guatemaltecos.

El que Valle estuviera de acuerdo con miembros de la familia sobre el asunto de la anexión no lo comprometía ni tampoco le ponía fin a la rivalidad. La enemistad entre él y la familia no se alimentaba de crecientes diferencias en torno a puntos de vista sobre las formas de gobierno, sino que en la competencia por dominar cualquier gobierno que se instalara en Guatemala. La derrota del Artículo 3 del Acta de Independencia demuestra que la rivalidad por el control del poder continuaba y que Valle había perdido la mayoría que originalmente puso la declaración en el Acta. Después de que la cuestión de la anexión destruyera la alianza de la familia con los patriotas logrando acaparar toda la atención, quedaban pocas cosas por las que Valle y la familia podían estar en desacuerdo. Todos favorecían la unión con México, y todos los miembros de la familia que pertenecían al gobierno provisional parecían encantados, por apatía o por incapacidad, de que Valle se hiciese cargo de las labores administrativas. Antonio Batres Jáuregui captura, con las interioridades que vuelven indispensable su labor, el punto más alto del acuerdo entre éstos al escribir que Larreinaga, Valle, dos Aycinenas, los Beltranenas y otros conservadores trabajaron con muchos liberales, "todos de buena fe," para hacer realidad la anexión.

Además de las razones que motivaron a otros miembros de la

aristocracia a trabajar en favor de la unión a México, Valle tenía motivos personales por los cuales hacerlo. Una de las impresiones inocultables que emergen del estudio de su vida, antes y después de 1821, era que sentía que Guatemala era demasiado pueblerina y, por lo tanto, despreciativa de su talento, lo que disminuía su fama o por lo menos reconocimiento, por razón de la geografía. Así sugiere esta vez, como lo hace muchas veces antes en sus intentos de viajar a España, que su parecer es sincero y es la misma opinión concordante la que hace declarar al Oidor González que Valle valdría "cien por ciento más" en España. La misma actitud frente a la idea de vivir en un remoto lugar, cuando no inferior, de la tierra, se expresa en repetidas oportunidades antes de 1820 en declaraciones, que no pueden ser mal interpretadas, sobre el pueblo y la colonia. Después de 1820 la misma actitud corre a lo largo de sus ensayos sobre Guatemala que aparecen en El Amigo. Por escrito, prodiga repugnantes elogios, a manera de introducción, de lo que necesitaba hacerse en Guatemala para alcanzar lo que él creía habían alcanzado las naciones de Europa Occidental -las niñas de sus ojos. Sus críticas continuaron, pero se convirtieron en frases sabrosas. Sin embargo, sus quejas sobre el clima de Madrid, donde era más caliente en verano y más frío en invierno que en Guatemala, recuerdan una fábula. Finalmente, su admiración e identificación con los sabios del Viejo Mundo se expresa en El Amigo y en su correspondencia no solicitada con los grandes y casi grandes, sugiere los mismos sentimientos de contar con un inapropiado auditorio local y de sus anhelos de medir su talento en las que consideraba sociedades más sofisticadas. En esto Valle se parece mucho al Dr. José Felipe Flores de la Universidad de San Carlos, cuya visión, a juzgar por sus comentarios, era compartida por otros compañeros de claustro. Valle, a la manera de Flores, pensaba que una vida en España le proporcionaría un apropiado ambiente intelectual, idea que al desaparecer la posibilidad de realizarse, es substituida por la de viajar a México. De esta forma, su inocultable intención de trasladarse a México y su simpatía por la anexión, encajaban en forma armoniosa con sus planes anteriores.

Las ventajas que Valle podía obtener al mantener públicamente su objetividad (mientras en privado alimentaba las esperanzas de una unión), tenían que ver con el hecho de que, independientemente del resultado favorable o adverso de una unión con México, su carrera no se alteraría. En tanto se desarrollaban los acontecimientos, vio primero como sacar provecho de sus preferencias por México, para después -en el futuro- con su calculada objetividad, sacarle un provecho igualmente grande a los documentos que había escrito para la posteridad. El que Molina lo haya denunciado como Servil, por haberlo visto desfilar el 29 de noviembre no comprometía en nada sus ventajas, por el contrario, la carta de Molina a ojos de Iturbide servía como recomendación. Cuando Guatemala se separa de México, el tiempo, los eventos mexicanos y una nueva crisis se habían encargado de borrar los recuerdos del pasado. Además Molina, de acuerdo con las cuentas de Oñate, había visto otras 2,999 personas en la celebración de la invitación de Iturbide. Los actos de Valle inmediatamente después de la independencia, lo revelan como un político sumamente hábil, dueño de un talento que usaría demasiado bien en México y nuevamente en Guatemala a su regreso.

CAPÍTULO NUEVE:
A LA CAPITAL DE ANAHUÁC

[1]

Después de los oscuros e inciertos días que siguieron a la independencia, un jubiloso Valle anticipaba con placer la prosperidad y seguridad prometidas por el gran imperio. Las revoluciones de las colonias inglesas, de Francia, de España y de la América española habían ocurrido para bien; y a pesar de las descorazonadoras frustraciones y dudas con que convivió los últimos días de la colonia, en ese momento vivía en uno de los mejores sitios del planeta. Guatemala era parte de México; México sería gobernado por un monarca constitucional, y Valle podía proclamarse ciudadano de una nación que iba desde San Francisco rumbo al sur hasta Panamá. Después del largo y pobremente iluminado corredor del período colonial, el amplio y bien iluminado corredor que llevaba al futuro le parecía un sueño. "Vivimos en el siglo diecinueve," se pellizca a sí mismo en un editorial, "y el siglo diecinueve es un siglo liberal... amigo del hombre"[237]. Sin embargo, pensamientos más sobrios le dicen que mucho necesitaba hacerse antes de que Guatemala o México pudieran competir con los países europeos, mismos que nunca deja de admirar. Pero estaba firmemente comprometido con América, y como siempre demandaba nada menos que los primeros lugares para sus esfuerzos, se sentía autorizado para demandar lo mismo para América. Trabajando juntos para llegar a la cumbre, cada uno podía contribuir a la grandeza del otro, para que finalmente él y América estuvieran al mismo nivel de Europa. Sobre estas base, Valle creyó haber hecho un negocio ventajoso con América.

Relajado y seguro en la certeza de que Guatemala había tomado

---

[237] El Amigo de la Patria, 29 de marzo de 1822.

el camino correcto, Valle meditaba sobre los términos de tan ventajoso negocio. Los términos de América estaban claramente definidos. Extendiéndose de zonas templadas a tórridas a templadas, sus lujuriantes trópicos, sus potentes ríos y sus encumbradas montañas, que hablaban a través del seductor susurro de la brisa selvática, en la insolente voz del Amazonas crecido y en el estridente tono de una ventisca Andina, relatando acerca de un hogar y de una riqueza inimaginable para generaciones que estaban por nacer. Todo estaba ahí para lograrlo. Estos eran los términos de América. ¿Pero qué podía aportar a esa sociedad? Sólo en la quietud de su estudio, rodeado de libros, cómodo en una silla hecha para trabajar, lápiz en mano y papel en el pequeño escritorio, dejaba que sus pensamientos se derramaran libre y suavemente, construyendo firme y sonoramente, en majestuoso castellano, el torrente que se convirtió en su canto a América -su compromiso y sus términos.

Tus derechos son los míos, los de mis amigos y mis paisanos. Yo juro sostenerlos mientras viva... Recibe, Patria amada, este juramento... La América será desde hoy mi ocupación exclusiva. América de día cuando escriba: América de noche cuando piense. El estudio más digno de un americano es la América[238].

Habiendo comprometido su vida, delinea un programa que llevaría a América a las cumbres a las que estaba destinada. Valle llama a un congreso de americanos, desde México hasta Chile, para que se reunieran en la provincia de Costa Rica o León. Cada país debía enviar diputados con un resumen de sus fortalezas políticas, económicas y militares, para totalizar la suma del vigor de América. El objetivo más importante del congreso debería ser, el formar una federación americana en la que cada estado se comprometiera en un "pacto solemne," a garantizar apoyo a cada uno contra la invasión

---

[238] Ibid. 1 de marzo de 1822.

extranjera y la contienda doméstica. Cada estado debería especificar el número de tropas y el monto de dinero con el que podría contribuir en caso de que una nación hermana fuera amenazada. Previendo que podían ser acusados de opresores, las tropas enviadas al estado americano desgarrado por la lucha interna se limitarían a permitir a la legislatura del país arreglar pacíficamente sus problemas y asegurar su continuidad una vez que se hubiera alcanzado. Igualmente importante era el hecho de que los diputados americanos concluyeran tratados de comercio recíproco y esbozaran un plan que permitiera a cada estado alcanzar la riqueza prometida por los recursos de América.

Movido su enorme diseño para una federación americana, Valle proclama que su congreso ofrecería una "espectáculo" nunca jamás visto en el "antiguo mundo" ni "soñado antes en el Nuevo". Todos los beneficios que derivarían de la federación trascendían los poderes de su imaginación, pero sabía que tal acuerdo, apoyado por "14 ó 15 millones de individuos," sería superior a cualquier agresor que "daría a los Estados débiles la potencia de los fuertes". Entonces América, unida por el "lazo grande de un Congreso común", formaría "a la letra una sola y grande familia" y el congreso sería entonces el paso inicial en la creación de un "sistema americano" o los principios que deberían guiar la "conducta política" que algún día pondría a América a la par de Europa, cuyo "sistema había sabido elevarse sobre todas las partes del Globo".

Valle publica su plan el primero de marzo de 1822, colocándose como uno de los precursores de la unidad de las colonias españolas en América. A lo largo de lo que restaba del siglo diecinueve y adentrado el veinte, la idea de unir a América Latina ha continuado viva en la mente fantasiosa de algunos pocos hombres. Mientras el tiempo se ha encargado de destruir su aplicabilidad práctica, la gente se ha encargado de imbuirla con el aura de un ideal, y han buscado y alabado a los visionarios hombres que hablaron primero sobre la oportunidad que se perdió. Generalmente, se le acredita el primer llamado a Francisco de Miranda, el precursor de la independencia americana. Simón Bolívar lo menciona en su famosa carta jamaiqueña y debido al hecho de que convocó al primer congreso americano, en 1826, ha recibido los aplausos por habérsele adelantado a los demás. Sin embargo, una declaración de Bernardo Monteagudo, enviado plenipotenciario de Bolívar a Guatemala y México, sugiere que Bolívar tal vez esté en deuda con Valle. Monteagudo arriba a Guatemala a finales de 1823, lee los documentos de Valle y poco tiempo después escribe: "Tengo gran interés en reimprimir en la [ciudad ilegible] su documento concerniente a la gran federación americana y el Libertador [Bolívar] está de acuerdo. Con razón, cree que Usted es uno de los más fuertes defensores de la libertad que el Nuevo Mundo tiene en el sur"[239].

Además de Miranda, Bolívar y Valle, otros hombres también hablaron de las mismas ideas, tal como lo hicieron los miembros de los ayuntamientos de Caracas y Buenos Aires. Pero la posteridad le ha atribuido más a la sabiduría de unos pocos hombres, que a lo que las décadas de los diez y los veinte del siglo diecinueve están dispuestas a admitir. Como España había mantenido a sus colonias

---

[239] De Monteagudo para Valle (el día y la fecha fueron arrancados), Documentos de Valle. La carta debió haber sido escrita algún tiempo antes de los primeros días de febrero de 1825, cuando Monteagudo es asesinado. Ver de Bolívar a Francisco de Paula Santander, Lima, 9 de febrero de 1825, Selected Writings of Bolívar, compilado por Vicente Lecuna, editado por Harold A. Bierck, Jr., y traducido por Lewis Bertrand (2 vols: Nueva York, 1951), I, 467. (En adelante referido como Bierck, ed., Selected Writings of Bolívar.) Para mayor información concerniente a la visita de Monteagudo a Guatemala, Ver AGG, B10.2-1, 3272, 157.
Correspondencia de Ministro de Relaciones (21 de enero de 1824); Andrés Townsend Ezcurra, "Monteagudo en Guatemala," Ateneo, I, no. 1 (sept. 1953); M. Soto Hall, "Dos grandes apóstoles del panamericanismo: Bernardo Monteagudo y José Cecilio del Valle," Anales, III (1926-1927), 15-25; Bierck, ed., Selected Writings of Bolívar, II, 383-384; Vicente Lecuna, Crónica razonada de las guerras de Bolívar (3 vols.; Nueva York, 1959), III, 302, 394; De Juan de Dios Mayorga para Valle, Ciudad de México, 27 de marzo de 1824, Documentos de Valle. Dios Mayorga escribió: "De acuerdo a lo que escucho de sus compatriotas, pienso que es una buena cosa la salida de Monteagudo de Guatemala."

americanas juntas por tres siglos bajo una sola autoridad, era innecesario un penetrante destello de genialidad para imaginar una federación americana. Seguramente, si dos ayuntamientos de dos pequeños pueblos centroamericanos podían concebir que su futuro estaría más seguro en manos de Colombia o México, el siguiente paso no era difícil de tomar. La Gran Colombia de Bolívar era un paso en esa dirección, como también lo era la silenciosa preferencia de Valle por una unión de Guatemala con México. Sin embargo, Valle nunca hace grandes reclamaciones por su documento, a pesar de la ausencia anterior de un plan más elaborado. Pero Valle sería el último en rechazar el título de "Apóstol de América," en caso de partes interesadas lo reclamaran. Sin embargo, nadie pone en duda el hecho de que un hombre de la estatura de Bolívar, era necesario para que el congreso se convirtiera en realidad.

[2]

Menos de una semana después de haber publicado su súplica por una federación americana, la provincia de Tegucigalpa lo elige al Congreso Mexicano[240]. Con el mismo contagioso optimismo expresado en su Canto a América, inicia los preparativos para el que sería su único viaje fuera de las fronteras de Guatemala. Sin embargo, un acto ilustra mejor que cualquier otro el cambio de mentalidad que la anexión le había provocado. En vez de liquidar

---

[240] De Valle para Gaínza, 20 de abril de 1822. AGG, B5.8, 1894, 69. Valle también fue electo por el ayuntamiento de Chiquimula. Ver AGG, B5.8, 1874, 69. Juró lealtad al Imperio el 11 de marzo (AGG, B5.10, 2208, 74). Después Valle escribe que Tegucigalpa lo había electo el 10 de marzo, en lugar del 7 de marzo, como lo muestran los archivos (Valle y Valle Matheu, eds., Obras, I, 67). Valle, que renunció del gobierno provisional el 16 de febrero de 1822, finalmente tiene éxito en alterar el procedimiento para elegir los diputados al Congreso Mexicano. El gobierno provisional decide usar las previsiones de la Constitución de 1812, con excepción de que elegirían diputados sobre la base de uno por cada 27,000 habitantes. Con una población calculada por Humbolt en un millón y medio planeaban enviar cuarenta diputados a México. Ver AGG, B1,13, 562, 19. Junta Consultiva Provisional, 14 de enero de 1822.

sus intereses y mudarse a México, compra la hacienda "La Concepción," tal vez como forma de probar su confianza en la seguridad y estabilidad del Imperio.

Mientras negociaba la compra, también se ocupaba de otros asuntos importantes. Su primo Dionisio promete ocuparse de parte de los intereses financieros de Valle[241], y su primo Justo, tal como lo había hecho en el pasado[242], supervisaba sus haciendas cercanas a Choluteca. Su amigo el Arzobispo Casaus redactó cartas de presentación a influyentes mexicanos[243].

También para Casaus, todo había salido para bien. Acepta la independencia con las mismas reservas de la aristocracia, sabiendo que Guatemala no podía continuar siendo por mucho tiempo una colonia rodeada de estados independientes. Al acercarse la independencia sufre algunas descortesías. Pero cuando la anexión se convierte en hecho, era como si nada hubiera cambiado. Recibe la Gran Cruz de Guadalupe de "Su Majestad Iturbide" con el mismo orgullo juvenil que una honra equivalente de Fernando VII hubiera evocado[244]. Entonces, las frases de Casaus sobre su fiel amigo Valle eran tan entusiastas como lo habían sido ocho años atrás.

---

[241] De Dionisio de Herrera para María Josefa Valero, Tegucigalpa, 9 de julio de 1822, Documentos de Valle. Dionisio explica que ha vendido diez tercios de cacao por 180 pesos y que Valle le había pedido comprara plata con las ganancias del cacao.

[242] De Justo de Herrera para Valle, Choluteca, 31 de julio de 1818, Documentos de Valle.

[243] De Ramón Casaus para Francisco Manuel Sánchez de Tagle, 4 de mayo de 1822, Documentos de Valle. Casaus escribió: "Estimado Compadre y Ahijado: José del Valle, auditor de guerra del ejército, va en camino al congreso como diputado. En el año '12 tuve el placer de celebrar los oficios de su boda. Pienso tan alto de él como lo hago de ti. Por esta razón, y por su talento y encanto personal te lo envié, para que hagas por él lo que puedas, si te parece, acompañarlo a conocer al General [Iturbide] y a los otros caballeros de la Regencia, a los diputados bien conocidos y a otros amigos cercanos".

[244] De Casaus para Valle, 2 de septiembre de 1822, Documentos de Valle. Casaus señala que acababa de recibir una carta del cuñado de Valle, Manuel Valero, felicitándolo por haber recibido el honor.

Tras dos meses de preparación, Valle estaba listo para su viaje terrestre a la Ciudad de México. El 7 de mayo de 1822, con más tristeza que ansiedad, abraza a su amada Josefa, a sus dos hijas y a su pequeño hijo, diciéndoles adiós con forzados y dolorosos consejos sobre su comportamiento, salud y redacción de cartas que encubren las emociones infantiles que, en tales momentos, surgen en el pecho de los más rudos viajeros. Valle tenía cuarenta y cinco años cuando inicia el viaje que lo llevaría por caminos excesivamente difíciles. Hombres más viejos habían soportado viajes más difíciles, pero con pocas excepciones como las del conquistador Jiménez de Quesada o la del amigo de Valle, G. A. Thompson, a quienes su vida pasada los había preparado para estos viajes. Con manos callosas y agudo ingenio para los trucos de la naturaleza y las trampas de los bandoleros, habían sido un igual y algo más para sus obstáculos. Por el contrario, Valle no era de esa estirpe. Había pasado la mayor parte de su vida en las oficinas del gobierno colonial y entre los libros de su estudio. Escribir, no montar, era su fuerte, y a pesar de que su pluma podía ser más mortífera que una espada, es dudoso que pudiera halar de un gatillo con precisión. Pero en la mejor tradición de los viajeros clásicos, llevó un diario.

Valle pasó su primera noche en Mixco, a tres leguas de la capital. "Tiene este 2,500 indios y 500 ladinos. No hay escuela de primeras letras". Mientras la villa carecía de un estanquillo de aguardiente, seis cantinas ofrecían chica [sic]. La cárcel estaba limpia de mujeres, pero cuatro hombres estaban presos, incluyendo un "Indio que mató a su mujer". Sobre las faldas que miraban a la ciudad, los Indios estaban sin ejidos, lo que los obligaba a alquilar sus milpas a los "pocos propietarios". El alquiler que se pagaba generalmente era de "2 pesos y 2 gallinas" por el privilegio de sembrar la semilla y "una fanega de maíz" por cada docena que cosechaban. Los Indios eran totalmente ignorantes, y su ignorancia, protesta Valle en su diario, ofrece "la prueba más decisiva de la poca protección que han merecido de la capital, sin embargo de tenerla tan inmediata". Al lado opuesto a Mixco, dándole la espalda a la capital, quedaban algunos ejidos, pero no eran lo suficientemente grandes para soportar la población y eso, hacía que los Indios de ese lado también alquilaran.

Al mañana siguiente, a las 7:00 a.m., deja Mixco con dirección a Santa María y Chimaltenango, un ascenso constante. Deseaba sobremanera medir la altitud en varios puntos pero carecía de los instrumentos. Sin embargo, árboles de cereza y manzana hablaban de las crecientes alturas, que comenzaban a marearlo[245]. Pronto llegó al pequeño pueblo de Santiago, inmediatamente anterior al de Santa María, donde vió una procesión de Indios cargando imágenes de varios Santos y cantando oraciones para que lloviera. "¡Cuántos pensamientos brotaron al instante a vista de este solo hecho!" Estas "incultas, miserables" personas carecían también de escuela primaria y no recibían ninguna ayuda ni protección de la capital. Saliendo de Santiago, encuentra un puente en mal estado, cuyas ruinas más tarde contrasta con los cuidados que mereció "durante el tiempo de su construcción". A la larga llega a Santa María, "pequeño, ignorante y miserable". Concluye que la sociedad fuera de la Ciudad de Guatemala, en vez de progresar, estaba en franco retraso, culpando a la codicia, al peculado y a la egocéntrica capital[246].

Para los primeros días de junio había llegado a Oaxaca[247], desde

---

[245] Es difícil creer que Valle realmente sufría por la altura en este punto del camino. Santa María está a 1,800 metros sobre el nivel del mar o a poco más de 300 metros encima del nivel de la capital. Valle estaba tan entusiasmado con su viaje y su diario que simplemente anotaba lo que había leído. Escribió: "Es cierta la observación de los que la han hecho. A cierta altura el hombre parece beber alegría y contento inspirando el aire plácido de una atmósfera elevada, teniendo la vista por un horizonte más dilatado, y sintiendo el poder de la naturaleza".

[246] Diario de mi viage de Guatemala a México en 1822, Documentos de Valle; Louis E. Bumgartner, ed., "José del Valle's Unfinished 'Diario de mi viaje de Guatemala a México en 1822," The Americas, XVIII, (octubre de 1961), 187-190.

[247] De Casaus para Valle, primero de agosto de 1822, Documentos de Valle. Casaus escribe que ha recibido una carta de Valle que fue enviada el 7 de junio de Oaxaca, donde Valle había visitado algunos amigos de Casaus.

donde envió regalos a su esposa e hijos. Josefa escribió: "Nuestro amadísimo y muy deseado José: Con inexpresable júbilo recibimos tú carta y noticias de tú salud". Los muñecos, "dos señoritas, dos niños, un Indio y una viejita" eran las cosas que más agradaron a los niños. "Lola y el pequeño están locos por ellos"[248]. Josefa recibe carta de Puebla y la Ciudad de México tan pronto como arriba Valle (28 de julio de 1822). Andaba en misa cuando llegó la carta de la capital del Imperio. Camino a casa, una niña sirviente, enviada por el mensajero, le dice a Josefa que había llegado carta. Corrió hasta llegar a casa. "Hemos dado gracias a Dios" por tú llegada a salvo[249].

[3]

Mientras Valle viajaba rumbo a la Ciudad de México, la vida política de esa capital cambiaba drásticamente. El Congreso Constituyente, convocado para febrero de 1822, contaba con 162 diputados que se habían alineado en tres grupos: uno que insistía en un príncipe Borbón para México; otro que apoyaba las aspiraciones de Iturbide; y el tercero, el de los republicanos que, de cuando en cuando, cooperaban con los que favorecían al Borbón con la esperanza de eliminar, de esa manera, el más inminente peligro que era Iturbide.

Poseedor de un "complejo Napoleónico", del respaldo del clero, de buena parte de la aristocracia y del ejército, Iturbide monta una demostración popular en favor de Agustín I. El 18 de mayo de 1822, ante la insistencia del Sargento Pío Marcha, tres regimientos de infantería y varios de caballería, desbordaron las calles disparando sus armas y gritando alabanzas en favor del General Iturbide.

---

[248] 3 de agosto de 1822, Documentos de Valle. Escribe que ha recibido el paquete de Oaxaca pero no menciona la fecha de la carta de Valle.

[249] 3 de septiembre de 1822, Documentos de Valle. Señala que ha recibido la caja enviada a Casaus para ella. Entre otras cosas, contenía el recuerdo de la coronación. Casaus (para Valle, 2 de septiembre de 1822, Documentos de Valle) escribe que ha entregado la caja a Josefa.

Avanzando a fuerza de empujones logran llegar a sus cuarteles, donde éste apareció, fingiéndose ajeno a sus propósitos, escuchando el placentero grito de "Viva Agustín I." Arriba, desde su balcón, cortésmente rechazó los halagos hasta que se dió cuenta que le eran demandados "nuevos sacrificios," y con humildad se sometió a las demandas populares.

Al día siguiente, el Congreso acordó en sesión especial considerar la petición de los oficiales de caballería e infantería, de confirmar la elevación de Iturbide al trono. Sin quórum y en sesión cerrada, los diputados comenzaron a deliberar. Sin embargo, la multitud que se había reunido en las afueras demandaba ser admitida a las galerías, haciendo imposible que los diputados continuaran. Para calmar la multitud, una comisión de cuatro diputados persuadió al Consejo de Regencia para que restaura el orden, pero el Consejo no prometió nada. Sabiendo ésto, el Congreso invitó a la sesión a Iturbide, con la vana esperanza de que restaura el orden que permitiera a los diputados continuar. Iturbide acepta la invitación, a su arribo y mientras entraba a la cámara, la bulliciosa multitud entró detrás suyo. En estas circunstancias, el congreso voto para aprobar su elevación. Movido por el clamor popular, asfixiado por la emoción, Iturbide grita sofocado: "Mi corazón palpita."

[4]

La coronación, una imitación afortunada de las cortes Europeas, trajo alivio momentáneo a las luchas entre Iturbide y el Congreso, y durante este período de relativa calma es que el Diputado Valle llega a la capital, un 28 de julio de 1822. Sus credenciales fueron aprobadas el 31 de julio; tres días después asistió a su primera sesión[250]; y el 5 de agosto el presidente del congreso lo asignó al

---

[250] Mateos, ed., Historia parlamentaria de los congresos mexicanos, I, 729-730. Valle hablo durante la primera sesión sobre el asunto de si los diputados estaban obligados a asistir a las sesiones.

comité que redactaría las bases de la constitución. El deshabituado Valle se impuso un rígido horario; asistía a las sesiones por la mañana, se reunía con su comité en la biblioteca de la catedral por las tardes, y por las noches se entregaba a los placeres de la lectura y la escritura. De acuerdo a su relato, el primer debate significativo en el que tomo parte ocurre el 7 de agosto. Sin embargo, el registro de los acontecimientos no recoge participación suya en algún debate, hasta el 14 de agosto.

Ese día un diputado introduce una moción para retirar de todas las iglesias los edictos del "extinto" Tribunal Santo. Especialmente ofensivo era el que condenaba la teoría de la soberanía popular. Nadie se pronunció en contra de la moción, pero se hacen calificaciones que tocaban las sagradas libertades. Valle, que había seguido detenidamente la discusión, se presenta y eleva la discusión a un plano tan superior, que hasta el mismo distraído secretario se percata y toma nota. Valle no miraba "diferencia entre pensar, hablar y escribir". Como el hombre era libre de pensar, podía por lo tanto gozar de la libertad de "expresar y publicar sus ideas," siempre que no dañaran a la sociedad. La intolerancia era más perjudicial que la libertad absoluta, como lo habían demostrado los alzamientos y las sangrientas revoluciones que se debían al rigor excesivo de los gobiernos despóticos. Sostiene que la "verdad prevalece contra las decepciones que tratan de oscurecerla." Entonces la libertad de hablar y escribir, exponían y destruían las "falsas máximas de la política."

La difícil y no declarada tregua entre Iturbide y el Congreso terminó el 16 de agosto, cuando un número de diputados se oponen a su propuesta de nombrar los magistrados de la corte suprema. Valle, que había hablado pocas veces, había alcanzado suficiente notoriedad para sentirse cómodo y ser él mismo. Después de dos discursos en contra de la propuesta del Emperador, Valle hace uso de la palabra. Con la habilidad oratoria que había cultivado desde su juventud, toma riendas de la discusión como si estuviera entre los

Beltranenas y los Aycinenas, diciendo que el asunto no ameritaba una larga discusión sino que caería fácilmente ante la razón. La Constitución Española de 1812, por ejemplo, investía al ejecutivo con el poder de nombrar magistrados a la Corte Suprema. La Corte Suprema tenía la facultad de enjuiciar a miembros del poder ejecutivo. Lavándose las manos, Valle explica que ese hecho desnudaba "uno de los defectos de la Constitución Española." Permitir que el ejecutivo nombrara los magistrados era alimentar una mala relación, y la misma razón descalificaba a los miembros del poder judicial de nombrar magistrados a la Corte Suprema. Sin embargo, los diputados no respondían ni directa ni indirectamente a la Corte Suprema, lo que a juicio de Valle resolvía el problema.

Esta opinión puso el nombre de Valle en una lista de votantes junto al del Canon Servando Teresa de Mier, diputado republicano por la provincia de Monterrey, enemigo declarado de la monarquía y feroz crítico de Iturbide. Además, Mier había participado activamente en la revolución. Tras el fracaso de la expedición de Mina en 1817, Mier es encarcelado en La Habana por sus luchas, pero logra escapar a los Estados Unidos. Informándose del rejuvenecido movimiento independentista regresa a casa, es electo al Congreso y presta su promesa el 15 de julio de 1822. Uno se pregunta si, mientras Mier hablaba apoyando las opiniones de Valle, los pensamientos de Valle no retrocedían por un tortuoso camino hasta llegar al comentario del Coronel Arechavala sobre el "apóstata Mier."

Mier, que en muchos aspectos era la antítesis de Valle, emplea el debate sobre el nombramiento de magistrados como una oportunidad para atacar al Emperador. Mientras Valle explicaba con "tal elocuencia" lo que era cierto, Mier observaba. Sin embargo, el hecho de que Iturbide hiciera la propuesta, demostraba que era imposible para el Congreso proceder "sin chocar con las bayonetas." La fuente del mal estaba en el Plan de Iguala, el que imponía "ridículas" y "absurdas" restricciones al Congreso. Con el poder soberano silenciado por los "grilletes y las esposas," Mier estaba encontrando difícil distinguir la "independencia de la broma de los españoles." ¿Quién podría "sufrir la insolencia" de los magistrados nombrados por un emperador con poderes usurpados al Congreso?

Continuando con la discusión, los diputados se comportan muy bien, no le ofrecen insultos a su Serenísima Alteza, ni tampoco le lanzan acusaciones. El 19 de agosto dejan entrever problemas relativos a sus salarios. Durante los días siguientes, un largo debate sobre la distribución de las tierras nacionales, le daba continuidad a la idea de atraer extranjeros a México. Valle, que había pensado sobre el mismo tema en Guatemala, agrega que "atraer emigrantes industriosos y educados" era "atraer talento y riqueza." Otros, a quienes no les impresionaban estas virtudes, creían que solo contribuirían a la "inmoralidad." Coincidentemente, Valle señala que la población era una de las primeras necesidades de América, pero que la moralidad era la base de toda sabia legislación. Entonces aconseja a los diputados que se pusieran de acuerdo en algún plan para recompensar sólo a los que valían la pena. El 24 de agosto, el Congreso realizó su reunión mensual y los diputados honraron a Valle con la Vicepresidencia. Ese mismo día alza su voz contra el peculado, y la sesión del 26 de agosto fue dedicada en buena medida, a una fuerte discusión sobre el procedimiento parlamentario. A la mañana siguiente, Valle y otros catorce diputados despertaban en prisión.

La causa inmediata del arresto y encarcelamiento de los diputados no eran sus actos en el Congreso, sino las supuestas actividades clandestinas que realizaban fuera del mismo. Iturbide, que vivía en la cercana Tacubaya, había estado recibiendo informes que sugerían una conspiración. De acuerdo a estos informes, algunos diputados pensaban removerlo, substituir la monarquía constitucional por una república y convocar al Congreso fuera de la capital. Temeroso de la seguridad pública, decide actuar en contra de los subversivos y ordenar el arresto de todos los "diputados incluidos en la denuncia." Es indudable que estaba fraguándose un plan, pero de acuerdo a alguien de la época, estaba lejos de concretarse y no podía poner en peligro la "seguridad del gobierno." Las personas involucradas no eran más de ocho o diez. El mismo testigo acusa que Iturbide, utiliza el "ridículo" plan como pretexto para acallar la oposición en el Congreso y lograr el control absoluto del gobierno. Es incierto si éste era el propósito del Emperador, pero el resultado es claro.

Cuando se hicieron los arrestos en la noche del 26 de agosto, aparentemente Valle fue incluido por accidente. Ninguna de la información recibida por Iturbide de parte de sus agentes incluía referencia alguna a Valle. La lista de los que debían ser arrestados fue enviada al ejército en la Ciudad de México por Iturbide, la misma no incluía el nombre de Valle, y en las declaraciones tomadas a los acusados por el procurador de la corona no hay testimonio alguno en contra de Valle. Un miembro del Congreso, discutiendo sobre el arresto de los diputados, escribe que Valle "uno de los más instruidos americanos" estaba en prisión, a pesar de que no había ni una pizca de evidencia para calificarlo como conspirador. Uno de los diputados envueltos en la llamada conspiración y que fue arrestado el 26 de agosto, declara que Valle es inocente. Valle mismo escribe que ninguna acusación fue hecha en su contra, y que después de "muchos días" se da cuenta que sería interrogado "no como reo, sino como testigo." Aparentemente, Valle se encontraba en el lugar equivocado en el momento equivocado.

De acuerdo a la escasa evidencia, en la tarde del 26 de agosto, Valle visita a José Fagoaga, otro de los diputados por Guatemala, pero uno de los señalados para ser arrestados. Mier, cuyo nombre estaba en la lista, algunos de sus acompañantes y un ciudadano de los Estados Unidos, también estaban en la casa de Fagoaga. En algún momento de esa tarde, un teniente al mando de un destacamento militar arriba y arresta a todos, menos al ciudadano de Estados Unidos. Los soldados, desconociendo los crímenes de los diputados, tan solo sabían que el arresto lo había ordenado Iturbide. Quizá, si Valle hubiese permanecido en casa con sus libros, no hubiese sido encarcelado.

La reacción de Valle a su arresto lo retrata como un solitario erudito que anhela a su familia. Tras ser alojado primero en el monasterio de La Merced y después en el de Santo Domingo, suplica al Emperador lo ponga en libertad. Pero al pasar las semanas sin tener noticias de su crimen o de su suerte final, comienza a desesperar y a añorar su familia. Sabía que en la lejana Guatemala las noticias de su infortunio que habían sido "exageradas por la misma distancia o empeoradas por la malicia," romperían el pecho de su amada Josefa. Con esta imagen ante sí, su "alma sufre de pena" nunca antes experimentada y frecuentemente rompe en llanto, tan frecuentemente, que un diputado lo describe como "pusilánime" y el calloso Mier lo llama "niño llorón".

Los Dominicos fueron más gentiles a la sensibilidad de Valle, y seguramente lo aliviaron de horas adicionales de negra desesperación al permitirle el libre acceso a la biblioteca. Con la curiosidad del erudito comenzó a investigar los manuscritos y viejos diarios del gobierno para conocer más sobre México. Encuentra varios mapas, uno del famoso Humbolt y otro del geógrafo inglés Aaron Arrowsmith (1750-1823). Compara los mapas para conocer sus diferencias notables, y atormenta a su "compañeros de detención" con detalladas descripciones de las provincias de México. Copia muchos de los manuscritos y comienza un artículo sobre las ciencias. Así pasa los días de su confinamiento, añorando a su familia, protestando por la injusticia e investigando y escribiendo.

Mientras los diputados sufrían en prisión, el Congreso reacciona fuertemente en su favor. El 27 de agosto de 1822, el presidente José Cirilo Gómez de Anaya protesta en contra de los arrestos arbitrarios, señalando la inviolabilidad de los diputados. Acusa Gómez de Anaya que Iturbide no solo había violado los derechos de los diputados, sino que también había hecho gala de su autoridad frente a la libertad. Lorenzo de Zavala, un líder republicano que después lucha por un Tejas libre, publica un panfleto sobre los derechos individuales, denunciando a Iturbide como un déspota. Frente a los ataques de la oposición, Iturbide se mantiene firme, asumiendo el papel de defensor del pueblo. Había jurado gobernar bajo una constitución, "y mantendré mi palabra," respetando el Congreso mientras los diputados no lo conviertan en "instrumento de la anarquía." Cuando esto pasara, prometía ser el primero en llamar a un nuevo congreso. En estas circunstancias los diputados e Iturbide reconocen que las relaciones entre ambos eran imposibles.

Para destruir la oposición, el Emperador llama a varios de sus seguidores y anuncia su intención de reformar el Congreso, el que finalmente había llevado a la nación al borde de la anarquía. Los diputados no mal interpretaron el significado de la "reforma" de que hablaba Iturbide y comenzaron a hacer concesiones, extendiéndole el privilegio de nombrar magistrados a la corte suprema. Iturbide, que ya no quería concesiones ni Congreso, demanda el derecho al veto, aún para la Constitución que los diputados estaban redactando. La demanda era inaceptable para los diputados, como sin duda lo había calculado Iturbide y el 31 de octubre de 1822, enfrenta su rechazo con la orden de disolver el Congreso, substituyéndolo por un comité de los suyos para redactar la nueva Constitución.

Como señala un estudioso de la historia mexicana, Iturbide comete el grave error de desconocer la legalidad al disolver el Congreso. Después tuvo que depender de la fuerza y la arbitrariedad y su posición de monarca absoluto, su "ruinoso expediente fiscal, sus idiotas pretensiones y su clericalismo" unían a sus opositores. En diciembre de 1822, Antonio López de Santa Anna, el siguiente amo de México, se pronuncia en contra de Iturbide y después lanza el Plan de Casa Mata, que demandaba el fin de la monarquía y la instauración de la república. Oficiales del ejército descontentos, liberales frustrados e ingenuos republicanos, miraban en Santa Anna la respuesta a los problemas políticos de México y comenzaron la desbandada hacia sus banderas.

Mientras los esfuerzos de la oposición ganaban ímpetu, Iturbide, aislado en la capital con relativamente pocas tropas, recurre a los manifiestos y bravatas para salvar al Imperio de las manos de sus enemigos. El 11 de febrero emite una proclama recordándole a las tropas, que se estaban uniendo a los rebeldes, que él los había dirigido en la gloriosa marcha a la independencia y, al día siguiente, corre en su caballo por las calles seguido de una muchedumbre pagada que gritaba su nombre. Al mismo tiempo, comienza a tomar medidas precautorias, encarcelando a aquellos de dudosa lealtad y cortando las comunicaciones entre la capital y las fuerzas rebeldes. Enmedio de la crisis, José del Valle hace una curiosa entrada.

[5]

El 12 de febrero de 1823, algunos de los diputados recluidos en el monasterio de San Francisco fueron transferidos a las prisiones antiguamente usadas por la Inquisición, pero Valle y sus compañeros permanecieron en Santo Domingo. Y mientras Valle añoraba y copiaba manuscritos, una carta escrita por el secretario privado de Iturbide y dirigida a Valle llega el 22 de febrero. Es difícil que antes hubiera recibido una sorpresa igual. El Emperador, informado de la "sabiduría" y "patriotismo" de Valle, lo invitaba a aceptar el cargo de Secretario de Exteriores y Asuntos Domésticos, ordenándole se presentara a una audiencia el día siguiente en Tacubaya[251]. Valle, deseoso de recobrar su libertad pero sin ansias de cargar el peso de un imperio construido en la arena, vanamente le suplica a su Serenísima Alteza excusarlo de un puesto "tan delicado" en "tan difíciles circunstancias" y, vanamente, repite su suplica dos días después. Entonces, arrebatado de la privacidad del hogar de un amigo y encarcelado por seis meses, cambia su identidad de prisionero por la cartera de la Secretaria de Exteriores y Asuntos Domésticos del Imperio Mexicano.

---

[251] Archivo General de Relaciones Exteriores (en adelante referido como AGRE).

H/131. 385, 979, 25 de marzo de 1823. En esta carta a Iturbide, Valle señala que le ha escrito el 23 y el 25 de febrero, intentando rechazar el nombramiento.

No se sabe a ciencia cierta porqué Iturbide escoge a Valle, y la carta de Vicente Filísola, el comandante mexicano que reemplaza a Gaínza en Guatemala, solo contribuye a la confusión. El 18 de septiembre de 1822, Filísola le escribe al Secretario de Guerra de Iturbide, explicándole que ciertos guatemaltecos estaban haciendo todos los esfuerzos posibles para destruir la unidad con México. Continúa diciendo Filísola, que Molina, Barrundia y Córdoba eran los principales agitadores. En la Ciudad de México estaban respaldados por Valle y Juan de Dios Mayorga, otro de los diputados por Guatemala. Filísola sugiere que Valle, Molina, Barrundia y Córdova podían ser ganados, o por lo menos neutralizados, si eran halagados con cargos de importancia. La única explicación para esta curiosa carta es que Filísola, un completo extraño en Guatemala, no había sido capaz de aprender en sus pocos meses en Guatemala, las interioridades de la política local y de las preferencias personales, a no ser más que las obvias. Pero logra identificar correctamente a Molina y sus seguidores, cuyas simpatías estaban pintadas en vivas tonalidades de rojo, blanco y azul a lo largo de la capital y las provincias. Sin embargo, el hecho de que pensara que Molina, Barrundia y Córdova podían ser desviados de su objetivo, ilustra que Filísola tenía tan sólo un conocimiento superficial de estos hombres. El que no pudiera entender la posición del prudente Valle, también es más que evidente.

Iturbide probablemente encontraba en Valle la capacidad que le permitiría llenar las obligaciones inherentes al cargo. Los diputados habían reconocido sus habilidades cuando lo eligieron vicepresidente. Mier, a pesar de su poca simpatía por la sensibilidad de Valle, no despreciaba sus conocimientos. El sarcástico líder republicano Carlos María Bustamante, pensaba que Valle era un patán del campo y se burla de sus vestimentas (las que sin duda eran enteramente correctas para las reglas inglesas), pero no desconoce que Valle era uno de los "hombres más sabios de México." Además de su habilidad, Iturbide, cuya posición era más precaria cada día, creía que el nombramiento de Valle no ofendería a ninguna facción. No había estado en el Congreso el tiempo suficiente para conocer el nombre de los diputados, mucho menos para identificarse con algún grupo. La cualidad final que el Emperador buscaba era la lealtad a su causa, y las declaraciones juradas hechas por los amigos de Valle en diciembre de 1822, debieron haber arribado a la Ciudad de México para el tiempo en que Iturbide buscaba Secretario. Entonces Valle, desde el punto de vista de Iturbide, era el hombre mejor calificado para el cargo. Sin embargo, el Emperador no permaneció en México lo suficiente para darse cuenta de las ventajas del nombramiento.

Para el 4 de marzo de 1823, Iturbide se da cuenta que su única oportunidad de continuar como Emperador estaba en hacer concesiones, y en un manifiesto que lleva esa fecha llama a los diputados a reunirse, ordenando al Secretario del Tesoro habilitar los fondos para los gastos de traslado. A los llamados de Iturbide, el Secretario Valle agrega: "Todos los individuos deben unirse tras un gobierno que no tiene más deseos que los suyos. La nación mexicana debe ser una gobernada por sabios y liberales principios - un régimen distinto al que anteriormente existía." Valle era más confiado que el crítico Carlos María Bustamante, quien escribe que la "línea de razonamiento de Valle" le ganaba muchos admiradores, pero "¡ay!, el remedio llegó muy tarde; la gangrena ya estaba devorando el cuerpo político y la caída del Imperio era inevitable". El 7 de marzo se reunió el reconvocado Congreso, e Iturbide, presente en el acto, describe ese día con más esperanzas que evidencias, como el "feliz día de la reconciliación." El Congreso podía ahora retomar sus "augustas funciones como si nunca hubieran sido interrumpidas".

Valle también intenta calmar a las facciones en discordia, publicando planes para aumentar la prosperidad, enfatizando la contribución de los sabios a la sociedad y delineando un plan de estudios para las escuelas públicas. Pero para hombres con fuertes opiniones en favor o en contra de Iturbide, las publicaciones del

Secretario Valle parecían extrañas y un poco ridículas para los críticos días de marzo. Santa Anna demandaba la caída del gobierno; Iturbide trataba de mantenerse en el trono; y los mexicanos poco a poco se iban identificando con unos o con otros. La despreocupada naturaleza de los ensayos de Valle llevaron a Miguel Alamán, un hombre al que se le parecía en muchos aspectos, a señalar que cada "incidente" le daba a Valle una nueva excusa para publicar uno de sus "dogmáticos despachos". Pero la gota que derrama el vaso de la tolerancia de Alamán, se da cuando Valle decide publicar su plan de estudios en un momento de "desorden general, cuando no se sabía si había Congreso". Lo que Alamán, en el fragor de la batalla, fue incapaz de ver o lo miraba muy claramente, es que el Secretario Valle, eludiendo los extremos, seguía la línea dibujada por la prudencia que, en otras circunstancias, hubiera sido familiar a Alamán pero nunca tan obvia para el público.

Sin embargo, el Secretario Valle reacciona vigorosamente contra una acusación que insinuaba letargo o incompetencia. El Congreso, inclinado en contra del Emperador, pide ver los documentos relativos a las negociaciones entre él y las fuerzas rebeldes que avanzaban sobre la capital. Antes que pudiera responder, los diputados insinúan que se estaba tomando un tiempo inusitado. El 11 de marzo de 1823, Valle personalmente lleva al Congreso siete bultos de papeles que deposita en la Secretaria. Después, dirigiéndose a los diputados, protesta con candor y agudeza. "He estado sirviendo en el ministerio por catorce días y desafié el más distinguido talento para aprender en tan corto tiempo todo lo que debe saberse en el ministerio a mi cargo. No he descansado; tengo la satisfacción de haber trabajado día y noche". Pensaba que las críticas injustas eran una pobre compensación.

Sin embargo, Valle y los diputados trabajaban en circunstancias excesivamente molestas y su paciencia estaba destinada a ser corta. No estaban seguros si Iturbide estaba dispuesto a pelear o ha abdicar pacíficamente; sin embargo, estaban seguros que los insurgentes, que habían depositado el mando en un consejo militar de los principales líderes, había avanzado de la capital a Puebla. Si Iturbide decidía mostrar sus fuerzas, era casi seguro que Valle y los diputados se encontrarían en medio de dos fuegos. Sin embargo, mientras Iturbide miraba como disminuían sus tropas y crecían las del ya fuerte oponente, decide, el 19 de marzo, abdicar incondicionalmente. Su secretario personal le envía una nota al respecto al Secretario Valle, quien, junto a los diputados, sin duda respira aliviado, a pesar del hecho de que tuvieron que trabajar en los tediosos detalles del exilio de Iturbide.

La sospecha de los insurgentes y el orgullo herido del tan recientemente ungido Iturbide, garantizaban que los arreglos para su partida serían difíciles. Deseaba esperar los términos fuera de la capital, invistiendo su autoridad ejecutiva en las partes nombradas por el Congreso. Incapaz de tomar una decisión por la insuficiencia de su quórum, el Congreso invita al consejo militar de los insurgentes a reunirse con Iturbide y definir los términos. El consejo se niega, pero ordena que Iturbide debe residir en uno de cuatro lugares específicos, hasta que se llegara a una decisión. Ese mismo día, 25 de marzo, una comisión de diputados y el Secretario Valle, visitan a Iturbide en Tacubaya y le explican la situación del Congreso y que los generales de los insurgentes se habían negado a tratar con él. Descontento con el desaire, Iturbide, nuevamente, busca una entrevista con sus antiguos oficiales, la que nuevamente es rechazada. Los generales sospechaban que Iturbide buscaba ganar tiempo para preparar su derrota y que Valle trabajaba en esa misma dirección.

Cuando Valle y la comisión de diputados regresan al Congreso con sus informes de los generales, Valle nuevamente es acusado, esta vez por duplicidad. El Congreso había sido informado que Iturbide planeaba "retirarse a Guatemala, porque tenía cuidadosos planes para ese lugar y que el motivo detrás del nombramiento de Valle como Secretario, estaba en que él [Valle] le podía servir [a

Iturbide] en sus planes, debido a la reputación de que él [Valle] goza en esas provincias". Valle, llamado para explicar su conducta, rechaza toda la cuestión con naturalidad diciendo que había ignorado esos rumores, que cualquier "justa y pensante" persona no repetiría. Después repasó todas la negociaciones realizadas, en el intento de demostrar que no había hecho nada para retrasar la decisión final de Iturbide. Y debido, en buena parte a los esfuerzos de Valle, los detalles de la abdicación fueron concluidos. En mayo de 1823, Iturbide se embarca en Vera Cruz rumbo a Italia.

Valle debió haberse aburrido de jugar como conserje del gárrulo Congreso, del ridículo Emperador y de los ambiciosos rebeldes. El 25 de marzo, cuando el Congreso lo acusó de intrigar en favor del depuesto emperador, Valle envía su carta de renuncia a Tacubaya, acosando a Iturbide con las razones más poderosas:

He tratado de cumplir mis deberes; he sido sincero; mis intenciones han estado por encima del reproche; y no tengo más meta que la del bien común. He trabajado día y noche, y como siempre estoy interesado en el bien de la nación, podría continuar, pero mi salud comienza a quebrantarse. Y en la correspondencia de hoy, he recibido una carta de mi familia hablándome de la urgente necesidad de mi regreso para proteger mis intereses. La posición del Imperio es crítica y empeorara cada día, retardando mi viaje [a casa][252].

Le ruega a Iturbide acepte su renuncia, pero en los márgenes de la carta aparece la nota: "Su Majestad Imperial no consintió la petición".

El primero de abril, después de que la autoridad ejecutiva había sido depositada en un triunvirato, Valle, muy a su satisfacción, renuncia al cargo de Secretario de Exteriores y Asuntos Domésticos,

---

[252] AGRE, H/131, 385, 979.

y para el 17 de abril había regresado al Congreso. Los seis meses en prisión y la agitada semana como Secretario le habían mostrado que necesitaba trazar otro curso. México ya no era la respuesta para los problemas de Guatemala ni para los suyos. De hecho, México sufría de todos los achaques y dolores que Valle había diagnosticado en Guatemala. La política mexicana estuvo plagada de rivalidades que imposibilitaban el progreso hasta que el gran nivelador, Porfirio Díaz, se hizo cargo. Su economía estaba fuera de lugar, y sus Indios no estaban mejor educados de lo que estaban en Guatemala. El despierto y curioso Valle, no pudo dejar pasar la promesa ofrecida por México, pero el principio de la desilusión debió venir cuando ayudó a negociar el exilio de su Serenísima Alteza. Valle había tenido una visión de primera mano del ingeniero del gran imperio y había sido una víctima de su descuidada administración. Estos pensamientos y la ruptura con México, destruyeron a lo largo de su estadía la romántica imagen que de la Ciudad de México se hizo durante los últimos días de la colonia, e hicieron de la respetable monarquía una despreciable burla. El mundo de Valle nuevamente estaba en movimiento, y se movía con él cuando, por primera vez, crítica la anexión y demanda la independencia absoluta para Guatemala.

[6]

La cuestión de Guatemala fue introducida por primera vez al Congreso, el primero de abril de 1823. Catorce diputados presentaron una moción pidiendo el retiro de Filísola de Guatemala, y aconsejando a los guatemaltecos cesaran su oposición a la anexión. Sin embargo, en vista de la oposición, Carlos María Bustamante, diarista y compañero de prisión de Valle, exitosamente propone se forme un comité para estudiar las relaciones con las provincias descontentas. La libertad para Guatemala no se menciona.

El 22 de abril, después de que el Congreso ha aprobado el acta de la sesión anterior, el nuevo Secretario de Exteriores y Asuntos Domésticos presenta a los diputados un documento relativo a la "separación de varias provincias de Guatemala de México" y después lee un despacho que acompañaba el documento. Inmediatamente que se le concedió el uso de la palabra a Valle, éste expreso sus puntos de vista sobre la anexión y claramente manifestó el cambio de opinión que en él se había producido. Comenzó diciendo que Guatemala había sido subordinada de la monarquía española en la misma forma que la mexicana, que había proclamado su independencia, y que si México tenía el derecho de levantarse de la humilde posición de una provincia al sublime nivel de un estado soberano, Guatemala también tenía el mismo derecho. El 15 de septiembre de 1821, la Ciudad de Guatemala declara su independencia, pero las autoridades, entendidas de que la capital no podía hablar por las provincias, invitó a las autoridades provinciales a enviar diputados a un congreso con el propósito de tomar una decisión final. Después del 15 de septiembre, Guatemala "gozaba del placer de ser un estado soberano cuando comenzaron a ocurrir algunos incidentes que provocaron el derramamiento de sangre de sus hijos". En esta difícil coyuntura, Iturbide, creyendo que la anexión de Guatemala a México era en interés de ambas naciones, invita al Capitán General Gaínza a declararse en favor de la unión. Gaínza y los gobernadores de las provincias respaldaron la invitación de Iturbide, pero el gobierno provisional, junto con Gaínza, le pidió a las municipalidades que decidieran el asunto. Pero los ayuntamientos no podían ejercer su autoridad soberana. A pesar de todo, el acto de la unión se hizo oficial el 5 de enero de 1822.

En vano, yo, como miembro del gobierno provisional, informé a los diputados que las municipalidades no tenían la legítima autoridad para resolver la cuestión; en vano les manifesté de que aún estándolo, ellos [los diputados] carecían de las respuestas de muchos; en vano, hice una lista de los que no habían respondido. Sin embargo, el gobierno, disuadido por el capitán general, acuerda al acto de unidad, y Guatemala, elevada en 1821 a estado soberano, se vio en 1822 reducida a una provincia de México.

En conclusión, Valle declaró la unión con México nula y sin ningún valor, argumentando que nunca había tenido alguna "legalidad". La "nación de Guatemala unida *en masse* o a través de sus representantes" era la única autoridad legítima que podía tomar una decisión legal.

Mientras el Congreso, con muchos asuntos urgentes que tratar, enviaba el asunto de Guatemala a un comité, Vicente Filísola el comandante mexicano, arrebata la cuestión de las manos del Congreso cuando permite a los guatemaltecos convocar a un congreso constituyente, que debió haberse reunido el primero de febrero de 1822, con el propósito de decidir sobre la independencia. Valle, que continúo presionando al Congreso Mexicano para que tomará una decisión, anuncia el 2 de julio que había recibido noticias desde Guatemala que la provincia de Tegucigalpa, que él representaba en México, lo había electo al Congreso Constituyente de Guatemala. El 3 de septiembre presenta su renuncia, quedando libre para regresar a su familia.

[7]

A su partida, Valle, a pesar de lo nostálgico que estaba, se toma tiempo entre el 3 de septiembre y el 13 de noviembre[253], para recoger materiales que le pudieran ser útiles en Guatemala. Además de los muchos manuscritos conteniendo información sobre la agricultura, la minería, la educación y el gobierno, llevó los debates

---

[253] Valle le escribe a su familia el 12 de noviembre diciéndoles que salía al día siguiente. Su familia contesta (18 de diciembre de 1823, Documentos de Valle), expresando su felicidad porque estaba preparando su regreso.

del Congreso y copias de diez periódicos diferentes. Escudriñó la Ciudad de México en busca de instrumentos científicos, pero sólo fue capaz de encontrar un barómetro y un termómetro Fahrenheit. Con estos planeaba medir la altitud en diferentes puntos del viaje, tabulando los resultados de cada instrumento de manera que le permitiera comparar los resultados. También planeaba medir las distancias entre pueblos y conocer la opinión de la gente -de los "que tuvieran alguna"- concerniente a la independencia de Guatemala. Un desafortunado accidente evitó que cumpliera sus planes. Antes de haber viajado mucho quebró el barómetro que había "cargado con tanto cuidado." A pesar de eso, llevó un diario y trajo una colección de semillas y plantas de varios lugares. Sumado a todo esto, encontró lugar para un retrato de "Jorge Washington," que obsequió al Congreso Constituyente de Guatemala.

El 26 de enero de 1824, Valle arriba a Mixco, el mismo lugar en el que había pasado la primera noche de su viaje a México. De Mixco, donde podía tomarse una vista amplia de la Ciudad de Guatemala, experimenta una sensación similar a la que experimentan dos buenos amigos al encontrarse después de un largo tiempo. Mientras hacía su entrada a la capital, algunas personas comenzaron a reconocer al viajero y lo acompañaron hasta la ciudad. En ese momento "repetí el juramento que había hecho de vivir por mi país." Después de dieciocho meses estaba de vuelta en casa, para no abandonarla jamás.

[8]

El paseo mexicano en la historia guatemalteca fue significativo para Valle. Al fracasar la anexión, él y el resto de la aristocracia apreciaron por primera vez la dimensión completa de la decisión que habían tomado el 15 de septiembre de 1821, decisión que muchos habían tomado de buena fe, en la creencia de que simplemente trasladando las decisiones importantes que tomaba una corona en la lejana España a otra corona cercana, los negocios y la política local continuarían como si nada hubiese cambiado. Sin duda, muchos aristócratas, que a la manera de Valle se contagiaron del espíritu idealista del siglo diecinueve, descansaron brevemente para reflexionar sobre su suerte, seguros de que la monarquía constitucional, a tono con los tiempos, prometía un seguro y próspero futuro para Guatemala. Y en cualquier término salvaba la nación, como bien lo pudo haber hecho, un monarca responsable. Pero Valle y los 104 ayuntamientos no tenían manera de saber que Iturbide iba a ser el inconsciente payaso que estelarizó el segundo acto de la "comedia" de la independencia de Guatemala[254]. Cuando todavía era celebrado por sus luchas en favor de la libertad, Iturbide aparecía a ojos de todos como iluminado por la misma luz que alumbraba el bronce de San Martín y Bolívar. Después vino el enfermizo momento de la verdad, cuando el tiempo y otro aventurero desnudaron el verdadero barro de Iturbide. Entonces el compromiso del 15 de septiembre fracasó y, por primera vez, los líderes locales tuvieron que aceptar la gran responsabilidad de resolver los problemas locales con recursos locales.

La carrera de Valle en México virtualmente garantizaba que sería uno de esos líderes. Su encarcelamiento por luchar en favor de la libertad, a pesar de haber sido un accidente, actuaba como recomendación especial. Además, de la misma manera podía agregar a sus argumentos mexicanos contra la anexión, que se había valido de los mismos argumentos que había delineado en Guatemala. Su anterior preferencia por el Imperio sin duda aseguró su salida de la cárcel y lo catapultó a un cargo que sin duda no quería. Sin embargo, sus actuaciones como Secretario del Exterior y Asuntos Domésticos contribuían a la imagen que lo pintaba como partidario

---

[254] De Dionisio de Herrera para Valle, Tegucigalpa, 9 de agosto de 1822, Documentos de Valle. Herrera escribió: "Por mucho que se haya hecho en el asunto de la independencia, a lo más, concederé que estamos en la segunda jornada de la comedia".

de la independencia absoluta, hecho que no dejaría pasar por alto su aguda habilidad para medir un asunto político controversial y darle vuelta en su favor manteniendo la imagen por la que tan meticulosamente había trabajado.

El intermedio mexicano también contribuyó al vasto almacén de conocimientos que había estado formando desde sus años de estudiante en San Carlos. Y cuando en México se agacha para admirar la circunferencia de dos cebollas, mismas que después se toma el trabajo de dibujar en sus apuntes, demuestra que el regalo de Goicoechea estaba en buenas manos.

CAPÍTULO DIEZ:
UN EJECUTIVO APREHENSIVO

[1]

Poco después de su regreso a la Ciudad de Guatemala, Valle comenzó a sentir lo mismo que lo había llevado a repetir su juramento, ante el temor de ser incapaz de llenar las expectativas que sobre su persona se habían hecho. Estaba al tanto de lo que ocurría en casa y sabía de la "delicada posición" de la nación. Su familia le escribió de la llegada a la capital de Vicente Filísola (junio de 1822), le comentó sobre sus hábitos alimenticios, sobre el lugar en el que vivía y acuartelaba sus tropas, sin dejar de mencionar que un miembro de la "familia" había ido a recibirlo. Cáusticamente, Dionisio le hablaba de la continua influencia de los "hijos de la capital", la que a sus ojos, se estaba volviendo más odiosa que la de España. También informa a Valle del descontento en todas las provincias y culpa a la capital por los problemas con San Salvador, donde hubo oposición armada a la anexión. El Arzobispo Casaus habla de la misma conducta facciosa, recalcando que cada día de su duración volvía más difícil el compromiso. Mateo Ibarra, el aliado político de Valle durante los días de los Bacos, había escrito con juvenil entusiasmo que las noticias del pronunciamiento de Santa Anna ("Gloria eterna para Santa Anna") habían obligado a Filísola a convocar el congreso (29 de marzo de 1823), mismo que debió haberse reunido el primero de febrero de 1822. "Aquí nuestro Filaysola [sic] será otro Wasinton [sic]". Ibarra asegura, con la intención de lograr que Valle retornara, que toda rivalidad había desaparecido y que Valle no estaría tan "seguro y estimado" como Secretario de Exteriores y Asuntos Domésticos en México que como lo estaría como "ciudadano, diputado o sabio" en Guatemala. El panorama color de rosa que Ibarra dibujaba, si alguna vez existió fuera de su imaginación, se disipo en el fragor de la competencia por las curules en el congreso constituyente. En la autoridad de una carta de José Gabriel O'Horan, Valle se dio cuenta que sus "rivales o imitadores" estaban "ventilando su furia" sobre él y, como "monstruos de envidia", trabajaban para llevarlo a la ruina.

Por los periódicos de la Ciudad de México pudo haberse enterado de que un congreso o Asamblea Nacional Constituyente, había sido convocada para el 24 de junio de 1823, y que el mismo había declarado la independencia absoluta siete días después, denominando a la antigua colonia Provincias Unidas del Centro de América. Sin conocer quienes habían sido electos como diputados, fácilmente pudo adivinar sus preferencias cuando supo que habían elegido al Canon José Matías Delgado como presidente de la Asamblea[255], y a Manuel José Arce, Pedro Molina y Juan Vicente Villacorta como integrantes del Supremo Poder Ejecutivo. Sin embargo, Arce estaba en los Estados Unidos, y los diputados eligieron como substituto a Antonio de Rivera Cabezas, un amigo de Molina[256].

Valle también sabía que Delgado y Molina habían perdido mucho del prestigio inicial de que gozaban en septiembre de 1823. Molina, un buen médico y un patriota constante, aparentemente estaba demasiado involucrado sentimentalmente para tener éxito como miembro ejecutivo del triunvirato. De acuerdo a dos testigos de la época, él y los otros miembros del Supremo Poder Ejecutivo usaban sus puesto para saldar viejas rencillas, despidiendo de sus puestos a todos aquellos que habían recibido nombramiento de

---

[255] Delgado recibió treinta y siete votos. Pedro Molina recibió dos para la presidencia y ocho para la vicepresidencia. Ver AGG, B6.1-7, 2439, 89. Acta de instalación de la Asamblea (24 de junio de 1823).

[256] AGG, B6.26, 2960, 113. Actas de la Asamblea Nacional Constituyente, 9 de julio de 1823. Valle recibió un voto para el tercer puesto del triunvirato.

España o de México[257]. Después, el 14 de septiembre, Rafael Ariza de Torres, valiéndose del hecho de que Filísola y sus tropas se habían retirado, protagonizó el primer intento golpista de la nueva nación, trayendo el desorden a la capital y poniendo en peligro a la Asamblea. Los Serviles (Conservadores), con o sin justificación, supieron explotar la dificultad cuando acusaron a Molina y a los Fiebres (Liberales) de ineptitud. Molina, Villacorta y Rivera sin duda le agregan validez a la acusación cuando renuncian del triunvirato. El 4 de octubre se manifestó ese cambio de opinión política cuando la Asamblea escogió como integrantes del Supremo Poder Ejecutivo a Manuel José Arce y José del Valle, ambos sin tacha debido a su ausencia, y a Tomas O'Horan, quien se distinguió durante el levantamiento del 14 de septiembre.

A pesar del hecho de que los Conservadores tenían mayoría en la Asamblea, trabajaron con los liberales para decretar que la forma de gobierno de Centro América sería republicana y federal. Sin embargo, las viejas rencillas entre la capital y las provincias continuaba y se convirtió en la más grave amenaza para una pacífica transición. Unas semanas antes de que Valle asumiera su cargo en el Supremo Poder Ejecutivo, su cuñado escribe:

La Asamblea marcha bien, pero las rivalidades de los partidos no permitirán que el progreso continúe. La manzana de la discordia es la ubicación de la corte o la sede del gobierno. Algunos diputados prefieren San Salvador a la Ciudad de Guatemala y otros, lo contrario. Estos son los mismos partidos que dividieron el

---

[257] Marure, Bosquejo histórico, I, 68; Montúfar, Memorias de Jalapa, pp. 62-63. Entre los despedidos estaba Miguel Larreinaga, quien se va para México desde donde publica un panfleto denunciando la injusticia. Mientras se prepara para salir de México, Juan de Dios Mayorga, diputado al Congreso Mexicano, le escribe a Valle: ".... gracias a Dios que Larreinaga y Quiñones se van el 15. Tendremos dos enemigos menos difundiendo panfleto ofensivos sobre Guatemala" (sin fecha, Documentos de Valle). La carta debía ser escrita en algún momento del otoño de 1823, cuando Larreinaga publica su panfleto.

pueblo, y los que favorecen San Salvador se llaman Febriles... El Padre Delgado es su oráculo. La autoridad ejecutiva actual [Valle, O'Horan y Arce] no les parece, y trabajan en secreto para restaurar a los anteriores ejecutivos [Molina, Villacorta y Arce]. Molina y Rivera pertenecen a este grupo, y todos siguen al Padre Delgado, que era el director y disponedor del triunvirato anterior. Ahora, se encona en su pecho el hecho de que no puede influir en los actuales ejecutivos[258].

La ubicación de la capital, que en los años venideros habría de ser disputada encarnizadamente, era uno de los asuntos vitales en la disputa del poder, y a pesar de que Valle comprende la carta de Manuel Valero, su simpleza puede llamar al engaño. Centroamérica no estaba dividida sobre la cuestión de si ubicar la capital en San Salvador o en la Ciudad de Guatemala. Al arribo de Valle, la rivalidad entre estas dos ciudades, simplemente era el más brillante ejemplo de las suspicacias y resentimientos con los que la capital era vista por las antiguas provincias de la colonia, y en los nacientes estados de Centroamérica[259]. Muchos de los que temían las consecuencias del resentimiento, sin lugar a dudas, compartían la opinión que Dionisio de Herrera le expresa a Valle poco después de su arribo a la capital. "Tus amigos, los amigos del país, continuamente hemos expresado nuestra creencia en ti. Ansiosamente, todos te

---

[258] Para Valle, 18 de diciembre de 1823, Documentos de Valle.

[259] El Canon José María Castilla, uno de los antiguos directores del extinto periódico El Editor y diputado por Copán, declara sucintamente lo que muchos influyentes y articulados hombres de fuera de la capital pensaban. En el hemiciclo de la Asamblea, expreso: " ...el que se justifique o no, el espíritu de la rivalidad en las provincias con respecto a su tradicional capital me hacen creer que esta rivalidad no será olvidada al momento de decidir sobre la residencia de las autoridades supremas, y nuestro primer objetivo debe ser el de remover las causas que inspiran ese espíritu. Así Guatemala no debe ser más la capital." Ver AGG, B6.26, 2694, 114. Actas de la Asamblea Nacional Constituyente, 17 de noviembre de 1823, Matagalpa quería que la capital se trasladara a Granada, y otra pueblo la quería en Tegucigalpa. (AGG, B6.26, 2694, 114, 7 y 10 de noviembre de 1823.)

esperaban, firmemente convencidos de que tu arribo pondría fin a la división y rivalidad que nos separa, y que tu presencia nos permitiría constituirnos sin las dificultades y los obstáculos que hemos experimentado hasta este momento"[260].

Enterado de los serie de eventos ocurridos durante su ausencia, y completamente informado del problema con San Salvador, de la confusión en Nicaragua, y de la inestabilidad de Honduras, un aprehensivo Valle redacta su carta de renuncia. Sin embargo, reflexiones más profundas le permitieron comprender su tarea. Rompe la carta y le informa a la Asamblea que estaba listo para "hacer cualquier sacrificio personal en favor del interés público"[261]. Los diputados, en respuesta a su carta, señalaron el 5 de febrero como el día en que debía tomar posesión[262].

Para Valle, el 5 de febrero de 1824, no sólo era el día señalado para tomar posesión de su cargo, sino que también marca su regreso formal. La comisión llamada para escoltar a Valle a la sala de sesiones, le dio la estampa de solemnidad que sus modales y tradiciones le permitían llevar con tan inconsciente facilidad. Después de la procesión a la tribuna y del juramento solemne, se les presentó a los diputados como un miembro del Supremo Poder Ejecutivo, un líder reconocido, entrañablemente odiado, raramente

---

[260] Tegucigalpa, 27 de enero de 1824, Documentos de Valle. Juan Lindo, diputado por Honduras, también escribía en la misma forma: "Si la ignorancia del pueblo, las rivalidades locales, y la carencia de fondos públicos no eran obstáculos para el Superior Gobierno, no tendría nada que desear. Pero tengo la esperanza que su carácter y conocimiento serán la respuesta a nuestras dificultades." Ver de Lindo para Valle, 28 de febrero de 1828, Documentos de Valle. Uno de los corresponsales de Pedro de Molina escribe (el 3 de febrero de 1824) desde San Salvador denunciando la rivalidad entre las facciones, diciendo que pensaba que desaparecerían a la llegada de Arce y Valle (AGG, Documentos de Molina).

Valle y Valle Matheu, eds., Obras, I, 36.

[261] AGG, B6.26, 2976, 117. Actas de la Asamblea Nacional Constituyente, 31 de enero de 1824.

[262] Ibid., 2 de febrero de 1824. Dos días después la Asamblea nombra una comisión para escoltar a Valle sala de sesión y a la tribuna.

amado, siempre respetado, y que por fin estaba en casa. Con la confianza templada por la experiencia, se dirigió a la Asamblea, dándole profundidad y sentido al madeja que en ese momento Centro América estaba desenredando.

"Guatemala", (nunca se acostumbra al nombre "Centro América"), había arribado al delicado momento entre la vieja y la nueva forma de hacer las cosas. La historia de Francia y de las naciones de América, contaban la historia de la violencia y frustración de la transición, y le enseñaban que Guatemala tenía que anticipar un pasaje similar. Los horribles días que se avecindaban lo habían hecho considerar la renuncia, pero "considerando que después de haber cooperado a la independencia absoluta de Guatemala, sería oprobioso abandonarla, y desoír su voz cuando llama a sus hijos a consolidar lo que ha sido objeto de sus votos y los míos". Estos pensamientos, y aquéllos que le recordaban que era guatemalteco por nacimiento y educación, hacían "sagrada" la nación, y decide aceptar el cargo. Sin embargo, sabía que en la "transición peligrosa de un gobierno a otro" no sería capaz de transformar la "faz de estas tierras," pero promete trabajar por el bienestar general, concentrando su atención en la estabilidad del gobierno, de la educación y en los medios para asegurar la prosperidad. "Robaré a los genios de otras naciones, los pensamientos que han influido en su prosperidad".

Concluyendo y valiéndose de los privilegios que la experiencia y la sabiduría otorgan, aconseja y advierte: "Un legislador no debe confundirse con un profesor de academia. Es inmensa la diferencia que distingue a uno de otro". Los profesores, encerrados en sus gabinetes tratan con abstracciones, pero el legislador debe considerar la realidad con la que convive, aprobando leyes apropiadas al nivel de educación de sus constituyentes, a las diversas clases de su sociedad, y a los intereses, educación y riqueza de cada clase. Antes que nada, la tarea es la de no aprobar las "leyes más sublimes" útiles solo en un "sistema abstracto o ideal". El profesor puede presumir de hacer esto. La "experiencia de los siglos" enseña que la única legislación útil para Guatemala, es la dictada por las condiciones existentes en Guatemala. Esta es la manera prudente de aproximarse a los problemas de una nación que hace el delicado tránsito a la libertad. El "sello grande" que debe marcar un gobierno es el de la "prudencia". Guatemala no tiene la experiencia "de las naciones independientes y libres". Así, es "preciso guiarse por la prudencia, que jamás da un paso sin meditar las consecuencias".

Algunas semanas después de que Valle tomara posesión de su cargo en el Supremo Poder Ejecutivo, Manuel José Arce regresa de los Estados Unidos[263], y la Asamblea señala el 15 de marzo de 1824 como el día en que debía presentarse y hacer la promesa de ley. El triunvirato estaba completo, a pesar de que Tomás O'Horan se retiraba con permiso. El 29 de marzo, Arce, quien aparentemente no había estado en casa desde su retorno, pidió permiso de un mes a la Asamblea, para poder visitar a su familia en San Salvador. O'Horan regresa a principios de abril, pero Arce, que sufre un ataque de reumatismo que le impide asistir a misa[264], no pudo regresar hasta el 24 de mayo.

[2]

Durante la ausencia de Arce, y aún después de su regreso, el Ejecutivo Valle trató desesperadamente de cumplir con el buen programa de gobierno que había trazado ante los diputados el 5 de febrero. Consideraba los bajos niveles educativos como la más infranqueable barrera al progreso económico y el buen gobierno. Al

[263] Para información relativa a las actividades de Arce en los Estados Unidos, ver William R. Manning, ed., Diplomatic Correspondence Concerning the Independence of the Latin American Nations, (3 vols.; Nueva York, 1925), II, 871-880. (En adelante referido como Manning, ed., Diplomatic Corresponde.)

[264] De José Matías Delgado para Valle, San Salvador, 6 de abril de 1824, Documentos de Valle

mismo tiempo, sabía que el tesoro no podía soportar ni el más modesto plan de instrucción pública. Pero como alcalde de la capital le había hecho frente a problemas similares, y con el mismo aparente entusiasmo trató de cumplir sus objetivos sin fondos públicos. Sugirió que el Estado y las autoridades locales urgieran a los hombres educados a dar clases de ciencias, economía y política, permitiéndoles utilizar el método de su preferencia. A pesar de que no recibirían paga, quedaban en libertad para solicitar a las autoridades una aula de clase y cualquier otra ayuda financiera que pudieran obtener "sin perjuicio para el tesoro." Algunos días después, le pide al rector de la Universidad de San Carlos, a los directores de los colegios y a los prelados de los monasterios, informar a la comisión de educación de la Asamblea de las clases que se estaban ofreciendo, los métodos de enseñanza, el número de estudiantes y el salario de los profesores. Estos datos, junto con la traducción que había ordenado del proyecto de instrucción pública que Condorcet y otros habían presentado a la Asamblea Francesa, guiarían a la comisión en su tarea de esbozar un plan general de estudios "más adaptable a nuestras circunstancias." Por supuesto, Valle estaba al tanto que el analfabetismo tenía que ser derrotado antes de iniciar programas de educación formal, y como un primer paso en esa dirección, le pide al ayuntamiento de la capital, solicitar de los ciudadanos suficientes fondos para volver a imprimir los "métodos de enseñanza, lectura y escritura" del Dr. Matías de Córdova[265]. Y, con el propósito de elevar la cultura, nombra una comisión para estudiar la posibilidad de fundar una academia de música.

---

[265] AGG, B10.7, 4041, 185. Correspondencia del ministro de estado, 23 de junio de 1824. Un miembro de la comisión de educación sugiere el siguiente método de enseñanza del Castellano para los Indios: "Como los niños comienzan a hacerse impresiones y aprenden el lenguaje que deben hablar, está claro que deben aprender el de sus madres. Pido entonces, que en todos los pueblos Indios donde el Castellano no se habla se establezcan escuelas para las mujeres que, al aprender a hablar y escribir, pasaran su saber a sus hijos. Así las lenguas barbaras que presentan obstáculos desaparecerán." Ver AGG, B6.13, 02875, 104, Comisión de instrucción, 4 de febrero de 1824.

La educación, como medio a la prosperidad, demanda de una instrucción más especializada. Después de la "obra de Arthur Young", Valle se maravilla de que las naciones todavía no se daban cuenta de la importancia de enseñar agricultura, y trata de volver a implantar en Guatemala el entusiasmo e interés por la materia que había conocido como estudiante y joven abogado. Con su inclinación a proyectos que recuerdan las actividades de la primera Sociedad Económica, ensalza los beneficios que un profesor de botánica podría traer a Centro América. A través de sus ojos, las plantas de "nuestra tierra" tomarían un nuevo significado, y podría enseñar, lo que Valle había aprendido en su viaje entre México y la capital, de que en estos suelos abundan las plantas no descritas en los trabajos de Linnaeus. Desde un punto de vista puramente práctico, la investigación de un botánico puede llevar a nuevos productos para la exportación, lo que sería un paso significativo hacia la prosperidad. Para recapturar la fuerza e interés que se habían anunciado en la capital, ofrece contribuir con su salario a la creación de un nuevo jardín botánico, y tiene éxito en encontrar una persona para enseñar las clases de botánica y agricultura -sin recibir salario[266].

Una decadente agricultura se presentaba como el más vulnerable de los problemas. Sugiere que los campesinos de la vecindad de Chiquimula "traten de cultivar la interesante planta del tabaco", e intenta revivir el interés por el cacao en aquellos que vivían cerca de Escuintla y Suchitepéquez. A la Asamblea le recomienda la publicación de un memorial, que había copiado en México, en el que

---

[266] Gaceta de Gobierno, 19 de julio de 1824. Dionisio de Herrera envía un brillante joven, Juan Reyes, a la Ciudad de Guatemala a las clases de "botánica y agricultura." José Ignacio Palomo envía un Indio de Verapaz a inscribirse en los mismos cursos. Ver de Herrera para Valle, Tegucigalpa, 9 de noviembre de 1824, Documentos de Valle; AGG, B10.7, 4043, 185. Correspondencia del ministro de estado, 18 de agosto de 1824. Para un breve vistazo al interés de Valle en las ciencias naturales, ver José Reina Valenzuela, José Cecilio del Valle y las ciencias naturales (Tegucigalpa, 1946), pp, 1-27.

se explicaba el cultivo del añil, y distribuye bosquejos para la construcción de una máquina para sembrar trigo[267]. Llama la atención sobre la urgente necesidad de tener buenos caminos con los cuales comunicarse de los puertos al interior, y para la explotación de la despoblada costa norte propone el establecimiento de "pequeñas colonias de Caribes"[268]. Después de que Pedro Molina fue nombrado ministro ante Colombia, Valle le solicita envíe muestras de granos, tabaco, textiles y colecciones de publicaciones gubernamentales que pudieran ser útiles a Centro América. Instrucciones similares para Antonio José Cañas, ministro ante los Estados Unidos, lo mueven a enviar copias de los "periódicos de esta corte", de los debates parlamentarios, y entre otras cosas, documentos relacionados con la apertura de canales en Nueva York".

Con el mismo celo, Valle recoge todos los documentos a su disposición para dirigir una embestida sobre la industria de la minería, que nunca había producido al nivel de la prístina anticipación. En México había hablado con el eminente Andrés del Río del Colegio de Minas, preguntándole si recomendaría a uno de "sus más distinguidos estudiantes" para viajar a Centro América con

---

[267] Del Ayuntamiento de la Ciudad de Guatemala para Valle, 1 de marzo de 1824, Documentos de Valle. El ayuntamiento le agradece por el bosquejo que ha enviado.

[268] De Valle para Molina, 12 de marzo de 1824, AGG, Documentos de Molina. A pesar del hecho de que se había conquistado la independencia de España y México, Molina había ido de frustración en frustración en su vida política. En febrero de 1824, cuando trataba de decidir si aceptar o no el cargo en Colombia, llega un punto de desesperación comparable al que alcanza Valle entre 1818 y 1819. Muestra todos sus sentimientos cuando le escribe a su esposa. "Desde que llegue aquí [San Salvador] y aún en el camino, me siento vencido por la insensibilidad que no me permite gozar de nada. Mis sufrimientos son tan fríos, y me acabo de dar cuenta que el fuego que me empujaba se ha ido. Este sentimiento influirá mi decisión con respecto al viaje a Colombia. Si regreso a Guatemala, lo hago porque estoy forzado. Ni tampoco he decidido quedarme aquí. Entonces ¿Qué haré conmigo mismo? Valle y Villacorta [probablemente Juan Vicente], en sus cartas, me urgen a aceptar. Mis amigos aquí hacen lo mismo. Es mi deber servir al país." Y en esta misma carta acepta. Ver de Molina para Dolores Bedoya Molina, San Salvador, 15 de febrero de 1814, AGG, Documentos de Molina.

el propósito de ofrecer clases de mineralogía y para examinar los recursos con que cuenta la nación. El 13 de febrero de 1824, Valle explica en una nota a la comisión de hacienda de la ventajas de un minerólogo residente, y sugiere que la comisión solicite permiso de la Asamblea para ofrecer, a uno de los estudiantes de Del Río, un salario anual de 1,200 pesos y 600 pesos para gastos de traslado. Valle promete responsabilizarse de la correspondencia. Los diputados aprobaron la solicitud, y Valle le escribió a Del Río, quien responde el 15 de mayo diciendo que uno de sus alumnos, Francisco Echeverría, aceptaría la oferta. Sin embargo, Echeverría escribe, el 27 de junio de 1824, que necesita otros 200 pesos para los gastos de traslado. La Asamblea acepta cumplir con la solicitud, pero no se sabe si vino o no el estudiante[269].

Un problema más grave -que emerge en relación con uno de sus proyectos-, era el de cómo combatir la estrangulante pobreza. Su experiencia en el gobierno colonial le enseñó que, para empezar, la nación tenía pocas o inexistentes reservas financieras, y sus cinco meses en el gobierno provisional le aseguraban que los críticos recortes en los ingresos habían empeorado. Y si necesitaba evidencia para convencerse de que más dificultades fiscales habían colmado al gobierno durante su ausencia, Manuel Valero se las da cuando escribe: "Fernando, un secretario del gobierno, con un salario anual de 1,200 pesos, no ha recibido más de 50 pesos después de cinco meses, y no espera recibir más que la mitad de su salario. No hay

---

[269] AGG, B6.26, 2976, 117. Actas de la Asamblea Nacional Constituyente, 14 de febrero de 1824; Gaceta de Gobierno, 26 de mayo y 13 de septiembre de 1824; AGG, B6.7, 2551, 93. Comisión de hacienda. Buena parte del expediente (2551) tiene que ver con el proyecto, pero notas de fecha 13 y 15 de agosto de 1824, cuentan la mayoría de la historia. Valle también publica un manuscrito, que había copiado en México, que muestra la eficacia del azogue en la industria de la minería. Ver AGG, B10.7, 4039, 184. Correspondencia del ministro de estado, 24 de abril de 1824; Del Ayuntamiento de Choluteca para Valle, 30 de julio de 1824; de Dionisio de Herrera para Valle, Tegucigalpa, 6 de noviembre de 1824, Documentos de Valle. El ayuntamiento y Dionisio de Herrera le escriben dándole las gracias por el manuscrito.

dinero en el tesoro, y no están imponiendo ningún impuesto. Sin fondos, es imposible mantener empleados... es imposible que un gobierno exista de esta manera." En una nota a la comisión de hacienda, Valle demuestra que Valero no exageraba. "Para atender los gastos urgentes del tesoro," propone que una comisión use cualquier "fondo perteneciente a herederos de ultramar." Las herencias fueron hechas en Centro América y el gobierno las había cuidado fielmente, así era equitativo el que ahora fueran empleadas. Como Jeremías Bentham había escrito, "propietarios" eran los "hijos de la ley," y era justo que los "hijos" fueran al auxilio de su "padre" en esta hora de necesidad. Si Bentham no impresionaba, Valle invoca la ley natural que obliga a todos los hombres a ayudarse entre sí en tiempos de necesidad. Basado en la autoridad de la naturaleza y de Bentham, la comisión de hacienda se ayuda con 680 pesos.

Sin ninguna autoridad real, los esfuerzos de Valle por aliviar la espantosa penuria se limitaba a sugerencias y propuestas, algunas hechas para las exigencias del momento, otras dirigidas a la formulación de una política fiscal. Aunque sus soluciones demuestran imaginación, su visión de la relación fiscal entre las autoridades centrales y locales, fueron su más significativa contribución hacia la cura de los males fiscales. Como vocero de una agencia fiscal central fuerte, utiliza la Gaceta de Gobierno, que dirige, y sus relaciones cercanas con la comisión de hacienda, para combinarla con los abrumadores deseos de ser una federación. Como escribe Mateo Ibarra: "Otra forma de gobierno que no sea la de Estados Unidos no recibiría 5 de 100 votos en cualquier lugar del Reyno"[270].

---

[270] Para Valle, 1 de abril de 1823, Documentos de Valle.

Valle hace públicos sus puntos de vista sobre una agencia fiscal gubernamental, en marzo de 1824. Rumores de piratas y agresores extranjeros obligan a los diputados a considerar la fortificación y defensa de los puertos en ambas costas. Por supuesto que el primer prerequisito era el dinero, y la Asamblea pasa una petición a la comisión de hacienda, para asignar cuotas equitativas de los impuestos a los nuevos estados -Guatemala, El Salvador, Honduras, Nicaragua y Costa Rica- con el propósito de asegurar y resguardar los puertos. En relación a esto, Valle, quien después dice que es el presidente de la comisión, contesta con la posición que mantendría a lo largo de 1824.

Afirma que el asignar cuotas a cada estado requeriría un conocimiento preciso de las fronteras, de la población de cada estado, y de los recursos y riqueza de cada uno. Las viejas fronteras todavía existían pero, sin censos e informes sobre la propiedad real, la comisión tendría que "aventurarse por el camino de las conjeturas." Con seguridad se cometerían errores, y éstos traerían el descontento. Cuando la gente de un país comenzara a hacer comparaciones con la de otro, los descontentos demandarán, llenando las cortes y la Asamblea con suficientes litigios para retardar el progreso y traer el descrédito al gobierno.

Lejos de una petición por la equidad, su paralizada propuesta, se mueve quietamente hacia su primer objetivo. "Un sistema tributario establecido en un punto central, que ejercita el control sobre el todo, es un sistema vigoroso y enérgico. Sin embargo, un sistema que tiene diversos centros es torpe y letárgico." Y el gobierno central debe estar en delicada posición para alentar "muchos sistemas diferentes." Si los diputados consideran la fortificación de los puertos una necesidad urgente, la "prudencia" demanda que elijan "el más vigoroso y enérgico sistema" para recaudar y administrar las rentas.

Luego, abre otro argumento, en el que presenta un segundo tema. "El tesoro público es como la moneda nacional; ambos son sagrados. Y los cambios producen efectos de grandes consecuencias." Si hubiera estado presente cuando la Asamblea se reunió por primera vez, "hubiera manifestado que el viejo sistema tributario no debe tocarse hasta que la nación este constituida." Lejos de reducir o destruir viejas formas de ingresos, la etapa de transición demandaba su conservación e incremento. Ahora era demasiado tarde. Los viejos impuestos habían sido destruidos, y los nuevos no habían sido impuestos.

El segundo tema expuesto, el de rentas para la defensa de los puertos, aún demandaba respuesta. Con su estilo característico, no solamente se dirige a la cuestión en discusión, sino que también a la cuestión más amplia de recoger fondos suficientes, para permitir que la Asamblea cerrara con buen suceso. Las circunstancias demandaban que la comisión de hacienda calculara los ingresos presentes, que tratara de hacer un estimado razonable de los gastos, para que después intentara cubrir el déficit (la idea de tener excedentes nunca le pasó por la cabeza) diciéndole al pueblo, "con la franqueza que debe caracterizar a un gobierno liberal," que los impuestos deben cobrarse, pero que serían reducidos, tan pronto como las dificultades de la transición pasaran. Después pasa a recomendar un incremento en los impuestos de importación, en los impuestos sobre ciertos artículos domésticos, y en las contribuciones "para cada clase," decretadas por la Asamblea el primero de diciembre de 1823. Con seguridad que a los Indios, que habían pagado "dieciséis o dieciocho reales" en tributos al "gobierno de sus conquistadores," no les molestaría si tuvieran que pagar ocho para "conservar el de sus libertadores." Sin embargo, el hecho importante era que los diputados, sobre la base de la recomendación de la comisión, debían recaudar, con un decreto, suficientes impuestos que les permitieran salir del problema. Por supuesto que habrían protestas. Pero, "decretando una contribución hoy, imponiendo otra mañana, asignando cuotas al siguiente, y acordando préstamos en lo sucesivo," llevaría al pueblo a creer que el gobierno, en vez de trabajar con un plan, se movía desordenadamente de crisis en crisis.

Contra el parecer de Valle, los diputados asignaron cuotas tributarias a cada estado. Sin embargo, los estados no pudieron cumplir con sus obligaciones, y mientras la confusión fiscal tomaba proporciones de caos, Valle, en lúcidos términos parbularios, revela las negras sombras de la desesperación que se ocultan tras su discurso.

"El tesoro público es la fundación básica de todo gobierno. Sin un tesoro, el ejecutivo, el judicial y el ejecutivo no pueden existir. Y sin la existencia de estas autoridades, la independencia se convierte en una quimera. La nación que tenga el mejor tesoro será la que se establezca con más facilidad." De acuerdo a sus razonamientos, el mejor tesoro es el que se funda en impuestos que la gente está acostumbrada a pagar. Citando a Nicólas Canard (1750-1833) Valle escribe que "todos los impuestos tradicionales son buenos," y sus estudios le permiten decir que "bajo esta gran teoría será de utilidad para los que quieren innovaciones en el tesoro, ignorantes del hecho de que lo que parece nuevo y brillante, ha sido abandonado hace muchos años por complicado y peligroso".

Una de las razones de su creciente alarma era la amenaza al monopolio del tabaco. El tabaco proporcionaba ingresos substanciales, que como Valle enfatiza después de la independencia, no se pierde en los diputados. La cuestión había estado bajo amenazada desde abril de 1824, y para octubre, cuando aparentaba destinarse a los cofres de los estados, Valle en un último intento por salvar esos ingresos en favor del gobierno central, pide permiso para dirigirse a los diputados. El reglamento de la Asamblea había dejado de señalar si un miembro de Supremo Poder Ejecutivo podía estar presente durante los debates. Tras "algunas observaciones," los diputados decidieron que debía retirarse de la sala inmediatamente después de su intervención. Valle, que probablemente escuchó la decisión, "entró inmediatamente," flanqueado por los Secretarios del Estado y del Tesoro. "Tomando el asiento a él designado, lee el parecer de la comisión de hacienda".

Con la precisión propia de un abogado, Valle inicia de inmediato la defensa de su posición, comenzando con los lineamientos generales de su argumento: (1) el tabaco debe continuar como un monopolio; (2) las rentas del tabaco deben pertenecer al gobierno nacional; (3) la administración del monopolio debe ser centralizada como siempre lo ha sido. Sin embargo, acierta de decir, que se opone a los monopolios, pues cree que son injustos. Pero como él no hablaba de una idea abstracta, y los diputados debían darse cuenta que no realizaban una tarea para "el mundo". Su trabajo, como el suyo, era el de pensar en Centro América tal cual era en 1824. Las leyes que funcionan para el Norte (era innecesario agregar la palabra "América"), no eran necesariamente adecuadas para las regiones centrales. Así, urge a los diputados a considerar su disposición hacia el monopolio del tabaco, a la luz de las necesidades nacionales.

En Guatemala donde dos tercios de su población, más o menos, no consumen tabaco, en Guatemala donde la mayoría de sus habitantes no son dueños de tierras ni poseen capital para labrarlas, en Guatemala donde el tabaco no es un artículo de exportación, en Guatemala, donde la transición de provincia subordinada a nación independiente ha aumentado los gastos, en Guatemala donde el más liberal de los gobiernos ha sido adoptado, en Guatemala, donde el impuesto del tabaco es un impuesto tradicional, creado en el año '66, en Guatemala, donde no sería fácil establecer un impuesto para llenar el vacío dejado por la pérdida del tabaco, en Guatemala donde no es posible substituirlo por proyectos propuestos en otros países, ¿Debe el tabaco continuar siendo un monopolio o debe declarársele libre? Este es el punto que debe decidirse.

Mientras los sonidos del asunto todavía flotaban en el ambiente, Valle presiona con evidencias. La mayor parte de la gente en Centro América era pobre; los pobres no eran los que usaban el tabaco; y como carecían de la tierra y el capital necesario para su cultivo, no tenían interés en ver el tabaco libre de restricciones. La gran mayoría sufriría sólo si el monopolio del tabaco es levantado, pues sin las rentas del tabaco, la Asamblea tendría que compensar las pérdidas, sujetando a todos a un incremento en los impuestos. Y los pobres, que contribuían poco a la renta del tabaco, tendrían que pagar una buena parte del nuevo impuesto.

Después de demostrar, mediante procedimientos benthamianos, que el monopolio del tabaco hacía el mayor bien al mayor número, declara que si los diputados votaban para que continuara el monopolio debían también declarar que debía administrarse por el gobierno central -"un solo dueño, un solo director y un solo sistema de administración." Si cada uno de los cinco estados estableciera un monopolio del tabaco separado y aplicara la renta a las obligaciones financieras de ese estado para con el gobierno central (esta moción fue presentada ante la Asamblea), la existencia del "Gobierno Supremo," que carece de ingresos estables, sería precaria y el camino a la anarquía quedaría preparado. Una de las preocupaciones principales de la legislatura en un estado monárquico, era el de prevenir la acumulación del poder en manos del monarca, pero en una república federal, la primera preocupación de los diputados debe ser la de prevenir la "disolución o separación de los estados". Para alcanzar ese objetivo, debían primero, darse cuenta que el gobierno supremo era la unión que, en la delicada tela del federalismo, mantenía unidos a los estados era el gobierno de la nación. Y si debían cumplir con las obligaciones que el interés general de la nación imponía, debían tener suficientes rentas, y así, la del monopolio del tabaco debía pertenecer al gobierno central.

Tan pronto como Valle terminó su discurso, el presidente de la Asamblea le explicó que los diputados iban a discutir "el interesante tema del tabaco," y que tomarían en consideración lo que había dicho, informándole de la decisión tan pronto como se hubiese tomado. Durante las semanas que siguieron a su intervención, los diputados continuaron buscando infructuosamente una solución. Finalmente, el 15 de diciembre de 1824, llegan a un acuerdo que no satisface ni a los estados ni al gobierno central.

La decisión no pudo haberse recibido con sorpresa, y una carta de Dionisio de Herrera señala la actitud que predestinaba al fracaso las esperanzas de Valle.

Querido José: con placer he leído tú discurso concerniente al impuesto del tabaco. Probaste que debe seguir siendo un monopolio y que debe ser administrado bajo un sistema general, que debe ser el que siempre hemos tenido. He escrito de manera similar, pero difiero contigo en la propuesta de que debe ser centralizado.... La opinión pública esta contra la centralización, y la administración de las rentas no será bien manejada desde Guatemala... Me doy cuenta de la necesidad de ingresos del Gobierno Supremo... pero no vendrá del tabaco. Es necesario encontrar otras fuentes[271].

Tal como Valle lo había anticipado, la inestabilidad financiera comenzó a asumir proporciones más temibles. En diciembre de 1824, mientras las labores de la Asamblea se preparaban para llegar a su fin, la comisión de hacienda somete un informe a los diputados en el que se substancia lo que todos parecían saber y a pocos les importaba.

Estamos obligados a señalarle el estado al que el tesoro ha sido reducido... El único ingreso para sostener los asuntos del gobierno

---

[271] Para Valle, Tegucigalpa, 6 de noviembre de 1824, Documentos de Valle. Cuando Herrera dice que desea "un sistema general," se refiere a que quiere que los estados mantengan la uniformidad en el precio, cantidad y calidad disponible, con la esperanza de prevenir el tráfico clandestino.

federal, de acuerdo a las leyes de la Asamblea Nacional, proviene de los artículos importados, del sistema postal, y del monopolio de la pólvora. El primero ha sido asignados al Consulado, obligándolo a pagar la guarnición; el segundo es nada, y lejos de producir algo, es un mes raro cuando no es necesario subsidiarlo; y el pequeño monto del tercero es usado para pagar los salarios de la secretaría de la Asamblea.

Uno de los puntos más significativos, -uno que Valle se anota en su discurso sobre el monopolio del tabaco-, que emerge de la tediosa repetición de los informes financieros escritos desde el lado perdido de la lápida, era el fracaso de los estados en el cumplimiento de sus cuotas tributarias. Sin embargo, la negligencia no se debía del todo a los escasos recursos, sino que, en gran medida, a la destructiva rivalidad entre los estados y al confuso resentimiento de todos los estados con la capital. Dionisio de Herrera, que finalmente había aceptado la jefatura del estado de Honduras, observa con tanta resolución como desesperación que "están trabajando para dividir esta ciudad [Tegucigalpa] de Comayagua... No retrocederé un paso, a pesar de los peligros. No tengo ejército, ni dinero, pero agotaré todos los medios posibles" para evitar la separación[272]. Sin embargo, en 1824, Nicaragua despliega el más claro ejemplo de rivalidad interna, y la disputa entre El Salvador y el gobierno central concerniente a los medios para pacificar Nicaragua, hizo público una vez más, el más ominoso signo del resentimiento y contribuyó a la ruptura entre los miembros del Supremo Poder Ejecutivo, Arce y Valle.

---

[272] Para Valle, Tegucigalpa, 27 de noviembre de 1824, Documentos de Valle. Además de estas dificultades, Herrera estaba teniendo problemas con falsificadores (De Dionisio de Herrera para Valle, Tegucigalpa, 27 de junio de 1824, Documentos de Valle).

Las ciudades de León y Nicaragua estaban controladas por una sucesión de líderes y apoyadas por una serie de aldeas, e intermitentemente intercambiaron golpes a lo largo de 1822 y 1823. De ambos lados las provocaciones eran numerosas, pero Alejandro Marure, historiador contemporáneo, resume las causas cuando escribe que la "guerra de Nicaragua" derivaba de enemistades personales, resentimientos familiares, rivalidades entre pueblos, opiniones contrarias sobre la forma de gobierno y a las ambiciones políticas del clero[273]. En diciembre de 1823, cuando el Obispo Nicolás García Jerez jura reconocer la autoridad establecida, Nicaragua parece lista para redactar su constitución y establecer su gobierno estatal. Sin embargo, un levantamiento en León alienta de nuevo la disensión, y la Asamblea envía a Justo Milla a Nicaragua, a formar un gobierno provisional que reconociera la Asamblea. En dos meses, Milla consigue ganar el reconocimiento de ambas facciones para un gobierno constituido en Managua. Poco después del feliz regreso de Milla a la Ciudad de Guatemala, León se convierte en el escenario de más disturbios, y se decide formar otro gobierno provisional con representantes de las diferentes facciones. Sin embargo, el gobierno nunca se reunió, y la lucha continuó hasta enero de 1825.

A lo largo de la primavera y el verano de 1824, el Supremo Poder Ejecutivo había buscado medios para terminar la lucha. Valle quería enviar al Coronel Manuel Arzú a Nicaragua con credenciales del triunvirato, confiriéndole poder para arbitrar las diferencias, por el tiempo que fuera necesario para permitir la elección de

---

[273] Bosquejo histórico, I, 81. Juan de Dios Mayorga (para Valle, Ciudad de México, 29 de septiembre de 1824, Documentos de Valle), escribe en relación con Nicaragua, observa: "Me parece que las causas... son enemistades entre familias y rivalidades entre aldeas". Para una declaración similar, ver De Juan de Mora para Pedro Molina, 17 de noviembre de 1824, AGG, Documentos de Molina.

autoridades constitucionales. Sin embargo, Arce deseaba enviar tropas desde El Salvador, mismas que aparentemente pretendía comandar[274]. La desavenencia en el triunvirato, que se da durante los primeros días de agosto, retarda la decisión. El 10 de agosto, los Diputados Argüello y Rosales, de León y Granada, se quejan de que el gobierno no había informado "una palabra a la Asamblea" de lo concerniente a Nicaragua. Proponen que el Secretario de Estado pusiera al día a los diputados.

En vez de recibir un informe del Secretario Marcial Zebadúa, Valle repasa la crisis y señala las dificultades que el triunvirato había experimentado con el estado de El Salvador. El 6 de julio de 1824, el gobierno ordena que todos los hombres comprendidos entre las edades de quince y cuarenta y cinco años debían enlistarse, bien fuera en la milicia o en las reservas, y que todas las fuerzas deberían prepararse para ir a Nicaragua. Después, el 7 de agosto, el estado le informa al Supremo Poder Ejecutivo que las tropas deberían partir tan pronto como el triunvirato les diera permiso. Si el Supremo Poder Ejecutivo se negaba, las tropas, "quizá," marcharían "sin él." El proyecto de constitución (Valle preparándose para su tarea) especificaba sobre la autoridad de los estados; en ninguna de las previsiones se encontraba algo que autorizara a los estados a formar y entrenar tropas con el propósito de invadir otro estado. Tal poder, cuando necesitaba ser ejercido, correspondía al gobierno central. Simplemente, la fuerza armada que iba a disciplinar las facciones en Nicaragua, "debe ser una fuerza imparcial enviada por el Superior Gobierno." Valle nunca creyó que las tropas de El Salvador caían dentro de esa descripción. "Se dice que existe un partido en San

---

[274] Anteriormente El Salvador había organizado la Legión de la Libertad nombrando a Arce como su comandante. La comisión de guerra protesto que Arce no podía comandar la Legión mientras sirviera en el Supremo Poder Ejecutivo, señalando que Valle había dejado su puesto de auditor de guerra. El gobierno de San Salvador se niega a ceder, Arce continúo como comandante y finalmente dirigió la expedición a Nicaragua. Para detalles del conflicto, ver AGG, B6.9, 2753, 99. Comisión de guerra, 11 y 31 de mayo; 2 de junio; 2 de agosto de 1824.

Salvador que piensa elevar ese estado, por encima de los otros estados". Después, suaviza el rumor repitiendo otro: "También se dice que existe otro en el estado de Guatemala, que trabaja contra la independencia". Estas sombrías historias bien podían ser el "doloroso origen de las más lamentables consecuencias". Solemnemente, jura hablarle al gobierno de San Salvador en el "lenguaje de la razón y la ley". Y con un poco de vanidad, como tratando de contrastar su lenguaje con el que venía de El Salvador, promete hacerlo "con el decoro que un gobierno debe emplear en estas circunstancias". Pensaba que la Asamblea también debería explicar al estado, que la ley sobre el punto en cuestión era tan clara, que el estado debía revocar la orden, mandando que las tropas "no dejaran el territorio de ese estado sin una orden explícita del gobierno nacional.

Dos días después, el 13 de agosto de 1824, el Supremo Poder Ejecutivo niega al gobierno de El Salvador el derecho a enviar tropas a Nicaragua, y al siguiente día, el Ejecutivo Arce deja ver su posición al renunciar del triunvirato, quejándose de que era imposible para él, continuar "sufriendo el temperamento de mi colega, José Cecilio del Valle." Más aún, Arce escribe que al sólo ocupar su puesto, se dio cuenta que Valle poseía el "arte de exasperar" y se niega a escuchar opinión distinta que la suya. Cuando alguien sugería que podía estar equivocado, perdía la compostura. El exasperado Arce, negándose a ser un "ciego subscriptor" de los puntos de vista de Valle, renuncia por encima de las protestas de los diputados de preservar el decoro del Supremo Poder Ejecutivo[275].

Los contemporáneos que dejaron relatos del conflicto entre Valle

---

[275] Durón, ed., Obras de José Cecilio del Valle, pp. xvii-xviii. Durón reproduce una carta escrita por Arce el 19 de agosto de 1824. Arce escribe una carta similar el 10 de septiembre de 1824, pero carece de la fuerza de la primera. Ver AGG, B6.22, 2940, 110. Exposiciones de las autoridades y particulares. Arce fue reemplazado por José Manuel de la Cerda (Marure, Bosquejo histórico, I, 101).

y Arce, sobre la pacificación de Nicaragua, le atribuyen a Valle el papel principal. Alejandro Marure escribe que Valle deseaba ser el primer presidente de Centro América, y se oponía al plan de Arce por temor a que tuviera éxito, incrementando su oportunidad de llegar a ocupar el cargo más alto del país. Así, Valle fue responsable de prolongar la anarquía en Nicaragua. Manuel Montúfar, quien nunca reconoció la habilidad de Valle sin yuxtaponer el "pero", culpa a Valle por la continuación de la anarquía, despreciando el débil esfuerzo de enviar un hombre, el Coronel Arzú, a ponerle fin a las diferencias, y acusar de que Valle trataba de identificarse con la facción más fuerte de Nicaragua. Otro contemporáneo, uno sin autoridad para expresar sus opiniones, observa que Valle, poseyendo "más habilidad, prudencia y mejor sentido que Arce", reconoce el egoísta propósito de la expedición y trata de impedirla, pues Arce terminaría usando el conflicto en su favor. Valle también consideró esa posibilidad. Le escribe a Miguel González Saravia, antiguo gobernador de Nicaragua, quien responde comentando los pensamientos de Valle sobre la "expedición de Arce a Nicaragua, a la que Usted tanto se resiste." González cree que Arce anda en busca de "votos presidenciales"[276].

La convocatoria a elecciones fue emitida en mayo de 1824, y al momento del conflicto éstas estaban en proceso. Valle, que carga el retrato de Washington por miles de kilómetros, deseaba fervientemente ser presidente de Centro América. Probablemente utilizó toda su influencia para asegurarse el puesto. El 27 de agosto de 1824, la siguiente comunicación le fue dirigida: "Le envío copia del acta en relación con su nombramiento [por un distrito] como presidente de la república. Va bien, y las siniestra visión de nuestros rivales continúa siendo ridícula[277]". Más tarde, Dionisio sugiere la

---

[276] De Miguel González Saravia para Valle, Ciudad de México, 27 de diciembre de 1826, Documentos de Valle.

[277] De Manuel José Lara para Valle, 27 de agosto de 1824, Documentos de Valle.

legitimidad de las ambiciones de Valle:

No te preocupes sobre lo que dicen de ti en San Salvador. El pueblo tiene pruebas de tú conducta y sentimientos. Sobre lo que dicen los escritores en sus incendiarios papeles, solo tienen éxito en traer el descrédito hacia ellos. Los votos que has recibido para la presidencia de la república son la prueba del budín. Esos que te han dado el voto no cambiaran de pensar sin razón. En el correo de hoy, varias cartas contra Arce han llegado de San Salvador[278].

En vista de estas cartas y de los hechos posteriores, Marure señala correctamente que Valle quería ser presidente. El que hubiera tratado de aprovecharse políticamente del caos en Nicaragua, requiere de más evidencias.

La acusación de Montúfar de que Valle envía un hombre a arbitrar el conflicto en Nicaragua es correcta. Pero el hecho no era inusual. Después de la independencia, el gobierno provisional emplea con éxito esa medida, y la Asamblea, en enero de 1823, comisiona a José Justo Milla para resolver la disputa en Nicaragua. Milla goza de un éxito momentáneo, y es posible que el Coronel Arzú hubiese tenido éxito sin las tropas de Arce. Arzú recibe la comisión en septiembre u octubre, y el 16 de noviembre, Valle le escribe a Pedro Molina, en Colombia, que Nicaragua gozaba de "paz y tranquilidad". De la misma forma, Juan Mora, presidente de Costa Rica, escribe que Arzú había llegado y que había comenzado a "calmar la furia de las facciones". Las hostilidades habían cesado y algunas de las fuerzas en armas se retiraban. Mora pensaba que el estado no tardaría en organizarse.

Pero mientras Valle le escribía a Molina, la lucha se reaviva, y el Supremo Poder Ejecutivo invita a las tropas de Honduras, Costa Rica, y El Salvador a asistir a Arzú y ponerse a su servicio. El

---

[278] Para Valle, Tegucigalpa, 27 de diciembre de 1824, Documentos de Valle.

gobierno de El Salvador, al que previamente se le había negado su solicitud de enviar tropas, ahora insiste en mandarlas bajo órdenes secretas, negándose a revelarlas al Supremo Poder Ejecutivo. En enero de 1825, Arce y sus tropas, aparentemente sin el menor esfuerzo, le ponen fin al conflicto. Así, Arce se alza con el crédito de pacificar Nicaragua y Valle es castigado por su egoísta actitud de retardar el arreglo.

La correspondencia intercambiada entre San Salvador y Guatemala durante los últimos días de diciembre de 1824, provee a Valle de respuestas a sus críticos. Un miembro del comité de guerra, primero suplica al estado por una copia de las órdenes, explicándole cortésmente, que la expedición a Nicaragua era una combinación conjunta comandada por el gobierno nacional. El éxito de los contingentes dependía de su armonía interna y, con ese fin, el Supremo Poder Ejecutivo deseaba una copia de las órdenes para que los Ejecutivos tomarán medidas para evitar el "desastre" prometido por una comandancia dividida. El Salvador se niega a revelar sus instrucciones, diciendo que su "amor y sacrificio por la libertad" aseguraba que las tropas se condujeran por el bien de la nación.

Valle responde a la negativa y recuerda las relaciones del Supremo Poder Ejecutivo con los estados.

El 13 de agosto el Superior Gobierno, se negó a permitir la marcha de las tropas de San Salvador sobre León porque se contraía del espíritu al que estaba dirigido .Estas tropas hubieran sido recibidas en León, no como soldados del Gobierno, sino como prejuiciados protectores de uno de los grupos beligerantes, enviados porque el Supremo Poder Ejecutivo deseaba que un grupo fuera destruido para que el otro mandara sobre los cadáveres. El celo con el que San Salvador solicitaba el despacho de sus tropas a León -aún diciendo que las enviarían si el Gobierno se negaba- es la principal razón por la que sí se negó. Vio los trabajos del prejuicio y no de la razón, vio el capricho en vez de la sabiduría que puede terminar por medios regulares la discordia entre ciudadanos de la misma nación. La oposición a la marcha de las tropas, es una de las razones por las que el presidente de El Salvador muestra una apariencia de inocencia, frente a los arbitrarios actos del congreso que dio órdenes secretas para operaciones en Nicaragua, olvidando que esa orden ataca el Gobierno Federal, el buen orden, y la autoridad que corresponde al gobierno de la República... Tropas que van de estado en estado por orden del Gobierno Federal, están solo subordinadas a ese Gobierno; no pueden y no deben reconocer otra autoridad; y la autoridad que autoriza lo contrario autoriza el desorden... Así, sin lugar a dudas, el Congreso de San Salvador ha excedido su autoridad, y como lo ha hecho el presidente del estado en su despacho que abunda de insultos solo autorizados por su deseo de usarlos.

Valle concluye declarando que la conducta del congreso y del presidente merece una reprimenda de la Asamblea, misma que también debe demandar la retractación de las ordenes secretas y acusar a Arce, quien comandaba las tropas, "a obedecer religiosamente las órdenes del Supremo Poder Ejecutivo"[279].

En lugar de las cerradas y egoístas aproximaciones que se le atribuyen, Valle trata de aplicar a las crisis de la guerra y la intervención en Nicaragua, el mismo principio que consistentemente guió sus acciones en relación con la organización fiscal. Aparenta haber comprendido la fragilidad del federalismo, quizás mejor que aquellos que lo eligieron, y mantiene la visión de que los estados y el gobierno nacional deben estar separados, teniendo sus funciones bien definidas, para que cada cual gozara de los medios para ejercer

---

[279] AGG, B6.9, 2757, 99. Comisión de guerra, 31 de diciembre de 1824. Este despacho fue enviado a San Salvador bajo la firma de Marcial Zebadúa, quien de haberlo escrito, fortalece la posición de Valle. Pero el autor está convencido por el tono y el contenido del documento que Valle o lo escribió o le dijo a Zebadúa que lo escribiera. Ver también Valle y Valle Matheu, Obras, I, 79.

su autoridad. En relación con la política fiscal, creía que el gobierno nacional no debe depender de los estados, y que la autosuficiencia financiera vendría del poder para gravar directamente a los ciudadanos de los cinco estados. Sobre este tema la Asamblea estaba en desacuerdos prácticos, cuando no de principios. Al gobierno nacional, los diputados le asignan el sistema postal, la pólvora, los impuestos de importación y el tabaco, sabiendo al igual que Valle, que la renta combinada de estos recursos sería insuficiente. Las diferencias -convertidas en dependencias- provenían de las cuotas asignadas a cada estado[280].

En el área de relaciones políticas entre el gobierno nacional y los estados, Valle constantemente defiende la posición de que también había áreas de autoridad bien definidas. Y cree que la pacificación de Nicaragua era la función del gobierno nacional. Los diputados lo apoyan, cuando menos en teoría, pues habían redactado las reglas que empoderaban al Supremo Poder Ejecutivo para mantener el orden público. Pero Valle alega que una de las razones que prolongó la anarquía en Nicaragua fue la falta de apoyo de los diputados. En respuesta a una carta de Valle, Juan de Dios Mayorga, ministro de Centro América ante México, escribe: "Como, tal como Usted lo había dicho, la Asamblea ha negado al Gobierno los medios con los cuales pacificar Nicaragua, he enviado al Gobierno un despacho expresado en términos muy fuertes para que Usted lo use como

---

[280] La Constitución también hablaba de la dependencia financiera del gobierno nacional. Al describir la autoridad del congreso nacional, el Artículo 69 expresa: "6. Fijar los gastos de la administración general. 7. Decretar y designar rentas generales para cubrirlos; y no siendo bastantes, señalar el cupo correspondiente a cada estado según su población y riqueza." Y en la descripción del poder de las asambleas de cada estado, el Artículo 178 señala: "2. Determinar el gasto de su administración y decretar los impuestos de todas clases necesarias para llevar éste, y el cupo que les corresponda en los gastos generales." Ver Constitución de la República Federal de Centro-América (Ciudad de Guatemala, 22 de noviembre de 1824). Si suficientes personas hubieran querido el éxito de la federación, estas provisiones hubieran sido adecuadas para asegurar la estabilidad financiera. Pero las fieras hostilidades entre los estados y el gobierno nacional hacían que fácilmente los estados olvidaran sus cuotas.

mejor le parezca." Antes de recibir esta carta, Valle le escribe a su primo Próspero: "El Gobierno debe reprimir las facciones y sostener nuestra justa causa, pero la Asamblea no quiere darle fondos al Gobierno. Sin ellos, mira la enfermedad incapaz de ponerle remedio." Mientras es cierto lo que Valle tenía exactamente en mente cuando escribe la carta, sus puntos de vista rinden una cita de Marure y Montúfar, en relación con Valle y Nicaragua, útil tan sólo para mostrar una actitud.

[5]

El 22 de noviembre de 1824, la Asamblea cumple con su tarea principal al firmar, los diputados, la Constitución. Más tarde, ese mismo día, una comisión de ocho presentó el documento a firma de los miembros del Supremo Poder Ejecutivo. La ley fundamental investía la autoridad ejecutiva en un presidente, llamaba a la formación de una legislatura bicameral, y ponía una corte suprema a la cabeza del poder judicial. Juan Arévalo, "el director de la mejor prensa," estimó que 2,500 copias de la Constitución costarían entre 360 y 400 pesos, y el comisión de hacienda tuvo algunas dificultades para encontrar los fondos necesarias. Publicada a su terminación, el documento aparentemente no se promulga formalmente hasta el 10 de abril de 1825. Ese día, de acuerdo a un informe anónimo, a las 4:00 de la tarde, los miembros de la corte, del capítulo de la catedral, del claustro de la Universidad, del Colegio de Abogados, y del Protomedicato se reunieron "para celebrar la solemne promulgación de la Constitución Federal." Después de un desfile, la multitud escucho en silencio mientras un funcionario leía en voz alta la Constitución. A su término, el alcalde de la ciudad capital "ondeó la bandera de la república, diciendo: "Viva la constitución federal". La multitud, intranquila después de los formalismos, pasó a los salones del ayuntamiento donde una mesa adornada con refrescos los esperaba.

Poco después que los diputados y el Supremo Poder Ejecutivo dieran legalidad con sus firmas a la Constitución, Valle exitosamente pide un permiso para ausentarse por "veinte o treinta días". A pesar de estar satisfecho por haber hecho todo lo que estaba a su alcance, tenía graves dudas sobre el futuro de la nación. En "La Concepción", que se convirtió en su lugar de retiro favorito durante las Navidades, se relajó junto a su familia. "Seguimos aquí sin ninguna distracción, felices y contentos". Pero la felicidad y el contento eran emociones superficiales, evocadas por la belleza y tranquilidad del entorno y del raro e ininterrumpido momento con su familia. "No tengo ningún deseo de irme; estoy gozando el entorno y todo lo que sugiere". Después se deja llevar por la preocupación, que se intuye en frases y oraciones inconexas en la amigable nota navideña. Está genuinamente agradecido porque él y su familia ya no tienen que ser "espectadores de la intriga y de la malicia". Y busca a ciegas una respuesta, sin comprender qué había pasado con la estable sociedad que había conocido. Sospechoso, y dejándose llevar por los rumores que previamente había despreciado, le dice a Próspero: "Hace algunos días, dije que estaba en marcha un plan contra nuestra independencia". Enojosamente magnifica la importancia de un aventurero de Perú o Colombia, llamado J. J. Salas[281], acusándolo de planes que iban más allá de su pequeña

---

[281] La Constitución también hablaba de la dependencia financiera del gobierno nacional. Al describir la autoridad del congreso nacional, el Artículo 69 expresa: "6. Fijar los gastos de la administración general. 7. Decretar y designar rentas generales para cubrirlos; y no siendo bastantes, señalar el cupo correspondiente a cada estado según su población y riqueza." Y en la descripción del poder de las asambleas de cada estado, el Artículo 178 señala: "2. Determinar el gasto de su administración y decretar los impuestos de todas clases necesarias para llevar éste, y el cupo que les corresponda en los gastos generales." Ver Constitución de la República Federal de Centro-América (Ciudad de Guatemala, 22 de noviembre de 1824). Si suficientes personas hubieran querido el éxito de la federación, estas provisiones hubieran sido adecuadas para asegurar la estabilidad financiera. Pero

mente. Con razón, se preocupa de las dos facciones de Honduras y de "aquellas" en El Salvador. Similares sospechas y temores eran compartidos por sus amigos Dionisio de Herrera y Juan de Dios Mayorga, quienes a la manera de Valle, parecen andar a tientas en su intento por explicar lo que pasaba frente a sus ojos. Sin embargo, en 1824, todavía estaban muy cerca de la obscuridad para darse cuenta del significado completo del proceso que se había iniciado inmediatamente después de la independencia.

Para diciembre de 1824, cuando Valle escribe desde "La Concepción", el centro del poder había salido de la Ciudad de Guatemala y se había dispersado entre los cinco estados. Si uno lee los sucesos diarios del gobierno provisional establecido después de la independencia, y aquellos de la Asamblea y sus comisiones, nada emerge con más claridad que el hecho de que la autoridad de la capital, con independencia de su composición, no comanda sino que reacciona a las acciones de las antiguas provincias. Cuando la independencia cortó la cabeza de la autoridad, las provincias, deseosas de evitar que Guatemala se convirtiera en la nueva cabeza, redujeron la autoridad de la capital a una mera ilusión, determinada por los vientos que soplaban desde las provincias. La capital volvió a ser respetada durante el régimen de Iturbide, pero a su caída, las provincias volvieron a tomar la iniciativa. Los diputados simplemente trabajaron juntos para formar una federación, pero su interés en un sistema federal tenía como propósito asegurar la autoridad de los estados. Señales indicativas de esta actitud aparecen en la constitución, pero el acta que ilumina con más claridad sus deseos era la siguiente moción: "¿Habrán impuestos generales para los gastos del gobierno federal?" La división muestra cincuenta y un votos a favor y uno en contra, pero el hecho que tal moción haya llegado al hemiciclo, demuestra la simpatía por la declaración hecha por Ciriaco Villacorta, diputado por El Salvador, quien explica su

---

las fieras hostilidades entre los estados y el gobierno nacional hacían que fácilmente los estados olvidaran sus cuotas.

voto negativo declarando que se opone "a la centralización de cualquier impuesto." Villacorta y otros diputados de El Salvador, y el presidente del estado, Juan Vicente Villacorta, fueron todos descritos como "Liberales," en buena parte por favorecer una sistema federal de gobierno. Pero si el federalismo denotaba un "Liberal," ¿Qué nombre debió aplicárseles a éstos y otros hombres que a su regreso a sus respectivas capitales, proceden a convertir sus capitales en copias de la vieja capital? Dicho de otro modo, los nombres de los partidos, Liberales y Conservadores, en la Asamblea carecían de sentido. Sólo por sus actos en sus estados, es que se puede determinar la preferencia política de los diputados. En la Asamblea, los diputados, en su mayor parte se declaraban de centro, y usaban el federalismo como una arma de conveniencia para alcanzar sus propósitos. La cuestión de la religión era una excepción, y por un fugaz momento, el liberalismo de Molina fue claramente discernible. Pero la cuestión nunca estuvo en duda: el catolicismo, con exclusión de toda otra fe, se convirtió en la religión de la república. Por lo tanto, la continua competencia entre los estados y el gobierno nacional, añadió ímpetu a las fuerza centrífugas que convertirían el tercer acto de la "comedia" en una tragedia nacional.

Valle, despojado de su poder como ejecutivo reconoce el cambio, pero mira la competencia de los estados como la obra de un grupo subversivo cuyo propósito era la destrucción de la independencia. Aparentemente, eran pocos los que acariciaban la esperanza de devolver a Centro América a México o España, pero el conflicto, como aquél entre los estados y la capital, aparece como una simple lucha por el control del gobierno nacional. Valle, tal como le escribió a Próspero Herrera, debió haber usado la fuerza del gobierno nacional para controlar las facciones en disputa. Y en vista de sus ideas concernientes a la organización fiscal y el conflicto con El Salvador, sin duda hubiera preferido un gobierno central fuerte, quizás una oligarquía a la manera inglesa. Ciertamente, hubiera convertido el gobierno nacional en un sistema federal fuerte y vigoroso. Como estaba en ese momento, miraba el futuro con dudas y aprensiones.

[7]

El 25 de febrero de 1825, aparece un resumen de la labores del Supremo Poder Ejecutivo calzando las firmas de los tres ejecutivos. El principal era un resumen de las obras de Valle, que sin duda, fue escrito por el propio Valle. Expresa el resumen, que los ejecutivos conocían de los peligros que confrontaría un gobierno por establecer. En el período de transición, siempre hubieron los que temían la perdida de todo lo que el viejo gobierno les había dado, y de los que deseaban adquirir beneficios del nuevo. Estos dos grupos, jalando en direcciones diferentes, estaban destinados a enfrentarse y fueron la primera causa de la guerra. El Supremo Poder Ejecutivo intentó proteger la independencia con los limitados medios a su disposición, dándose cuenta que el gobierno que oprime con una mano y sofoca la reacción a la opresión con la otra, es un gobierno despótico. Las fuerzas armadas eran necesarias, pero debían usarse con prudencia. Y el Supremo Poder Ejecutivo siempre prefería resolver las diferencias con medios pacíficos. En relación con la educación, los ejecutivos señalan que habían trabajado con recursos limitados. Pero la pobreza no cambiaba el hecho, que los ignorantes fueran presa fácil de aquellos "capaces de sacrificar un pueblo entero" por sus intereses personales. Así, el Supremo Poder Ejecutivo trató de elevar los niveles educativos, y la atención de los lectores se encontró con una lista de propuestas, sugerencias y proyectos. El triunvirato también dibujó el doloroso panorama financiero, recordándole a los lectores, que la Asamblea había destruido o reducido los impuestos tradicionales. Al mismo tiempo, el número de empleados había aumentado para llenar las demandas del nuevo sistema. Para contrarrestar el creciente déficit, y con la vana esperanza de equilibrar el presupuesto, el Supremo Poder Ejecutivo pedía más impuestos y control sobre el monopolio del tabaco. Además, la autoridad ejecutiva negociaba un empréstito con una compañía de londinense. Finalmente, en noviembre de 1824, los diputados completan la Constitución; Centro América había completado la transición, con su unidad intacta.

El mismo día en que se publica el resumen, Valle, cumpliendo su última función como miembro del triunvirato, se dirige al primer congreso de Centro América. Su tema mostró sus propios temores. Previno a los nuevos diputados que, desde el momento en que eran electos al congreso, se esperaba que subordinaran todo vestigio de interés personal al bienestar de la nación. En un lenguaje diseñado para evocar el patriotismo de cada uno y ennoblecer el espíritu, Valle reprende al infecundo egoísmo, a los agentes de la intriga y a los hombres de mentes pequeñas que, con sus insensatas maneras, intentarán seducir a los miembros del congreso. Y, finalmente, elevando su voz contra el personalismo, retando a los diputados a ajustar sus visiones a los intereses de la nación y hacer del congreso un "templo del Decoro, la Prudencia, y del Patriotismo juiciosos"[282].

La apertura del congreso nacional marcó el fin de las funciones públicas de Valle. El resumen presentaba los esfuerzos que había hecho, y su discurso al congreso expresaba el temor que había experimentado en su experiencia con Nicaragua y el gobierno en San Salvador. La voz de Valle era de alerta, de una alerta que sería desatendida.

---

[282] Valle y Valle Matheu, eds., Obras, I, 45-47. Un comerciante que estaba en la capital por esos días cometa sobre el discurso de Valle lo siguiente: "Señor del Valle... pronunció un elocuente discurso en la apertura del congreso. Es imposible alabar lo suficiente a ese estimable ciudadano por el bien con que ha afectado su país." Ver Francisco Lavagnino, "Guatemala," New Monthly Magazine, XIV (1825), 582-583. Lavagnino conoció personalmente a Valle. Ver de Lavagnino para Valle, Quetzaltenango, 30 de diciembre de 1828, Documentos de Valle.

CAPÍTULO ONCE:
SI FUERA EL AMO DE AMÉRICA

[1]

Las ansiedades que amenazaban, desde la periferia, los pensamientos de Valle antes de comandar todo su ser consciente, eran una sincera expresión de su preocupación por el futuro de Centro América. La carta que le escribió a Próspero el 29 de diciembre de 1824, habla en tono desesperado de un inminente pero indefinible peligro que persiste en su mente y que, nuevamente, encuentra expresión en su discurso al primer congreso nacional. En los días que pasan entre la carta y su discurso, la correspondencia adicional muestra que estaba envuelto en una crisis personal que alcanza resonancia nacional en el momento en que los diputados tenían que decidir la elección del presidente.

La convocatoria y las instrucciones para elegir presidente, habían sido emitidas el 5 de mayo de 1824. Para convertirse en presidente, un candidato debía tener la mayor parte de los votos asignados a cada uno de los estados sobre la base de uno por cada 15,000 habitantes. Como la Asamblea había abolido la esclavitud, todos figuraban en los estimados poblacionales y gozaban del derecho. El estado de Guatemala contaba con 36 votos electorales; El Salvador con dieciocho; Honduras con doce; Nicaragua con doce; y Costa Rica con cuatro. Asimismo, los votos electorales de cada estado estaban divididos en distritos de acuerdo a la población. Los recuerdos de que la elección estaba desarrollándose, se encontraron en lo que restó del año[283], y el conflicto sobre la pacificación de

---

[283] El 10 de junio de 1824, un diputado a la Asamblea sugiere que los votos de cada estado para la elección presidencial fueran depositados con llave en una caja fuerte que requiriera cuatro llaves para abrirse. Después que la caja fuera cerrada con las cuatro llaves debían ser entregadas al Supremo Poder Ejecutivo que las guardaría en otra caja con tres llaves. Cada miembro del Supremo Poder Ejecutivo

Nicaragua sugiere las esperanzas de Arce y Valle. Una carta de Dionisio para Valle sugiere la fuerte rivalidad, y la correspondencia de Valle arroja luces adicionales sobre la elección y explica aún más sus profundas ansiedades.

Después de retirarse a "La Concepción," dependía de las noticias políticas que su primo Próspero, diputado a la Asamblea, le enviaba. "Quiero saber el resultado de la intriga de la que me hablaste," le urge Valle en respuesta a una carta. "El objetivo es claro. Quieren la mayoría en el Congreso para decidir la elección, y poder poner a la cabeza del gobierno a alguien que facilite el plan para someternos a México o Colombia"[284]. Una "facción" que no "ama la independencia absoluta" era el antecedente de "ellos," y el mismo vago pronombre se refiere a aquellos que no desean elegir para la presidencia a alguien que ha "decidido dedicarse a la nación." Con el orgullo, malestar y confianza que proviene de ser menospreciado, escribe en un lenguaje despojado de adornos:

Soy un hombre de honor; amo mi país; y le he servido con patriotismo. Sabré como responder. Habré de revelar sus intrigas, su objetivo y las tácticas de que se valen... No me intimidaran con una mano dura ni me engañaran. No soy un niño[285].

La intriga que preocupaba a Valle aparentemente era un intento de parte de los líderes de algunas o todas las facciones, para forzar que la elección presidencial la hiciera el Congreso, esto a través de

---

custodiaría una de las llaves. Ver AGG, B6.26, 2923, 118. Actas de la Asamblea Nacional Constituyente.

[284] 11 de enero de 1825, Documentos de Valle. Valle recibe una carta de fecha 16 de octubre de 1824, de un amigo de México, llamado "Federico," que le asegura que México y Colombia planeaban dividir Centro América. Valle continua expresando sus temores ante tal plan y le pide a Pedro Molina, que estaba en Colombia, que investigue. Ver De Valle para Molina, 16 de noviembre de 1824, Documentos de Molina.

[285] De Valle para Próspero de Herrera, 20 de enero de 1825, Documentos de Valle.

la división de los votos electorales entre los candidatos, evitando de esta forma que alguno de ellos obtuviera la mayoría necesaria para declararlo electo. Si la táctica tenía éxito, los diputados pondrían a prueba la docilidad de los candidatos y elegirían al que mostrara las más altas promesas de cooperación. No ésta claro si esta era la idea de los miembros más influyentes de los diferentes grupos políticos, pero los resultados de las elecciones dieron vida a los temores de Valle.

Las oportunidades de Valle de tener éxito descansaban en su conocida capacidad, cordura, y vastos conocimientos. La pasada actitud de Arce en favor de la independencia y su oposición a la unión con México, le daban una sobresaliente carta de presentación. Cuando se contaron los votos el 20 de abril de 1825, estos dos candidatos emergieron tal cual como todos, sin duda, habían anticipado. Valle recibió cuarenta y un votos; Arce treinta y uno; Alejandro Díaz Cabeza de Vaca, el viejo enemigo de Valle, dos votos; el Canon José María Castilla, antiguo Caco y opositor de Valle, un voto; y Santiago Milla, un voto.

El distrito electoral del Petén perdió su voto, porque se habían realizado dos elecciones diferentes y dos votos habían sido enviados. Los diputados, desconociendo cual era el voto válido, se niegan a abrirlos[286]. Los votos de Cojutepeque (El Salvador) y Matagalpa (Nicaragua) no llegaron a tiempo para el escrutinio. Descontando los tres votos nulos, el total de votos electorales era de setenta y nueve, y Valle tenía la mayoría.

Pero las reglas que regían la elección no mencionan si la mayoría debía calcularse sobre la base del total de votos emitidos, o sobre la base del total de votos válidos. Los diputados del primer congreso decidieron que el candidato debía tener la mayoría de total

---

[286] Entre los Documentos de Valle se encuentra una nota sin fecha y firma que dice que los dos votos enviados por el Petén eran en favor de Valle, "pero nadie los ha abierto y no quieren abrirlos." Aparentemente la nota fue escrita inmediatamente antes de que los diputados votaran para presidente y vicepresidente.

de votos emitidos. Así, los tres votos del Petén, Cojutepeque, y Matagalpa, que habían sido invalidados, elevaron el total a ochenta y dos, quitándole la mayoría a Valle y dejando la elección del primer presidente de Centro América, en manos del Congreso.

La siguiente tabla muestra la forma en que votaron los estados[287].

Estado	Distrito	Votos Electorales	Candidato
	C. Guatemala	2	Valle
	Sacatepéquez	4	Valle
	Chimaltenango	4	Valle
	Sololá	4	Valle
	Totonicapán	6	Arce
Guatemala	Huehuetenango	2	Valle
	Escuintla	2	Valle
	Chiquilmula	2	Valle
	San Agustín	2	Valle
	Verapaz	2	A. Díaz
	Salamá	2	Valle
	Soconuzco	1	Valle
	San Salvador	4	Arce
	Sonsonate	3	Valle
	Gotera	1	Valle
El Salvador	San Vicente	2	Arce
	San Miguel	2	Arce
	Chalatenango	2	Arce
	Santa Ana	2	Arce

[287] AGG, B5.8, 2037, 72. El escrutinio de votos populares. La distribución de votos no incluye los que fueron anulados, por lo tanto, esos distritos no aparecen en la tabla.

	Sacatecoluca	1	Arce
	Comayagua	1	Valle
	Tegucigalpa	1	Valle
	Choluteca	1	Valle
	Nacaome	1	Valle
	Cantarranas	1	José Castilla
Honduras	Juticalpa	1	Valle
	Gracias	1	Santiago Milla
	Llanos	1	Valle
	Santa Bárbara	1	Valle
	Trujillo	1	Valle
	Yoro	1	Valle
	Segovia	1	Valle
	León	2	Arce
Nicaragua	Granada	2	Arce
	Managua	1	Arce
	Viejo	1	Arce
	Subtiaba	1	Arce
	Masaya	2	Arce
	Nicaragua	2	Arce
Costa Rica	Costa Rica	4	Valle

El dato relevante que muestran los registros electorales, es que rechaza la absurda presunción de que Valle era apoyado por los "Conservadores" y Arce por los "Liberales." Las facciones de Nicaragua, descritas como anarquistas, radicales, Liberales, conservadoras, imperialistas y monarquistas le dieron a Arce todos sus votos electorales. En Honduras, donde las facciones eran calificadas con similares nombres, todos menos dos votos, fueron para Valle. Costa Rica vota unánimemente en favor de Valle, y en El Salvador, que era la fortaleza de "Liberales" como Arce y José Matías Delgado, obtiene cuatro votos. En el estado de Guatemala,

Valle recibe veintitrés de los treinta y seis votos, pero Arce se lleva los seis del distrito de Quetzaltenango, la fortaleza de "Conservadores" como los Aycinenas y los Palomos.

Cuando los diputados tuvieron que escoger entre Arce y Valle, se comenzó a formar un patrón que bien puede representar los primeros signos de los partidos nacionales. Los votos en el Congreso se distribuyeron de la manera como lo muestra la siguiente tabla[288]:

Estado	Diputado	Distrito	Voto
Guatemala	F. Carrascal	Sacatepéquez	Arce
	J. M. Castilla	Cantarranas	Valle
	J. F. Córdova	Salamá	Arce
	D. Diégues	Chimaltenango	Arce
	J. Echeverría	Chimaltenango	Arce
	F. Flores	Quezaltenango	Arce
	Carlos Gálvez	Quezaltenango	Arce
	M. Gálvez	C. Guatemala	Arce
	M. Lara	Totonicapán	Arce
	J. Montúfar	Totonicapán	Valle
	J. M. Ponce	Escuintla	Arce
	R. Solís	San Agustín	Valle
	Vasconcelos	Sacatepéquez	Arce
El Salvador	M. Funes	San Vicente	Arce
	I. Menéndez	San Salvador	Arce

---

[288] AGG, B5.8, 2037, 72. El escrutinio de votos populares. Esta lista presentaba los nombres de los diputados y como votaron, pero no incluía el nombre de los distritos que cada uno representaba. Sin embargo, los distritos de cada diputado, fue incluido en las notas del considerado observador G. A. Thompson. (Narrative of an Official Visit, pp. 509-511), que estaba en Centro América en 1825. Thompson no incluyó en su listado a Filadelfo Benavent como diputado, y su nombre fue incluido entre los diputados de Nicaragua por pura conveniencia. Pero un diputado llamado Filadelfo Benavent, de Nicaragua, fue miembro de la Asamblea Constituyente. Ver Townsend Ezcurra, Fundación de la República, p. 73.

	J.A. Peña	Sonsonate	Arce
	J. Rodríguez	Sonsonate	Arce
	C. Salazar	San Salvador	Arce
	C. Villacorta	San Salvador	Arce
Honduras	S. Milla	Gracias	Arce
Nicaragua	T. Argüelles	Nicaragua	Arce
	F. Benavent	Masaya	Arce
	F. Benavent	¿?	Arce
	Quiñones	Masaya	Arce

Arce atrae votos de todos los frentes y Valle se encuentra en compañía de extraños. ¡Pablo Alvarado y José María Castilla eran hombres persuadidos por el liberalismo y Juan Manuel Rodríguez (alias Malilapa) era un antiguo revolucionario! Los hombres que apoyaban a Arce eran llamados Conservadores, y los hombres que se le opusieron en ese momento fueron después llamados Liberales.

A la vista de estos resultados, las sospechas de Valle en enero de 1825, tenían fundamento. Antes de que el primer Congreso se reuniera, los diputados sin duda poseían precisos resultados de las elecciones. Como la mayoría de los diputados eran de fuera de la Ciudad de Guatemala, es posible que manejaran información de primera mano. Otros se dieron cuenta, al igual como lo supo Valle: los amigos comunicaron los resultados de las elecciones. Sabiéndose que la votación sería cerrada, desde tan temprano como enero de 1825, comenzaron a circular rumores sobre la posibilidad de que ni Valle ni Arce obtuvieran una mayoría. Es incierto qué tan alejados de la "intriga" estaban esos rumores. Pero una vez que los votos fueron contados, parece seguro que los diputados estaban dispuestos a eliminar a Valle. De otra forma, lo hubiesen electo presidente declarando que una simple mayoría de los votos emitidos era necesaria para declararlo electo. Por el contrario, decidieron ir en contra de la que parecía ser una decisión popular y opacar, con la duda y la sospecha, la elección del primer presidente de Centro

América. Al ir en contra de esa decisión, también se fueron en contra de su propia elección, pues no hay razones para creer que las elecciones de 1824-1825 fueran diferentes de las de 1820. Los diputados estaban entre los hombres más influyentes del país y, probablemente, controlaban las elecciones distritales. Listados de nombres, acompañados de amenazas, sin duda fueron puestos en manos del pueblo bajo.

Entonces, la pregunta que amerita respuesta es ¿Por qué si Valle recibe apoyo en las elecciones generales pierde contra Arce en el Congreso? La clave de la respuesta está en el hecho que Guatemala era el principal estado. En la primera elección, Valle ganó veintitrés de los treinta y seis votos electorales, pero en el Congreso solo tres de los catorce diputados por Guatemala votan por él. Alejandro Marure sugiere que Valle es apoyado, porque se creía que era el único hombre capaz de competir exitosamente con el salvadoreño Arce. En ese momento, la mordaz rivalidad entre Guatemala y El Salvador se aviva por la decisión de José Matías Delgado de crear un obispado en El Salvador y convertirse él en Obispo, con apoyo del gobierno estatal . Los actos de Delgado le restaban autoridad al Arzobispo Casaus, quien negándose a reconocer un obispado o un arzobispado en El Salvador, busca apoyo de Roma. Además, como lo sugiere Marure y lo ha mostrado este libro, un muro de intereses antagónicos separaba a Valle de muchas de las familias más influyentes. Así, muchos de los votos del estado de Guatemala en las elecciones generales, debieron haber sido depositados contra la ambición de El Salvador y no a favor de Valle y en contra de Arce. Cuando los diputados deciden que debían escoger al presidente, aparentemente hablan con los candidatos. Ciertamente los diputados por Guatemala hablaron con Arce a través de José Beteta, quien le dice a Arce que los diputados estaban dispuestos a votar por él, pero temían que apoyara las pretensiones de su tío, José Matías Delgado. Arce, de acuerdo a un relato personal, señala que ha apoyado a Delgado pero insinúa que el asunto debe ser decidido por el

Congreso. Aparentemente, los diputados quedaron satisfechos con la promesa de que no intervendría en el asunto del obispado y de que sería más flexible que el independiente y voluntarioso Valle. Así, Arce se convierte en el primer presidente de Centro-América.

El Congreso también debía escoger un vicepresidente. En las elecciones regulares José Francisco Barrundia recibió veinticinco votos; Arce, veintitrés votos; Valle, seis votos; y el resto de los setenta y nueve votos se distribuyó entre otros diez candidatos. Antes de proceder a escoger al presidente y al vicepresidente, los diputados decidieron que de ser Arce el ganador escogerían al vicepresidente de entre todos los candidatos que recibieron votos para ese puesto. Normalmente, como lo señalaban las reglas electorales, tendrían que haber considerado solo a los que tuvieran más de diez votos. Pero si Arce se convertía en presidente, Barrundia era el único candidato. En virtud de este hecho, Barrundia se convertía automáticamente en vicepresidente. Sin embargo, los diputados decidieron incluir a todos los candidatos, y entonces, como para quedar en paz, eligen a Valle al segundo cargo de la nación. Pero Valle, que sin pensarlo dos veces rechazó una curul en el Congreso para favorecer su ambición más grande[289], estaba molesto por la pérdida de la presidencia y rechaza la vicepresidencia, que queda en manos de Mariano Beltranena[290].

---

[289] Los distritos de Santa Bárbara y Yoro en Honduras habían electo a Valle diputado al primer congreso. Ver de Juan José Díaz para Valle, 29 de diciembre de 1824, Documentos de Valle.

[290] AGG, B5.8, 2037, 72. El escrutinio de votos populares. Cuando Valle rechaza el puesto, las elecciones parecen ir de acuerdo con lo pensado. El informante anónimo de Valle (Documentos de Valle), quien bien pudo ser un diputado, escribe: "Acabo de hablar con el mismo diputado. Dice que como resultado de la sesión de anoche los otros votaran por Mariano Beltranena para vicepresidente, en el evento de que usted [Valle] la rechace, y por O'Horan para presidente de la corte. Dijo además que si los Liberales no estaban de acuerdo con esto, los Conservadores votarían por usted [Valle] para presidente." Los diputados también tenían que elegir al presidente de la corte, y los candidatos eran Tomás O'Horan y Antonio Rivera Cabezas, un Liberal que había servido junto a Molina en el Supremo Poder Ejecutivo. Sobre la base de esta fina evidencia parece ser que la

Molesto porque los diputados deliberadamente habían escogido a Arce, Valle publica una protesta en la que repasa su carrera desde 1821, antes de atacar la cuestión de fondo. Reclama la autoría del acta de independencia y repite sus argumentos en relación con la anexión, invitando a sus lectores a leer con atención el "irrefutable documento" que había presentado, en el que demostraba que ni los ayuntamientos, ni el capitán general, ni el gobierno provisional poseía autoridad para anexar Centro-América a México. Vivamente recuerda sus sufrimientos como prisionero en Guatemala, y repasa en detalle su labor al frente del Supremo Poder Ejecutivo. Sin embargo, a lo largo del panfleto, ni hace gala de los servicios prestados ni se jacta de su habilidad. Escribe encolerizado, pero con una cólera controlada, suficientemente intensa para permitirle repasar su carrera, pero dominada por años de una disciplina que no permitía acusaciones absurdas y sin sentido. Con la precisión de un aristócrata enojado, y como si golpeara a un enemigo con su guante vacío, declara: "Estoy convencido que la elección del Congreso del Ciudadano Arce es nula". Otros que le "deben a su impecable imparcialidad," estaban convencidos de la "misma verdad". Y la nación entera estaría igualmente convencida si supieran lo que ha pasado. "Pero ese no es mi objetivo". Todo lo que trata de hacer es defender su buen nombre al rechazar cualquier participación en ese proceso clandestino. Con la cabeza en alto y las manos limpias, jura

---

negociación fue la siguiente: Los Conservadores del estado de Guatemala votarían por Arce para presidente. Después los Conservadores y Liberales elegirían a Valle vicepresidente, con la convicción de que Valle rechazaría el cargo. Después de que la hubiese rechazado, los Liberales deberían cooperar en la elección de Beltranena, un hijo de la capital que había recibido tan solo cuatro votos en las elecciones generales, y a O'Horan, a quien los Conservadores preferían por encima de Rivera Cabezas. Esta es la forma exacta en que se fueron dando las elecciones (AGG, B5.8, 2037, 72. El escrutinio de votos populares), pero es necesaria evidencia adicional antes de afirmar que tal negociación se dio. Y cualquier explicación, debe tomar en cuenta que José Francisco Barrundia fue electo vicepresidente después de que Valle rechazará el cargo. Entonces, Beltranena se convierte en vicepresidente después de que Valle y Barrundia rechazan el puesto.

que se retira de la vida pública.

El hecho de que el Congreso escogiera el presidente y el vicepresidente y que, en ambos casos, los diputados rechazaran al hombre con más votos populares fue suficiente para enviar a los panfleteros a buscar lápiz y papel. Cuando las mismas elecciones fueron denunciadas como un fraude por el hombre que gozaba de más respeto que cualquier otro en toda la nación, la decisión de los diputados adquiere la dimensión de crisis nacional. Un panfleto firmado por "Un Liberal" ataca la elección de Arce con fundamentos legales, intentando demostrar que la ley electoral del 5 de mayo de 1824 y las subsecuentes agendas de la Asamblea prueban que Valle debió haber sido electo. Y en una carta, el diputado Pablo Alvarado de Costa Rica escribe: "Repito que voté en contra de la elección de Arce por ser inconstitucional y peligrosa, y protesté su nulidad ante la nación entera y especialmente ante el Congreso y las cabezas de los estados". Pero los Liberales, opuestos a Arce, eran minoría y sufrían de manos de los Conservadores, que estaban en favor de Arce. Alvarado continúa diciendo: "Hablo en el Congreso con la firmeza, claridad y libertad con que hablo en la calle, en la plaza o en el campo". Gracias a su indomable carácter los Conservadores muchas veces le negaron la palabra, o si se la concedieron en momentos delicados, fue interrumpido mientras hablaba. Fuera del Congreso, los periódicos se suman a la discusión[291], y Valle continúa con su oposición. La cuestión finalmente llega a México y es ridiculizada por El Sol. El resultado neto es que una nube de duda pesaba sobre la elección, y Arce quedó desacreditado ante los ojos de muchos, antes de poder ejercer la autoridad ejecutiva.

Juan de Dios Mayorga, todavía en México, se encuentra

---

[291] El 6 de julio de 1825, el periódico de Valle, El Redactor General, anuncia el panfleto escrito por "Un Liberal" en relación con las elecciones y el "Diálogo de D. Melitón y D. Epifanio" sobre el mismo asunto. El Semanario ataca a Valle y se opone a su protesta, porque Valle acusa a su antiguo compañero político Mateo Ibarra de informar al Semanario. Ibarra niega con vehemencia la acusación. Ver de Ibarra para Valle, 14 de agosto de 1825, Documentos de Valle.

visiblemente alarmado por el descrédito que ese asunto le había traído a Centro-América. En términos sinceros, de amigo a amigo, le escribe a Valle.

Estoy infinitamente apesarado porque la cuestión de la nulidad de la elección de Arce está todavía caliente. Tendrás que darte cuenta que, por el bien del país, debes ponerle fin y enterrarlo en el eterno silencio. El asunto es serio dentro y fuera de la República - afuera porque nos desacredita-, pues parece que estuviéramos al borde una verdadera revolución o que el gobierno nacional es muy injusto y temerario.... Domésticamente, inspirará en el pueblo ideas que son desdeñosas del gobierno nacional, y el presidente será visto como un usurpador del poder.... Recuerda que cuando eras miembro del Supremo Poder Ejecutivo siempre te escribí deplorando la tonta conducta del Semanario de San Salvador en desacreditar el Superior Gobierno.... De verás te pido que escuches la razón, y si amas al país y estás interesado en preservar su reputación y buen nombre, no digas nada más sobre la presidencia[292].

Después de un vistazo a los fríos razonamientos de Dios Mayorga, el molesto Valle sin duda se da cuenta que la continuidad de la oposición tan solo dañaría al país. Sin embargo, la pérdida de la elección era la más amarga frustración que se le había pedido aceptar. De no ser por la decisión de los diputados, que bien pudo haber sido hecha desde tiempos del Capitán General González, Valle bien pudo haber sido el primer presidente de Centro América. Ofendido públicamente y herido profundamente, se retira a su estudio sin olvidar jamás, y continúa su oposición, a pesar de las

---

[292] 5 de octubre de 1825. Aparentemente se hizo otro intento para tranquilizarlo y quizá callarlo al nombrársele ministro ante Inglaterra. La noticia del nombramiento arriba el 8 de julio de 1825, y sin haberle dado pensamiento a la oferta, escribe su renuncia ese mismo día (AGG, B10.3, 3596, 169).

fervorosas suplicas de su amigo. En junio de 1825, Valle funda su segundo periódico, El Redactor General, y dirige algunas de sus columnas en contra de la elección. Pero su conducta aristocrática y su perspicacia política, que nunca le permitió ensuciarse en el charco, hace que ataque a sus oponentes en un plano superior al ofensivo. Los planos superiores eran la fortaleza de Valle. Encumbrado en el mundo de las ideas, era insaciable. Desde esas alturas podía acabar con un oponente sin derramar una gota de sangre. Este era el mismo punto a su favor que había tenido en 1820. Mientras El Editor había recogido epítetos de las calles, El Amigo, con la cabeza en alto y ocasionales miradas hacia bajo en busca de sus oponente, hablaba de estadística, agricultura, educación elemental, y del valor de los sabios para la sociedad -ideas que podían ser leídas en el silencio que nace después de la batalla, sin evocar la vergüenza o el sentido de que una frase u oración ha quedado incompleta. Al mismo tiempo, las tácticas de Valle eran extremadamente efectivas. Ocupó los primeros lugares de todas las luchas políticas en las que participó, y comprueba, como lo hacen sus enemigos, que la peor descripción de su persona que fueron capaces de transmitir a la posteridad es el retrato de un hombre imperdonablemente orgulloso y afecto en el trato.

En el primer número de El Redactor (12 de junio de 1825), con el temperamento tambaleándose a paso disciplinado, continúa su oposición con un tema que fue elaborado en los meses subsiguientes. En una analogía, sostiene que los "sabios" realizan la misma tarea para la sociedad que la razón para los hombres. "Los sabios son el sentido de la razón. A ellos corresponde la tarea de iluminar el bien general; a ellos pertenece la tarea de guiar a los estados". Algunos meses después explora el mismo tema cuando distingue entre "la voz del pueblo" y la "opinión pública". El primero no es más que el reclamo del ignorante en la efervescencia del momento. Sin embargo, la opinión pública era la expresión del pueblo que ha conocido y reflexionado sobre los asuntos del día.

"Los sabios deben ser el primer órgano de la opinión pública; ésta es su primera y más sagrada obligación". La historia enseña que las grandes naciones no deben su vigor y esplendor a los monarcas poderosos, ricos príncipes, o a un gobierno en particular, sino a "simples individuos que han hecho progresos en las ciencias o en el arte de gobernar". Cada gobierno debe estimular a los sabios a escribir y educar a la nación. Pero desafortunadamente es práctica común de los gobiernos modernos, "ridiculizar a los filósofos cuando no están persiguiéndolos".

La oposición a ese nivel tenía muchas más ventajas que una protesta que podía leerse de esta manera: El gobierno está en manos de ignorantes. No soy el presidente, pero como soy más sabio que esos en el gobierno, debería ser yo quien lleve las riendas. Críticas tan crudas como ésta se hubieran destinado a un receptáculo marcado con la palabra basura. El mismo pensamiento, en palabras de Valle, una vez que la cuestión de la elección había sido relegada, toma un nuevo significado y redunda en beneficios para el autor en vez de marcarlo como uno de los periodistas más irresponsables. El que fuera capaz de escribir la mayoría de sus protestas públicas con ese mismo estilo, es una prueba de su crianza aristocrática y de su disciplina.

En diciembre de 1825, después de seis meses de retiro, lleva a su familia a "La Concepción" para los feriados. Estando ahí, se da cuenta que la Ciudad de Guatemala lo ha electo para el segundo congreso nacional, a reunirse el primero de marzo de 1826. Escribe una carta de renuncia que parece expresar un sincero deseo de permanecer en el retiro. Explica que había estado continuamente involucrado en los asuntos de la nación desde 1821 y que, como resultado, su salud había sufrido. Un diputado debía asistir diariamente por tres o cuatro horas a sesiones, servir en comisiones, reflexionar sobre varios temas, y debatir sobre asuntos delicados. Sus nervios no resistirían tal concentración. Si bien es cierto, que en diciembre de 1825, había consentido formar parte de una comisión para redactar el código civil del estado de Guatemala, mucho del trabajo podía hacerse en la privacidad de su estudio donde no sufría interrupciones. La labor de un diputado simplemente era demasiada para él. "Decepcionaría a la nación si me presentara al Congreso como un hombre capaz de tan grandes tareas. Entonces, le suplica al Congreso que acepte su renuncia. Pero la comisión de credenciales del congreso se rehusó una y otra vez. Algunas semanas después de estar reunido el congreso, Valle ocupa su puesto.

[2]

En el transcurso del breve retiro de Valle de la vida pública, las relaciones entre el presidente Arce y el estado de Guatemala aseguraban que el segundo Congreso pasaría de crisis en crisis. Pocos después de que Arce toma posesión, se ve involucrado en un asunto trivial que adquiere dimensiones paquidérmicas. La asamblea constituyente había declarado el 24 de junio como feriado nacional para conmemorar la primera sesión de la Asamblea, prescribiendo un Te Deum y un discurso de rigor en la Universidad. En la Ciudad de Guatemala miembros del gobierno nacional planeaban celebrar el aniversario con las autoridades locales. Sin embargo, un funcionario local, se queja de la distribución de los asientos, jurando no asistir a la ceremonia busca el apoyo del presidente del estado, Juan Barrundia, un Liberal y hermano de José Francisco, un miembro del Senado. Arce pospone la celebración hasta el 25 de junio, e intenta persuadir a Juan Barrundia de que las autoridades locales de la capital debían asistir junto al gobierno nacional. Sin embargo, Barrundia aconseja a sus subordinados que declinen la invitación y explica que el gobierno del estado, localizado en Antigua, celebraría el feriado en forma separada. Arce, que aparentemente buscaba asegurar el respeto a la autoridad presidencial, ordena un destacamento de soldados para forzar a los funcionarios a aceptar[293].

Las relaciones entre Guatemala y el gobierno central volvieron a tensarse cuando el gobierno del estado decide moverse a la Ciudad de Guatemala, señalando la necesidad de un distrito federal. Como el gobierno central ocupaba las oficinas disponibles, el gobierno del estado decomisa dos casas privadas. Los propietarios protestan y le piden al gobierno nacional que proteja sus derechos. El Congreso autoriza a Arce a tomar las medidas necesarias. Juan Barrundia y la Asamblea estatal vieron la acción del Congreso como un intento por impedir el traslado del gobierno estatal, y la asamblea autoriza a Barrundia a formar un ejército y fabricar pólvora, permitiéndole elaborar talonarios de impuestos con ese propósito. Las implicaciones eran claras, y el presidente Arce y el Congreso se vuelven más circunspectos y permiten que el gobierno estatal utilice el edificio que había alojado las oficinas del monopolio del tabaco.

La debilidad del gobierno federal que se pone de manifiesto en esta petulante y peligrosa rivalidad, muestra además, las discordias al interior del mismo Congreso. De acuerdo a un diputado Liberal, Pablo Alvarado, los Conservadores (los que apoyan a Arce) tratan sin miramientos a los Liberales. Aprendiendo del duro trato, y resueltos en espíritu, acusa que los Conservadores habían tratado de atemorizarlo, lo confinan, lo molestan, lo insultan y lo expulsan del Congreso. No puede parar de contar en un día, todos los medios de que se valen ambos partidos, para causar problemas entre los estados y el gobierno nacional.

Quizá Alvarado exagera, pues el Congreso ratifica la Constitución y se ocupa de asuntos de interés general. La Constitución establecía que la mitad de los diputados de cada estado serían electos cada año. Una rifa decidía que distritos celebrarían comicios. Como resultado, los que debían buscar su reelección era en su mayoría Conservadores. Y en la elecciones perdieron

---

[293] AGG, B7.9, 3145, 135. Comisión de puntos constitucionales, 27 y 30 de junio de 1825; Arce, Memorias, p. 25.

abrumadoramente frente a los Liberales, asegurándose que el segundo congreso fuera hostil a Arce. Este era el congreso al que debía entrar Valle.

[3]

Sin duda, el intento de renuncia de Valle era sincero. Había trabajado sin descansar desde 1821, y como argumenta, su salud probablemente sufre. La irritante frustración que resulta de la elección presidencial, no le permite ninguna paz mental, y se había ocupado de explicar su derrota y de convertirse en el sentido de la razón para el país. Cada semana, informa de los acontecimientos relevantes de la política Centroamericana y mundial. Todas las semanas y en forma gratuita, envía veinte copias de El Redactor a hombres influyentes a lo largo de los estados[294]. Pero a pesar de su continuo interés en la política, se contrae a los pensamientos sobre las cansadas labores de un diputado. Sin embargo, cuando su renuncia fue rechazada por segunda vez, probablemente esperaba con impaciencia su primer día. Su actitud se asemeja a la de una persona que espera nadar en el Lago Atitlán y que tiembla pues sabe que el agua esta fría, y que tan pronto como recoja suficientes fuerzas para lanzarse el agua le dará a su salud un estímulo y energía. El Congreso arruinó el valor de Valle al rechazarle su renuncia, y éste la recibe y se revitaliza con sus efectos.

El 28 de marzo de 1826, responde a su primer llamado, y en el curso de las tareas del día pide la palabra y le es otorgada. Su propósito era el de presentar una moción para que el gobierno patrocinara un periódico que publicara resúmenes de los debates,

---

[294] Anuncia esto en el prospecto sin fecha de El Redactor. Sin embargo, parece ser que muchas más copias eran enviadas a los estados. Francisco Morazán (Para Valle, Comayagua, 24 de agosto de 1825, Documentos de Valle) acusa recibo de veinte ejemplares del periódico, mismo que posiblemente había ordenado el gobierno.

pero también aprovecha la oportunidad para explicar las circunstancias que habían resultado en su presencia, y anunciar su determinación de colaborar en la construcción de una sociedad estable. Sabía que el Congreso enfrentaba la tarea de crear una república de provincias gobernadas alguna vez por un gobierno distante. Darle a la "vestidura toda la belleza que existe en la mente" no era tarea de un momento. El proceso creativo era difícil -tan difícil que los "traidores" e "ingratos" sugerirían sacrificar la nación entera a las ambiciones extranjeras. "Dividámosla y hagámosla para América, lo que la infeliz Polonia era para Europa" ese era su dictado. Sin embargo, "los amados hijos de la nación" sacarían fuerzas para enfrentar el reto.

"Trabajemos el doble... Trabajemos de día y de noche, y no descansemos hasta que la última piedra del edificio este en su lugar". Esta era la respuesta de Valle. Temeroso por los planes, reales o imaginarios, que pretendían dividir a Centro-América, y dedicado al bienestar de la nación, se ofrece como objeto de desprecio si alguna vez se desvía de la "línea que un diputado debe seguir"[295]. Ostensiblemente su moción para imprimir los resúmenes

---

[295] Valle y Valle Matheu, eds., Obras, I, 116-121. Un escocés que observó ese Congreso comenta que los diputados parecían "tenderos en sus ropas de Domingo," y que vio a uno "sin medias y zapatos." Ver James Wilson, A Brief Memoir of the Life of James Wilson (late of Edinburgh) with Extracts from His Journal and Correspondence, Written Chiefly during a Residence in Guatemala, the Capital of Central America (Londres, 1829), p. 115. Como contraste esta la experiencia de G. A. Thompson (Narrative of an Official Visit, pp. 138-139). "No puedo dejar de resaltar la buena apariencia de caballero ingles en sus vestiduras. Uno de ellos [de los diputados], un hombre joven, con ancha vestidura pelliza, particularmente bien guarnecido con pieles y alamar, parecía muy ocupado contemplando mis vestiduras, que estaban lejos de ser las correctas; tenía puesto una levita de vestir azul, con forro de seda canario, del que no debo agregar es en ninguna circunstancia un traje de día." El equipaje de Thompson inundado a su llegada y no tenía nada más que ponerse. Además ver el dibujo de J. Haefkens (Centraal Amerika, p. 341) de los ciudadanos de la capital caminando por la calle real. Wilson probablemente vio un Indio que se había convertido en ladino al cambiar sus ropas tradicionales por los vestidos europeos, y que no se había acostumbrado a las medias y a los zapatos, si es que lo podía pagar. Pudo haber sido un mensajero de los diputados.

de los debates, tenía como fondo una petición por la unidad, la cooperación y el fin de las destructivas rivalidades. Pero si hubiera agitado las manos y ordenado a los volcanes Agua y Fuego que cambiaran lugares, el efecto hubiera sido el mismo.

El Congreso al que se dirigió Valle era predominantemente Liberal -opuesto a Arce-, y aparentemente, el principal objetivo de los Liberales era el de avergonzar al Presidente. En realidad Arce estaba en una posición imposible. Hasta que se convirtió en presidente, había sido considerado Liberal por sus posiciones. Pero le debía el cargo a los Conservadores de Guatemala, y este hecho ahuyentaba a muchos Liberales. Entonces, durante las primeras semanas de la administración, trata de convertirse en presidente de hecho y no de palabra cuando castiga con mano dura al gobierno Liberal de Guatemala. Los Liberales en el segundo Congreso y muchos de sus seguidores por toda la nación, interpretan los deseos de Arce de ganar respeto para el ejecutivo, como un golpe a los Liberales. Los Conservadores, que lo respaldaban, le dieron el mismo significado a este acto. Así, cualquier cosa que Arce hiciera estaba destinada a ser vista como una actitud partidista. Sin la habilidad para el cargo, el bienintencionado Arce tropieza de crisis en crisis, incapaz de imaginar otros medios que no fueran los de obligar por la fuerza a que se respetara el ejecutivo. En vez de lograr sus objetivos, se despoja de todo respaldo con excepción del de la "familia."

Después del mensaje de Arce al segundo congreso (1 de marzo de 1826), los Liberales comienzan a redactar una moción destinada a regular las fuerzas armadas, pero destinadas a conferir el control de las mismas a los estados. En relación con este asunto, los diputados Liberales solicitan los servicios de Nicolás Raoul, un soldado francés con fortuna. En Colombia, Pedro Molina, siguiendo las instrucciones del Ejecutivo Valle, invita a Raoul a aceptar una comisión del gobierno de Centro América[296]. Raoul acepta, y poco después de su llegada se suma a los Liberales. Al darse cuenta de las relación de Raoul con el proyecto de los Liberales, Arce le ordena reconocer la costa norte del país. Al mismo tiempo, el presidente busca fortalecer sus relaciones con los militares. Con el pretexto de que había peligro de una invasión española desde Cuba, y con el propósito inmediato de ponerle fin a la renovada contienda en Nicaragua, decide agregar cuatro mil tropas al ejército nacional. Los Liberales protestan, diciendo que Arce estaba armando el ejército para hacerse del control del país en su beneficio, y en el de los Conservadores. El 30 de marzo, en contravención de las ordenes de Arce, los diputados le ordenan a Raoul permanecer en la capital. Arce responde ordenándole que inicie su misión en el término de tres días, a lo que Raoul obedece.

El Salvador, inamovible en su apoyo a Arce, declara el 21 de abril de 1826, que nada podía esperarse del Congreso mientras permaneciera en la Ciudad de Guatemala. El primer Congreso, dominado por Conservadores de Guatemala, avivó los fuegos del provincialismo; el segundo congreso, bajo el yugo de los "Liberales de Guatemala," estaba haciendo lo mismo. El 2 de junio, actuando bajo instrucciones del gobierno de su estado, los diputados de El Salvador se retiran del Congreso, seguidos por aquellos de Costa Rica y la mayoría de los Conservadores. El propósito aparente era el de evitar que hubiera suficiente quórum e impedir que continuara la oposición a Arce. Diez días después, cuando los Liberales habían

---

[296] De Valle para Pedro Molina, 12 de marzo de 1824, AGG, Documentos de Molina. Valle explica que algunos querían que Molina asegurara los servicios de varios oficiales y soldados. "No soy de esta opinión." Entonces las instrucciones de Molina llaman tan solo para "4 capitanes," dos artilleros y dos ingenieros. "El amigo Arce, que acaba de llegar me dice que Bolívar tiene 6 mil criminales en su ejército y quiere deshacerse de ellos. Ocúpese de que ninguno de ellos venga." Raoul acepta la invitación de Molina un año después. Ver De Raoul para Molina, 12 de marzo de 1825, AGG, Documentos de Molina. Para un amplio estudio sobre Raoul, ver Adam Matthias Szasdi, "The Career of Nicholas Raoul in Central America" (Tesis de maestría inédita, Tulane University, 1954).

prometido no iniciar acciones contra Arce o los Conservadores, el segundo congreso se reinicia, pero los diputados de El Salvador y Costa Rica no regresan nunca. Con esta nota ominosa los diputados clausuran sesiones el 30 de junio de 1826.

En medio de esta confusa rivalidad, la posición de Valle continúa siendo incierta, Alejandro Marure escribe que Valle se unió a los Liberales para sacar a Arce. Con el "coloso caído," Valle esperaba convertirse en presidente. Manuel Montúfar señala que Valle al entrar al Congreso fue sumiso, pero después le dio rienda suelta a su resentimiento contra Arce. Valle, siempre pensando en la historia, publica y distribuye varios de sus discursos como congresista. El 7 de abril de 1826 habló de la necesidad de las Américas de una expedición científica dirigida por alguien como el Barón Alexander von Humboldt. Diez días después, se dirige al Congreso con el tema "Nuestra Soberanía y el Principio de No Intervención". El 21 de abril señala que el tiempo se les escapaba de la manos, y que una enorme cantidad de trabajo demandaba ser terminada, y sugiere formas para proceder con más eficiencia. Seis días después, la posibilidad de un canal por Nicaragua atrae su atención y era también tema de su discurso del 2 y 12 de mayo. Una semana después habló de las injusticias pasadas de las cortes militares. Durante varios días trató de explicar que la libertad de expresión no era absoluta, y el 29 de junio, antes de que el congreso se suspendiera, protesta contra una moción que demandaba la decisión unánime de un tribunal antes de que un diputado fuera condenado por algún cargo.

A la vista de estos tópicos, Valle aparentemente siguió la "línea dibujada por la prudencia" que había guiado sus actos desde los días del gobierno provisional y mientras servía como ministro de Iturbide. Su primo Justo de Herrera capturó el espíritu de las intervenciones de Valle: "He leído los tres cuadernos que contienen tus participaciones en el Congreso. Te confieren un honor que tus enemigos no pueden obscurecer"[297]. Y una segunda carta de Justo sugiere quienes eran sus enemigos. "Tengo razones para creer que todos aquellos que en la capital y en las provincias son llamados Conservadores son tus enemigos y, en consecuencia nuestros [los Herreras], que también los tenemos entre los Liberales".

Probablemente, si Valle hubiera tenido que escoger entre los dos grupos, hubiese escogido a los Liberales, no por su filosofía política, si es que tenía alguna, sino porque se oponían a Arce. Pero en ese momento Valle no tenía por qué hacer la elección en la que tenía que considerarse en favor del menor de dos males. A inicios de 1826, después de su regreso de "La Concepción," el gobierno del estado de Guatemala, controlado por los Liberales, demuestra que estaba listo para recurrir a la fuerza como lo estaba el Presidente Arce. Y Valle era uno de los objetivos. "Demando el cumplimiento de la ley fundamental. Pido a la Asamblea del estado de Guatemala, tomar en consideración la violación de la ley. Le pido que tenga la bondad de ordenar el retiro del destacamento de tropas que custodian mi casa y que asuma que he cumplido mi obligación de dar 640 pesos a la última subscripción, además de todas las anteriores"[298]. El que Valle se haya podido identificar con el presidente del estado, Juan Barrundia, y "sus satélites" parece poco creíble.

[4]

El segundo Congreso debía volver a reunirse el primero de octubre de 1826. Sin embargo, algunos acontecimientos durante el verano, virtualmente prometían que las rivalidades entre los estados y el gobierno nacional no serían terminadas por los legisladores.

---

[297] De Justo de Herrera para Valle, Choluteca, 5 de agosto de 1826, Documentos de Valle.

[298] Documentos de Valle. La nota, de fecha 22 de febrero de 1826, no tiene dirección y no está firmada pero está en la letra de Valle.

Raoul, que había iniciado su misión, decide renunciar a la misión y regresar a la capital. Su carta de renuncia era de puros ataques contra el Presidente Arce, quien inicia proceso para llevar a corte marcial a Raoul. El Capitán José María Espínola, con órdenes para arrestar a Raoul, lo aprehende y encarcela. Al saber del encarcelamiento de Raoul, Juan Barrundia informa a la asamblea estatal, declarando que Arce había pasado por encima de la autoridad estatal al ordenar el arresto de Raoul en territorio de Guatemala, sin el permiso previo de ese estado. Para evitar futuras violaciones, la asamblea estatal, el 16 de agosto de 1826, alienta a Juan Barrundia a hacerle frente con la fuerza, y cinco días después, ordena al Capitán Cayetano de la Cerda que con 300 hombres arreste al Capitán Espínola y libere a Raoul. Al mismo tiempo, la asamblea estatal se niega a cumplir con sus cuotas tributarias. Algunos días después que Arce se da cuenta que Espínola se ha rendido ante las tropas estatales, escucha rumores de que Barrundia planea derrocar el gobierno nacional. Después de largas reflexiones, Arce decide dar el primer paso. El 5 de septiembre de 1826, ordena el arresto y encarcelamiento de Barrundia, y la orden fue cumplida temprano por la mañana del día siguiente, y Cirilo Flores, vicepresidente del estado, asume la presidencia.

El día en que el segundo congreso debía volver a reunirse (primero de octubre de 1826), el número de diputados asistentes estaban lejos de formar el quórum. Arce, en un intento por eliminar la oposición Liberal y ponerle fin a la influencia de la capital, llama a un Congreso Extraordinario a reunirse en Cojutepeque, El Salvador. Los estados, de acuerdo a las órdenes de Arce, debían enviar un diputado por cada 15,000 habitantes, en vez de uno por cada 30,000 como ordenaba la Constitución. Unos días después el gobierno estatal de Guatemala se disuelve. El 8 de octubre de 1826, Cirilo Flores traslada el gobierno estatal a Quetzaltenango. Cinco días después una muchedumbre indígena asesina a Flores y pone a otros en peligro de muerte. Arce asume la autoridad ejecutiva del estado, y el 31 de octubre ordena la elección de un nuevo presidente y vicepresidente de Guatemala. Con la oposición en ese estado destruida, y la promesa de un congreso amigo en Cojutepeque, Arce sin duda creyó que el orden seria restaurado. Pero en esta coyuntura, El Salvador bajo la nueva dirección ejecutiva de Mariano Prado, se niega a reconocer el decreto de Arce convocando a un nuevo congreso nacional en El Salvador. Prado comienza a organizar tropas.

Para garantizar aún más que la paz y el orden no se alcanzaría fácilmente, la antigua rivalidad entre Dionisio de Herrera y sus enemigos estalla. La asamblea constituyente se reúne en el otoño de 1824, y el 16 de septiembre Herrera se convierte en jefe del estado. Escéptico sobre la habilidad de los diputados, le escribe a Valle que los hombres que estaban en la asamblea se creían capaces de redactar "diez constituciones," aunque ésta no era la opinión de hombres de buen juicio. A cualquier ritmo los diputados terminaron sus tareas, y en cuatro meses dieron paso a la primera asamblea estatal. Herrera continuó como presidente, a pesar de que una de las facciones alegaba que había sido electo provisionalmente y que debía renunciar para permitir una nueva elección. No renunció y un buen número de ciudades y pueblos, aparentemente bajo el liderazgo del Obispo Nicolás Irías, se niegan a reconocer su autoridad. La rivalidad aumenta, y el 3 de noviembre de 1826 los enemigos de Herrera intentan asesinarlo. Una semana después le describe el evento a Valle. "Esto te aterrorizará. El tres de este mes, a las 2:00 de la mañana., me dispararon cinco tiros por la ventana de mi casa". Culpa a Irías pero también responsabiliza a Arce. El "Presidente de la República ha mantenido correspondencia con mis enemigos y con los más inmorales hombres de Honduras". Aquí, se dice comúnmente, que "estos hechos son el resultado de sus planes".

Para este tiempo, el estado de El Salvador aparentemente ha decidido que Arce debe ser removido. Herrera escribe que "el gobierno de San Salvador me ha invitado a proceder con él en el sostenimiento de la Constitución, como dicen." En marzo de 1827, Arce despacha tropas para Honduras, y Herrera viaja a la Ciudad de Guatemala bajo arresto. Ese mismo mes, tropas de El Salvador inician su marcha sobre la Ciudad de Guatemala, y Arce, con la ayuda del nuevo presidente de Guatemala, Mariano Aycinena, se prepara para el ataque y dan inicio a la guerra que duraría hasta 1829.

En el otoño de 1826, Valle era una espectador de la crisis que se desarrollaba. Había estado preparado para ocupar su curul en el congreso que no pudo reunir el quórum requerido, pero refiere como inconstitucional al decreto de Arce convocando a un nuevo congreso. Al alarmarse cada día más de la facilidad con que los hombres de ambos bandos recurrían a la violencia, pone el grito en el cielo en un editorial: "La Ley. La Ley. Eso es lo que salva a las naciones de los peligros más inminentes". Sin embargo, se da cuenta que los editoriales eran fútiles, y cuando comienza la guerra, la acepta filosóficamente. Las luchas domésticas son plaga de "todas las repúblicas de América," pero la inestabilidad, el caos y la guerra civil eran inevitables para naciones haciendo la transición de una forma de gobierno a otra. "Esta es una de las leyes invariables que ha sido descubierta en la [historia] ciencia política". Personalmente, continuó viviendo en la Ciudad de Guatemala "sin cambiar mi estilo de vida". Pero, en medio de este "torrente de eventos", su propia frialdad le permitió ver con más claridad la sabiduría de las "teorías de los filósofos"[299]. En esta nota reflexiva Valle señala que los peligros son lo peor que puede ofrecer una sociedad que ha puesto fin a una forma de autoridad y que todavía no ha encontrado otra que respetar.

---

[299] De Valle para Miguel González Saravia, 23 de julio de 1827. Esta carta fue destruida parcialmente.

Sin embargo, la guerra, le dio los primeros momentos de tiempo libre desde 1818-1820. Pero una década atrás había sido forzado a salir de la vida pública por personas tan ambiciosas como él mismo. Frustrado y gárrulo, había pasado la mayor parte del tiempo cuidando sus propios intereses. De 1827 a 1829, cuando termina la guerra, un Valle más sabio busca refugio en el mismo lugar. Todavía guardaba ambiciones para el talento que sabía poseer, pero identifica sus aspiraciones con las de Centroamérica. Sabía, quizá mejor que la mayoría de sus contemporáneos, que la nación poseía los recursos para una vida nacional estable. Al mismo tiempo, reconocía que la ignorancia de las grandes mayorías y la inexperiencias de los educados en los asuntos del gobierno, eran los dos grandes defectos del carácter nacional. El darle a la "vestimenta toda la belleza que hay en la mente" -substituir las debilidades por fortalezas- era la tarea hercúlea que se había impuesto. La educación era su respuesta y era la de todos desde la independencia. Bien sabía que educar para tener ciudadanos responsables y liderazgos hábiles, no era cuestión de un momento. Lo que propone entonces, con imaginación y sinceridad, era el liderazgo de los pocos dotados hasta el incierto momento en que esta sociedad aceptara las obligaciones de la libertad. Limpios de las cargas de la libertad, cada ciudadano ejercería con prudencia sus privilegios de libertad, -resultaría una sociedad estable- y los sabios, cansados y envueltos en la gratitud de la nación, podían entonces retirarse a sus estudios, siendo los guardianes del sentido nacional de la razón. Aquí descansaba la conexión vital entre sus propias esperanzas y las que atesoraba para la nación. Se miraba así mismo como uno de los pocos privilegiados que podían ofrecer su liderazgo, hasta que la sociedad centroamericana madurara. Y si durante la guerra apareció como un intelectual Walter Mitty, es debido a su creencia que muy pocos centroamericanos, además de él eran, capaces de un liderazgo como el que imaginaba para sí, ayudado solo por los sabios de Europa.

"Amo a la Europa y los que son su ornamento más bellos [los sabios][300]", escribe en himnaria reverencia. "Es mi deseo que cada sabio de Europa dedique su talento a diseñar un plan que América debe seguir en sus asuntos exteriores y domésticos.... Si fuera el Amo de América, esto ya estuviera hecho". Seguramente mueve su cabeza en señal de aprobación, al leer que el origen de los problemas de Centro-América tenían su antecedente en la salida del Capitán General Bustamante, que marca el momento en que la autoridad es depositada en manos débiles. "Las suyas eran las únicas capaces[301]". Sin embargo, Valle lo pone de otra manera. "Mi voluntad no es omnipotente. Si lo fuera, permítaseme decirlo, la República presentaría una apariencia diferente." Sin embargo, el cambio no se debería sólo a sus propios esfuerzos, sino que también a los de los sabios europeos que atraería a Centro-América. "Hace más de dos mil años, Platón dijo: 'Los problemas de la humanidad no terminarán mientras los sabios no controlen el gobierno'". Para Valle, los sabios eran "los primeros Seres de la especie humana. Cada uno tiene su escala y esta es la mía"[302].

Durante los años de la guerra, Valle trata de enrolar para Centro América[303] el talento de los eruditos europeos. En 1825, el primo Próspero Herrera viaja a Londres con el propósito de formar una empresa para explotar las minas de los Herrera con capital inglés. Valle le da instrucciones precisas de que le envíe libros, revistas, periódicos y direcciones de los eruditos más aventajados. A través de Próspero, Valle inicia el intercambio de correspondencia con Jeremías Bentham, el Conde Guiseppe de Pecchio (1785-1835), un

---

[300] De Valle para Alvaro Flórez Estrada, 24 de marzo de 1830, Valladares, ed., Valle, p. 182.

[301] De Miguel González Saravia para Valle, Ciudad de México, 27 de diciembre de 1826, Documentos de Valle.

[302] De Valle para Flórez Estrada, 24 de marzo de 1830, Valladares, ed., Valle, p. 182.

[303] De Valle para Flórez Estrada, 24 de marzo de 1830, Valladares, ed., Valle, p. 182.

economista italiano cuyo matrimonio le permitió llevar una lujosa vida en su exilio de Brighton, y Álvaro Flórez Estrada (1769-1853), un conocido economista español que también pasaba su exilio en Inglaterra. Sin embargo, Valle fue personalmente responsable por iniciar correspondencia con Alexander Von Humbolt. Busca los servicios y el consejo de cada uno de estos hombres, e implora a Humbolt que haga un reconocimiento de Centro América, región que había obviado en su clásica expedición. Cuando Flórez Estrada pública un volumen de economía política, Valle lo invita a enviar copias para venderlas en Centro América, mismas que el confiable Próspero empaca y envía cuarenta copias[304]. Pecchio envía su estudio de las obras de un economista italiano[305], pero es Bentham el que le envía el mejor regalo. En una carta en inglés para Herrera, Bentham dice, "Tenga la gentileza de agregar a mi carta para Del Valle lo siguiente. Después de mi muerte, Bowring tiene instrucciones de enviarle cualquier obra que en el futuro haga como si yo lo hiciera"[306]. También de Bentham llegaban copias de su Westminster Review, y Próspero busca el consejo de Bentham sobre la lista de libros pedidos por Valle. Al ver la lista Bentham preguntó

---

[304] De Próspero de Herrera para Valle, Londres, 12 de septiembre de 1829, Documentos de Valle; De Flórez Estrada para Valle, Londres, 14 de agosto de 1829, Valladares, ed., Valle, p. 180. El título del libro era Curso de economía política (Londres, 1828). Más tarde, Valle públicamente alaba el libro. Ver Boletín Oficial, primero de julio de 1831.

[305] De Próspero de Herrera para Valle, Londres, 12 de septiembre de 1829, Documentos de Valle; De Valle para Pecchio, 24 de marzo de 1830, Valladares, ed., Valle, p. 196. El título del libro era Storia dell' economia pubblica in Italia (Lugano, 1829).

[306] De Próspero Herrera para Valle, Londres, 7 de octubre de 1829, Documentos de Valle. Sin duda Valle podía leer con más facilidad el inglés de Próspero que el de Bentham. Próspero escribe (para Valle, Londres, 15 de septiembre [sin año], Documentos de Valle): "He visto copia de cartas que te envía, y déjame decirte desde ahora que leerlas te tomara mucho trabajo. A pesar del hecho de que estoy más acostumbrado a su letra que a la de sus secretarios, debo hacer pausas en muchos párrafos y adivinar otros. Pero el contenido de las que te envía y la consideración y estima que te guarda harán que el pequeño esfuerzo valga la pena." John Bowring era el secretario de Bentham.

"si los libros eran para enriquecer la biblioteca del congreso". Próspero bien pudo responder, en palabras de G. A. Thompson, que eran para alguien que "parecía tener un apetito intelectual desordenado". Por el contrario, Próspero responde que Valle "podía usarlos con ese propósito".

Valle también usa su correspondencia para dirigirse a un público más amplio, al enviar copias de sus propias publicaciones. Durante algunos momentos, las gruesas líneas que años de trabajo y frustración había puesto sobre su frente, se suavizan al leer sus comentarios. Flórez Estrada le dice a Próspero: "A pesar de que no estoy de acuerdo con todos sus razonamientos [de Valle], no creo que haya alguien en América con tales conocimientos de economía". Con alegría lee los elogios de Alexander von Humboldt: "Su discurso a la apertura del congreso federal que Usted se ha dignado comunicarme, respira los sentimientos más generosos unidos con el conocimiento profundo de las verdaderas bases de la libertad pública." Nuevamente de Próspero provienen más halagos: "El Conde Pecchio que ha leído todos tus documentos.... ha publicado un ensayo sobre Guatemala en el que incluye tú nombre con distinguidos elogios". A Pecchio le debe Valle su membresía en la sociedad parisina para el mejoramiento de la educación elemental. "Te envío el diploma," le escribe Próspero. Bentham también lee todos los documentos que Valle le envía, y de acuerdo a Próspero, Bentham tiene una muy buena opinión de Valle. Pero las comisuras de su boca debieron abrirse un poco al leer otra carta de su primo: "Le dije [a Bentham] que quieres su retrato. No tiene ninguno, pero te lo enviara tan pronto como pueda"[307].

---

[307] De Próspero de Herrera para Valle. 15 de septiembre [sin fecha]. Pero Valle sin duda se alegró al leer: "Te estoy enviando un Barómetro de Montaña, el mejor.... que puede ser encontrado aquí." Ver de Próspero de Herrera para Valle, Londres, 29 de mayo de 1828, Documentos de Valle. Por la misma carta, Valle se dio cuenta que copias del Times estaban en camino. Después de un viaje a París, Próspero envía direcciones de otros eruditos (la de Juan Bautista Say, por ejemplo) y sus impresiones de París (Londres, 4 de abril de 1827, Documentos de Valle).

Próspero también trata de publicar las obras de Valle. "Por favor envía todos los escritos que has publicado desde la independencia de España.... Solo tengo un El Amigo de la Patria". También le escribe pidiendo más copias de El Redactor General. "Dejé las primeras en París para ser publicadas". Además, Próspero convence a un amigo para que escriba un artículo sobre Valle en el Westminster Review.

Mientras Valle pasó la mayoría de los años de la guerra en un mundo apartado de Centro-América, recuerdos desagradables se inmiscuían ocasionalmente. A la manera del Gobierno Liberal de Barrundia; los Conservadores bajo Arce, Beltranena y Mariano Aycinena se vieron obligados a recurrir a préstamos forzados. En 1828 los Conservadores demandaron 2,000 pesos de Valle, y cuando declaró que era incapaz de reunir el dinero, un destacamento de soldados lo obligó a sacrificar algunas de sus pertenencias para cumplir con "dicha suma"[308]. Sin embargo, el mismo gobierno exime del servicio militar a Cecilio Chinchilla y Sebastián Burgos, quienes trabajaban para Valle en "La Concepción".

A inicios de 1829, la Ciudad de Guatemala, el último fuerte de los Conservadores, cae frente al Ejército Liberal de Francisco

---

[308] 5 de octubre de 1833, Documentos de Valle. En 1829 cuando muchos hombres regulares y seculares del clero fueron expulsados el gobierno adquirió la propiedad de las hipotecas que tenían en su favor las organizaciones eclesiásticas. Valle recibe una nota de la comisión nombrada para recolectar las hipotecas en mora pidiéndole 2,000 pesos que Valle adeudaba por "La Concepción." Valle contesta que le había debido 2,000 pesos al Convento de La Merced pero que los había satisfecho "años atrás." Después explica: "En el año de 1828, el gobierno de este estado demando de mi un préstamo de 2,000 pesos, y al mostrarles que no tenía esa cantidad, envío un destacamento de soldados a mi casa y me forzaron a sacrificar algunos bienes y pagar dicha suma. El congreso federal, en 1829, paso la ley del 3 de octubre, que su Artículo 3 decía: Los que no siendo instigadores ni cómplices en la revolución y que puedan demostrar la cantidad que el gobierno, legítima o ilegítimamente, pidió de ellos, tienen derecho a la indemnización. El Artículo 8 añade que la compensación completa seria permitida a aquellos que debieron ser indemnizados si reconocen su hipoteca con los suprimidos monasterios." Valle apunta que la hipoteca sobre su hacienda había sido pagada por la fuerza con el crédito y que: "He sido víctima de la revolución, no cómplice".

Morazán, que aprisiona a Arce y a Aycinena junto a otros que habían servido a su lado o que los habían apoyado. Juan Barrundia fue restaurado a la presidencia de Guatemala, y su hermano, José Francisco, el viejo senador, fue nombrado para terminar el período de Arce como presidente de la República. El congreso nacional, del que Valle era miembro, se reúne el 22 de junio, y se ocupa entre otras cuestiones importantes de la suerte de los prisioneros. El Congreso los declara traidores y los sentencia a muerte, pero el mismo día decreta un amnistía general, reduciendo la pena de muerte al ostracismo permanente. Manuel Montúfar que pasa su exilio en México, alega que Valle era el autor de las penas, y lo insulta por haber tomado venganza. No sabemos si Valle redactó los decretos pasados por el Congreso. Lo que es cierto es que no tenía ninguna simpatía por Arce y Aycinena[309]. Una carta de Próspero de Herrera, en respuesta a la carta de Valle del 20 de mayo de 1829, puede darnos una pista de los sentimientos de Valle. "Si el exilio de un número tan considerable de personas es decretado... seguramente se amargarán, y el número de enemigos fuera del país, que ya es grande, se incrementará. No apruebo este tipo de castigo". De

---

[309] Un indicador de los sentimientos de Valle por los Aycinena puede deducirse de una carta que recibe de su primo Próspero (Londres, 27 de marzo de 1830, Documentos de Valle). "El primero del mes pasado, [nombre ilegible] Aycinena se fue de aquí.... para Nueva York. Sabes que durante el tiempo en que su familia permaneció ahí nunca me visito. Después vino la humillación de venir a pedir una recomendación.... Olvidando los muchos daños que mi familia y mis queridos parientes han recibido de ellos, pero le di la carta de recomendación...." Próspero continua diciendo que se hubiera negado de saber las actividades de los Aycinena en Londres. "Dejo una deuda con cada persona que trato, y la peor parte es que ninguna fue contratada de buena fe. Su último truco fue darle poder al Sr. [nombre ilegible] de la Casa de Barclay para recibir su correspondencia y las consignaciones hechas a él, sobre cuya base recibió un préstamo de cincuenta libras esterlinas. Al mismo tiempo, había dado la misma autoridad al Sr. Hill [?], quien había pagado, de acuerdo a lo que me ha dicho, las deudas en mención, que ascienden a mil libras." El fraude fue descubierto cuando llego una carta para Aycinena, y cada uno de los hombres a los que les había dado poder reclamo la carta, creyendo que contenía noticias de un "gran cargamento de añil." Cuando abrieron la carta, no encontraron una sola línea del cargamento de añil pero las "tristes quejas de su afligida tía o madre sobre la expulsión de los frailes."

acuerdo a Herrera, el destierro sólo debía aplicarse a aquellos que "empezaron la guerra".

Al término de la guerra, Valle estaba listo para comenzar a poner las cosas en su lugar. Escribe que "Hemos sufrido daños incalculables". "La República ha retrogradado espacios inmensos". Pero Centro América poseía las materias primas para la riqueza y estabilidad. "Tenemos en su área tierras fértiles, en sus montañas minerales ricos..." Pero informa en tono pesimista, que "no tenemos los hombres necesarios para servir los empleos que debe haber en el sistema adoptado". ¿Dónde podremos encontrarlos? -pregunta retóricamente, "80 y tantos individuos dignos de ser legisladores, 10 capaces de ser senadores, 20 y tantos con aptitudes para ser Consejeros, 2 para presidente y vicepresidente de la República, 10 para presidente y vicepresidente de los estados", y una multitud para otros cargos[310].

Valle planea continuar sus esfuerzos por construir una nación sobre las sólidas bases de una ciudadanía educada, pero era optimista sobre el resultado de sus esfuerzos. En el transcurso de

---

[310] De Valle para Flórez Estrada, 27 de Octubre de 1829, Valladares, ed., Valle, p. 181. Si la voluntad de Valle hubiera sido "omnipotente," hubiera establecido escuelas para ejecutivos, legisladores, y jueces. Ver Valle y Valle Matheu, eds., Obras, I, 179. Para una nota del Consulado Británico en Centro-América concerniente a los recursos para la "riqueza y grandeza" de la región, ver De John O'Reilly para George Canning, 22 de febrero de 1826, R. A. Humphreys, ed., British Consular Reports on the Trade and Politics of Latin America (Londres, 1940), p. 299. Para apretada síntesis de los recursos naturales de Centro-América, ver John Baily, Central America: Describing Each of the States of Guatemala, Honduras, Salvador, Nicaragua, and Costa Rica; Their Natural Features, Products, Population, and Remarkable Capacity for Colonization (Londres, 1850). Si este es el mismo Baily que actúo como agente de una firma londinense que contrato un préstamo para Centro-América, tiene razones para ser indiferente. Durante los últimos días de la guerra civil, Arce lo obliga a ayudarle en la lucha contra Morazán. Tras derrotar a Arce, Morazán puso a Baily en la cárcel. Indignado y confundido después de "más de diez semanas" en la cárcel, Baily intenta recuperar su libertad pidiéndole a Valle que mueva sus influencias. En la carta dice haber vivido en Centro-América desde hace cinco años, o sea desde 1824, que fue cuando se negocio el préstamo. Ver De Baily para Valle, Prisión de Belén, 5 de julio de 1829, Documentos de Valle.

cuatro años había visto la promulgación de la Constitución y la toma de posesión de las autoridades constitucionales, sólo para caer como una víctima de la lucha por el poder. Sentía que la nueva república había dado sus primeros pasos bajo una nube de dudas resultantes de la elección de Arce. Valle protesta contra la elección, alegando ser fraudulenta, y probablemente con ello contribuye al desencanto, como se lo dice Dios Mayorga. Como diputado al segundo Congreso, aparentemente permitió que la prudencia guiara sus pasos. Acepta la guerra en actitud de pensativo descanso y emplea esos años para satisfacer su deseo de reconocimiento más allá de Centro América, y de asegurar conocimientos que pudieran beneficiar al país. El fin de la guerra lo obliga a considerar nuevamente su carrera política, pero el gallardo optimismo que en el pasado había atemperado su aprehensión da paso al frío realismo. "La América es en lo político, lo mismo que en lo físico: La Tierra de los temblores".

CAPITULO DOCE:
LOS AÑOS FINALES

[1]

Un desinteresado, casi indiferente Valle, hizo enfrente a los años posteriores a la guerra civil. En marzo de 1830, escribió: "...y continué vegetando aquí, solo con la naturaleza y mis pensamientos[311]", tres meses antes de que los resultados de la elección presidencial de finales de 1829 fueran anunciados. A pesar de ser candidato, parece no tener interés en la elección. Su actitud puede deberse a la popularidad de que su contrincante, el triunfante General Francisco Morazán gozaba. Pero, por primera vez en su vida, parece alegre de estar fuera de la vida pública. En 1831 rechaza el nombramiento que intentan hacerle como ministro de Centro América ante Francia[312], y dos años más tarde, debe rechazar tres veces la vicepresidencia antes de que su voluntad fuera respetada. Se pregunta: "¿Como puede uno gobernar si impuestos, sin fuerza y sin autoridad?"[313] sugiriendo un clásico gesto fatalista. Mientras se desarrollaban las elecciones de 1829, se ocupa de sus haciendas y de su correspondencia, y cuando Morazán gana, pocos se sorprenden y Valle, aparentemente, se siente satisfecho. Guiados por nuevos reglamentos, los estados reparten 357 votos entre 11 candidatos. Morazán recibe 202 votos contra 103 de Valle. José Francisco Barrundia, que finaliza el período de Arce, queda en tercer

---

[311] De Valle para Pecchio, Valladares, ed., Valle, p. 197.

[312] *Boletín Oficial*, 1 de abril de 1831. Su primo Próspero se convierte en ministro ante Francia, quizá con ayuda de Valle. Ver de Próspero de Herrera para Valle, Londres, 20 de abril de 1831, Documentos de Valle.

[313] De Valle para Flórez Estrada, 26 de julio de 1833, ed., Valle, p. 187.

lugar con 34 votos[314].

Valle, que parece contento de no ser presidente, bien pudo haberse visto en el papel del sentido nacional de la razón y quizá como la mano guía de la administración de Morazán. Escribiendo en 1831, su primo Próspero sugiere la influencia de Valle. "La gente que aquí [Londres] conoce tus escritos y tus sentimientos, pensó que serías electo presidente. Les he dicho que Morazán tiene buenas intenciones, que es un patriota y que está decidido a beneficiarse de tu sabiduría para tener éxito en su nueva carrera". Ciertamente Morazán, en sus continuas campañas militares, tenía pocos usos para los consejos de Valle. Pero cuando el general hondureño tomó posesión el 16 de septiembre de 1830, sus palabras sobre la educación pública destruyendo los errores y preparando el camino para el triunfo de la razón tienen un sonido familiar. Lo mismo que su declaración sobre la alianza de los pueblos Americanos, que había sido expresada con anterioridad.

Los eventos que siguieron a la elección negaron la paz que la derrota de Arce y los Conservadores prometía. Arce intenta una invasión desde México; un alzamiento en contra del gobierno nacional ocurre en Honduras; y José María Cornejo, nuevo presidente de El Salvador, se convierte en opositor, y el 7 de enero

---

[314] Estado general de los individuos que han tenido sufragios para presidente y vicepresidente de la república y fiscal de la corte de Justicia, 15 de junio de 1830, Documentos de Valle. La cita es de un borrador escrito por Valle, "a las 12:30 de la noche", explicando el resultado de las elecciones. El informe no tiene dirección y esta sin firma. Valle recibe veintiséis votos para vicepresidente y noventa y cuatro para presidente de la Corte Suprema. El Congreso debió haber decidido la elección y también la del fiscal, pues ninguno de los candidatos recibe la mayoría de los votos emitidos. En apariencia Barrundia tiene una mala participación por no tener interés y favorecer a Morazán. Ver David Vela, Barrundia ante el espejo de su tiempo (2 vols.; Ciudad de Guatemala, 1956), I, 207. Otros relatos de la elección cuentan que Morazán no recibió una mayoría del total de votos posibles, pero que Valle favoreció la elección de Morazán sobre la base de la mayoría del total de votos emitidos. Ver Bancroft, History of Central America, III, 111-112; Lorenzo Montúfar, Reseña histórica de Centro América (7 vols.; Ciudad de Guatemala, 1878-1888), I, 267-268. (En adelante referido como L. Montúfar, Reseña histórica.)

de 1832 declara que la federación ha terminado y que El Salvador es un estado independiente. Nicolás Raoul derrota fácilmente a la pobremente preparada expedición de Arce; el Coronel Terrelonge pone fin al levantamiento en Honduras; y Morazán derrota las fuerzas de El Salvador, reemplazando a Cornejo con Joaquín de San Martín[315]. En 1833 surgen rumores de una nueva invasión de Arce, y los estados, momentáneamente libres de las luchas internas, tienen tiempo para reavivar su resentimiento contra la influencia del estado de Guatemala. En un intento por acabar con las suspicacias, el gobierno federal traslada su capital a San Salvador, ciudad que rápidamente se convierte en blanco del resentimiento anteriormente reservado para la Ciudad de Guatemala.

[2]

Valle, antes y después de la elección presidencial, estaba primordialmente interesado en sus negocios. Durante la guerra civil, "La Concepción" se había ido a la ruina, -la casa grande necesitaba las manos de un carpintero, los cercos estaban caídos, y la prensa de caña estaba quebrada. Seguramente "La Concepción" no había sufrido tanto como sus haciendas cercanas a Choluteca. Tan pronto como terminó la guerra, comenzó a reparar y a repoblar de animales su hacienda. En diciembre de 1829 compró veintiún yeguas y, en el transcurso del siguiente año, compró diez mulas, diecisiete yeguas, quince sementales y quince bueyes, y un burro. Sus meticulosos registros para los siguientes dos años, muestran similares adquisiciones[316].

---

[315] De Joaquín de San Martín para Valle, San Salvador, 4 de julio de 1833, Documentos de Valle. San Martín escribió: "Puedo decir que tuve el infortunio de recibir el primer empleo del estado. Hoy, ante la asamblea, tome posesión.

[316] Razón de las yeguas, caballos, y mulas que compre en 1829, 1830, 1831, 1832, 1833, Documentos de Valle. Lleva un registro separado para cada año, pero por conveniencia aparecen citados como uno solo.

En algún momento entre 1832 y 1833, hace algunos negocios con Joaquín de San Martín, quien se convertiría en presidente de El Salvador en 1833[317]. Juzgando por su correspondencia, Valle le enviaba queso y ganado desde sus haciendas cercanas a Choluteca a San Salvador, donde San Martín las vendía. La inestabilidad política, los fallos periódicos del servicio de correos, y queso preparado inadecuadamente fueron algunos de los obstáculos que se presentaron[318]. Pero la amenaza que preocupó a Valle y sus socios, más que cualquier otra, fue el intento del gobierno de controlar la venta de carne[319]. El propósito era el de disponer de una nueva fuente de ingresos. El 29 de octubre de 1832 Valle publica una protesta contra la propuesta del gobierno, citando las obras de los grandes economistas para apoyar sus argumentos en favor del libre comercio[320]. Aparentemente el monopolio fue establecido[321], pero Valle y San Martín continuaron con sus negocios durante todo 1833.

Después de la guerra, Valle también continuó con sus esfuerzos en favor de la educación. En 1829 se convierte en director de la restablecida Sociedad Económica. Cuatro años más tarde, después que la Universidad de San Carlos es reconocida, acepta el cargo de director de la sección de humanidades[322]. Continúa su

---

[317] Demostración de la liquidación hecha sobre cuentas de la casa del Señor José del Valle con la del Señor San Martín, 1 de julio de 1835, Documentos de Valle.

[318] Por ejemplo, ver De San Martín para Valle, San Salvador, 28 de junio, 28 de septiembre y 29 de octubre de 1833; De Valle para San Martín, 9 de septiembre de 1833, Documentos de Valle.

[319] Ver De Atemacia Galarza de Murillo para Valle, León, 8 de septiembre de 1832; De Valle para San Martín, [el día fue arrancado] de julio de 1833; De Juan Cabrera para Valle, León, 8 de diciembre de 1832, Documentos de Valle. Murillo se refiere a las restricciones como "el maldito monopolio."

[320] Valle y Valle Matheu, eds., Obras, II, 265-285. Para otro de sus ensayos defendiendo el libre comercio, ver Boletín Oficial, 1 de julio de 1831.

[321] De Atemacia Galarza de Murillo para Valle, León, 8 de septiembre de 1832. Murillo escribió: "Veo con dolor la marcha triste que sigue el abasto de carnes."

[322] AGG, B80.2, 22661, 1074. El Dr. Molina, presidente de la dirección de estudios al Secretario General del Supremo Gobierno sobre las tres secciones de la

correspondencia con Bentham[323], y al recibir noticias de su muerte en 1832, Valle fue el responsable del decreto legislativo lamentando la muerte de la "luz de Westminster". Además, escribe un ensayo sobre la importancia de las matemáticas, y fue comisionado por Morazán para fundar una sociedad patriótica dedicada a la educación.

A finales de diciembre de 1833, como era su costumbre, Valle lleva a su familia a "La Concepción". Durante enero de 1834, gozó de buena salud, pero durante el siguiente mes comenzó a cansarse con facilidad. Entonces, el 22 de febrero, a las 5:00 de la tarde sufrió una abrumadora sensación de cansancio y la sensación de que su pecho se quemaba. La familia envía por un médico que arriba tres días después. Para este tiempo Valle se siente mejor y puede explicar lo que siente. El médico, llamado para tratar asuntos del senado a El Salvador, evalúa el mal con ligereza (graduó de cosa de poco o de ningún cuidado) y parte al día siguiente, dejando algunos

---

Academia de Estudios; Boletín Oficial, 15 de junio de 1831; Antonio Batres Jáuregui, El Doctor Mariano Gálvez y su época (Ciudad de Guatemala, 1925), p. 53; Héctor Humberto Samayoa Guevara, La enseñanza de la historia en Guatemala (Ciudad de Guatemala, 1959), pp. 31, 37; Alejandro Marure, Efemérides de los hechos notables acaecidos en la República desde el año de 1821 hasta el de 1842 (Ciudad de Guatemala, 1895), pp. 72-73 (En adelante referido como Marure, Efemérides); De José M. Gavarrete para Valle, 30 de agosto de 1833, Documentos de Valle. De las humanidades, Valle probablemente se sentía más a gusto con la historia, y pensaba escribir algún día la historia de Centro-América (ver Valle y Valle Matheu, eds., Obras, I, 95-102). Si Valle hubiera escrito una historia de Centro-América sin duda hubiera contribuido con información que penosamente necesitamos hoy. Pero su interpretación hubiese sido la tan familiar, pero inaceptable interpretación que culpa al período colonial de los males del período nacional.

[323] En una ocasión Bentham reprende suavemente a Valle. En una larga carta (19 de mayo de 1829) Valle presenta sus ideas sobre lo que debe aparecer en las moneda de una nación libre. El 13 de septiembre de 1829 Bentham le responde: "Moneda- lo que usted dice sobre este tema es una muestra de su expansiva mente. Sin embargo, hubiera sido más gratificante para mi haberla visto aplicarse a otros temas cuya labor pudo haberse empleado en la producción efectos, en la cual la contribución a la felicidad pública pudo haberse sido más determinante e incuestionable." Ver Bowring, ed., Bentham, XI, 17-19; Rafael Heliodoro Valle, ed., Cartas de Bentham a Valle (México, 1942), pp. 42-47.

medicamentos y aprobando el traslado de Valle a la Ciudad de Guatemala. El primero de marzo la familia de Valle, los sirvientes que eran necesarios y un cura que había estado en la hacienda, trasladan a Valle en una litera a su carruaje e inician el viaje de regreso a casa. Después de viajar tres leguas arriban a la hacienda "Jute," donde pasan la noche. Valle parecía estar recuperándose, pero temprano por la mañana sufre otro ataque que lo hace delirar. Cuando se tranquiliza, la familia parte para la hacienda "Corral de Piedra." A las diez en punto del 2 de marzo de 1834, cuando habían cubierto la mitad de la distancia, Valle sufre un tercer y último ataque. Entre sus últimas palabras están las que le dirige al cura: "Sé que me voy a morir, y necesito ayuda espiritual para regresar mi alma al Creador." Al recibir los sacramentos de la extrema unción, "murió con la tranquilidad, simpleza y resignación de un filosófico y virtuoso hombre." Una fuerte ventisca revuelve el polvo del camino[324].

[3]

Al tiempo de la muerte de Valle, sobres sellados conteniendo los votos electorales de los estados para presidente y vicepresidente esperaban ser abiertos. El período de Morazán expiraba en 1834 y las elecciones regulares se llevaron a cabo en los últimos meses de 1833. De acuerdo a todos los relatos, Valle recibe la mayoría necesaria, derrotando a Morazán por la presidencia[325]. Valle tenía

---

[324] Para Justo de Herrera, sin fecha, Documentos de Valle. Esta carta fue escrita por un miembro de la familia, probablemente por su esposa, quien se reprende porque Valle, en sus últimos momentos, no estaba protegido contra el sol y "los horribles ventarrones que se habían desatado por aquéllas llanuras." Para una descripción similar, ver De Manuela Valero para Próspero de Herrera, Ciudad de Guatemala, 15 de marzo de 1834, Documentos de Valle.

[325] Las elecciones se llevaron a cabo durante los últimos meses de 1833, pero las urnas no habían sido abiertas y sus votos contados. Ver L. Montúfar, Reseña histórica, I, 95-96; Bancroft, History of Central America, III, 121.

indicios de su triunfo y quizá sabía que había sido electo. El 3 de diciembre de 1833, un amigo de Cartago le escribe que los costarricenses estaban convencidos por las tristes experiencias, que el orden y el honor nunca brillarían en la nación mientras careciera de un liderazgo competente. En ese espíritu, el distrito Este del estado votaba unánimemente por tercera vez en favor de José del Valle, la única persona capaz de salvar la República.

Es dudoso que Valle hubiera podido salvar a la federación de la desintegración. El hecho es que los estados, desde la declaración de la independencia, no tenían intención alguna de someterse a una autoridad central, con independencia de quien se tratara. Nada más que un ejército fuerte, disciplinado y bien pagado podía mantener unidos a los estados en el transcurso de los cuatro años que siguieron a 1834. Morazán, quien se sucede asimismo después de la muerte de Valle, estaba mejor dotado que Valle para las demandas del momento. Valle hubiera hablado de agricultura, recursos minerales y educación, mientras la podredumbre del particularismo continuaba con su proceso destructivo. Y "sin impuestos, sin fuerzas y sin autoridad", hubiera sido más débil que el General Morazán, que podía ponerse al frente de un ejército. Para 1838, cuando el período de Valle hubiese llegado a su fin, la federación hubiera sido declarada muerta, aunque en realidad nunca existió de verdad.

Centro América dejó de actuar como una unidad política el 15 de septiembre de 1821. Los primeros cuatro meses de "libertad" se pasaron haciendo denuncias contra la capital y declarándose en favor o en contra de México. El intermedio mexicano trajo respiros, pero no cambios reales, en el poder de la autoridad central. Tras el fracaso de la anexión, los estados le dieron a su particularismo la fuerza de la ley, al momento en que los diputados redactan y promulgan la Constitución federal. Después, la pesada y ruda mano de Arce trata de ser presidente de hecho y no de nombre, desatando la guerra civil. Morazán emerge como el héroe de los Liberales pero, tan pronto como alcanza la presidencia, se encuentra en la misma posición en que se encontraba Arce, con la excepción de que Morazán pasa sus últimos instantes frente a un pelotón de fusilamiento. Así, los estados se fueron por caminos separados, y en libertad, hombres educados e influyentes crean gobiernos que rivalizan con los que Fernando VII mira en sus mejores sueños. Si Valle se hubiera convertido en presidente en 1825, el curso de la historia de Centro-América pudo haber cambiado. Pero en 1834 el tiempo se le agota a Valle, y a la federación se le estaba acabando rápidamente.

CAPITULO TRECE:
LA MEDIDA DE UN HOMBRE

Valle, en el transcurso de su vida, nunca se apartó demasiado de los patrones de pensamiento que su formación y educación le habían moldeado. Nacido como un criollo aristócrata, continúa siendo un aristócrata hasta el día de su muerte en un caliente y polvoriento camino.

Uno de los privilegios tradicionales para los de su clase era la admisión a universidades que los aristócratas españoles, con su irrespeto al conocimiento, habían fundado con el mismo entusiasmo con el que fundaban iglesias. Ligado a San Carlos por más de diez años, cae bajo la influencia de hombres como Goicoechea, José Felipe Flores y José Matías de Córdova, sumergiéndose así en los nuevos conocimientos. Sin embargo, la información que logra obtener no es tan importante como la actitud, que frente al conocimiento sus maestros logran inspirarle. Debido en gran parte a los esfuerzos de Goicoechea, la investigación y la experimentación reemplazan a la autoridad. En sus manos, el conocimiento se convierte en herramienta versátil en lugar de amo déspota. Cuando Valle ingresa a San Carlos, la ruptura con los decadentes Escolásticos era lo suficientemente reciente, para permitir que existieran a la par la rigurosa disciplina de la escolástica y los métodos de la Ilustración. Así, Valle recibe lo mejor de lo viejo y el brillante espíritu de lo nuevo.

A la manera de sus maestros, Valle busca el conocimiento no por el conocimiento mismo sino por su utilidad. Cuando registra la temperatura por casi veinticinco años, lo hace por las mismas razones por las que Goicoechea cuenta las veces que cruza un río, y por las mismas que mueven a Flores a explorar el cráter del Vesubio. Querían saber si todo lo que habían oído y leído era cierto. El mismo infatigable espíritu que hace a estos hombres dedicar su tiempo libre a pequeños proyectos, los mueve a buscar la mejora de su sociedad. Valle no decide repentinamente que Centro-América no está listá para la independencia. Conocía los problemas de su sociedad desde sus días de estudiante. Goicoechea, Córdova, la Gazeta de Guatemala y la primera Sociedad Económica, le brindan una conciencia social y después se encargan con regularidad de mantenerla en forma, mucho antes de que los patriotas "descubrieran" las mismas condiciones.

Sin embargo, Valle no emerge de San Carlos como un demócrata; ni nunca se convierte en uno. Antes de 1821, vuelca su talento y disciplina a la construcción de una brillante carrera profesional y en el tallado de un carrera en la administración colonial. Después de 1807 su mayor ambición es la de asegurarse el cargo de oidor de una audiencia en España. Los Capitanes Generales González y Bustamante lo bañan de puestos y lo recomiendan para una toga. Cuando en 1818 la Corona reemplaza a Bustamante, los ambiciosos miembros de la "familia" exitosamente buscan ganar el favor del Capitán General Urrutia, desplazando a Valle de su tradicional posición de influencia. Los siguientes dos años los pasa intentando desesperadamente irse a España como oidor.

A lo largo de su carrera al servicio de la colonia, su resuelta lealtad a la colonia lo distingue como un vasallo de mérito. Reacciona a la invasión Napoleónica de España acercándose a la Corona, como un súbdito leal, ve las insurrecciones de San Salvador, León y Granada con las mismas luces con que lo hace Bustamante. Se refiere a la Constitución de 1812 como completamente ajena a la realidad, y piensa que Antonio Larrazábal era extremadamente ingenuo. En 1820, la revolución en España lo mueve a permanecer en Centro-América, y le permite aceptar la restaurada Constitución. Después, la independencia fuerza su mano, y como lo muestra la declaración de independencia, decide aceptarla y tratar de controlarla. Con la autoridad de la Corona removida, favorece la unión con México, un paso más fácil y prudente que el brusco salto a la independencia. México bajo las Tres Garantías -independencia, catolicismo y monarquía constitucional- parecía más seguro. Si Iturbide hubiese sido un monarca responsable e inteligente, puede ser que en este momento, Centro-América todavía continuara siendo parte de México. ¿Y alguien consultó alguna vez a los ladinos e Indios? Cuando fracasa el Imperio, Centro-América estuvo al borde del caos que Valle temía desde tan temprano como 1814 -el viejo sistema había desaparecido y creía que su sociedad no estaba preparada para el nuevo.

Regresa de México demasiado tarde para hacer algo por la Constitución, pero sus argumentos en favor del monopolio gubernamental sobre el tabaco, y la disputa sobre la pacificación de Nicaragua, expresan su deseo de un gobierno central fuerte. En 1833, indiferente y molesto, expresa claramente sus sentimientos. "Los autores de la Constitución de Centro-América manifestaron muy poca previsión"[326]. Un indicativo del grado de centralización que le hubiera satisfecho, puede deducirse de su recurrente tema sobre el papel de los sabios en la sociedad. Es seguro que si su voluntad hubiera sido "omnipotente," el mundo hubiera presenciado un espectáculo sin paralelo en la historia moderna. Su oligarquía de unos pocos ilustrados hubiera educado a su sociedad, y entregando las riendas del poder a manos competentes cuando llegará el momento. Así las visiones políticas de Valle cambian lentamente y nunca se alejan demasiado de otras visiones que había tenido en su vida adulta. Antes de 1821 aparentemente piensa poco en el gobierno, aceptando lo que había existido por tres siglos. La independencia lo hace apreciar y evaluar, para concluir que su gobierno de unos pocos capaces era la respuesta, en tanto no llegará el incierto momento en que su sociedad pudiera gobernarse sola. ¿Estaban sus conceptos lejos de la sociedad que había conocido antes de 1808, cuando San Carlos, la Gazeta de Guatemala y la

---

[326] De Valle para Flórez Estrada, 26 de julio de 1833, Valladares, ed., Valle, p. 187. Ver también Durón, ed., Obras de D. José Cecilio del Valle, pp. 227-237.

Sociedad Económica proveían el liderazgo?

Pero si todo esto es cierto, ¿Como pueden caber sus escritos en El Amigo dentro de este patrón? La pregunta aparece segura y desafiante gracias a la habilidad política de Valle, pero la respuesta se encuentra en la ambición, cuya satisfacción depende de esa habilidad. Entre 1818 y 1820 decide permanecer en Centro-América. Después de que la Constitución de 1812 es restaurada, concluye que la monarquía constitucional iba a ser artefacto permanente en el Imperio Español o que la independencia de Centro-América era inevitable. En cualquier caso, sabe que para triunfar políticamente debe convencer a los articulados miembros de su sociedad, que no había estado tan cerca de la Corona como podían suponer. Esto no debió haber sido muy difícil, pues muchos de los miembros de su clase enfrentaban el mismo problema. Pero al mismo tiempo no podía estar seguro de que la Constitución sería permanente o de que la independencia vendría. Así, el curso que traza para sí mismo es el de la "línea dibujada por la prudencia." Cuando habla de política o crítica a España, lo hace siempre en relación a un decreto de las Cortes, que después de todo, habían sido convocadas por Fernando VII. Nunca fue más allá de las fronteras de la monarquía constitucional, y nunca menciona la palabra "independencia" en relación con Centro-América, nunca informa de noticias sobre las revoluciones en Sur América, y sobre todo nunca reporta las noticias que llegaban de México. En resumen, nunca se aventura a un punto sin retorno. Pero lo que escribió en relación con los decretos, junto a sus expresiones sobre las ciencias, estadística, agricultura y educación se convierten en otro "documento irrefutable." Todo lo que escribió puede ser usado para mostrar los largos alcances de su expansiva mente, pero el llegar a la conclusión, sobre la base de sus escritos publicados, de que era un demócrata o de que intentaba preparar a la nación para la independencia, es aceptar exactamente lo que él buscaba que sus contemporáneos creyeran después de 1821 y los historiadores reflejaran. Esta táctica de pacientes esperas y preparaciones para una eventualidad, era la misma estrategia que con tan buenos resultados había empleado en el gobierno provisional cuando la cuestión de la inmunidad demandaba una pronta respuesta. La emplea nuevamente como Secretario de Exteriores y Asuntos Domésticos de Iturbide, y aparentemente emplea el mismo recurso en el segundo Congreso. Tan pronto como la cuestión crítica fue resuelta, puede comenzar a capitalizar lo que había escrito sin importar en favor de qué lado se había tomado la decisión. Así con orgullo señala haber escrito la declaración de independencia, que se opuso a la anexión a México, y de que había sido privado de su libertad a manos de Iturbide. Con frecuencia y lleno de orgullo, menciona los cargos que había detentado y los servicios que había prestado desde 1821, pero raramente se refiere a su distinguida carrera antes de 1821. Sin embargo, el hecho de que los Cacos fueran llamados el "partido Español," muestra que no tuvo un éxito completo su plan de ocultar su vida pública anterior. Pero que tiene éxito más allá de sus más dulces sueños se atestigua, no sólo por los cargos que tuvo, sino por el lugar que la historia generalmente le da.

La perspicacia política de Valle resalta con mayor claridad al ser visto desde diferentes ángulos. Miguel Larreinaga, Mariano Aycinena, Mariano Beltranena y Miguel González por ejemplo, comparten básicamente los mismos puntos de vista de Valle antes de 1821. Pero Valle es el único que triunfa. Una mirada desde otro ángulo es aún más reveladora. Pedro Molina, Francisco Barrundia y José Francisco Córdova son, más allá de cualquier duda, los valientes promotores de la independencia. Pero ninguno se iguala en éxitos políticos a Valle o evoca el mismo respeto de que aquél gozaba después de 1821. Como informa Molina en sus memorias, Valle era amigo de la independencia pero sabía cómo "ocultar sus opiniones"[327]. Finalmente, las condiciones que lo convierte en un hombre exitoso y respetado, son las mismas que lo convierten en el

---

[327] "Memorias," Centro-Americano, XIII (abril-sept., 1921), 278-279. Cuando Molina escribe, Valle y la federación habían muerto.

único hombre con posibilidades de salvar la federación.

El pensamiento económico de Valle sigue muy de cerca su pensamiento político. En 1803 demuestra que entiende a Adam Smith, o cuando menos las menos abstrusas. Pero, comprensiblemente, no sigue a Smith en sus conclusiones sobre el libre comercio que va contra la política económica de la Corona. En 1817 señala que la Corona era la única autoridad que podía restringir el comercio. En 1818 teme que el libre comercio construya el camino hacia la independencia de Centro América. En 1820 gana el apoyo de los tejedores por su oposición al libre comercio. En 1824 apoya el monopolio del tabaco, en el que no tenía ningún interés en juego; y en 1832 protesta contra la propuesta de un monopolio para la carne, en la cual tenía grandes intereses. Protesta contra la propiedad de la Iglesia sobre las tierras de Guatemala, pero no dice nada sobre la propiedad de la tierra en manos de la aristocracia. Crítica a los propietarios ausentes de sus tierras, pero lo sigue siendo por el resto de sus días. Conserva sus esclavos hasta cuando menos 1824 y crítica la esclavitud. Y la ineludible conclusión, es que la visión económica de Valle estaba determinada por sus propios intereses, que proyectaba como los mejores en beneficio de la nación.

Después de que la independencia destruye las leyes económicas de la Corona, piensa que los sabios podían delinear la nueva política económica; que los emprendedores le insuflarían vida a esa política; y que el trabajo daría lo suficiente para vivir. Entonces, el cambio en el gobierno se da desde un pequeño grupo de asesores económicos de la Corona a un pequeño grupo de sabios y capitalistas. Valle, por supuesto, era ambos. Sus ideas sobre la economía eran tan modernas como las de cualquiera, pero el cambio fue insignificante.

Las cualidades que separan a Valle de la mayoría de sus contemporáneos es el aliento de sus ideas. Piensa no sólo en Centro-América y en América, sino también en toda la civilización humana. Su conocimiento de la historia, le permite remontarse al pasado más remoto del hombre y ubicar a Centro-América en algún momento de su historia, en el contexto de la historia mundial. Su principal objetivo era el de convertir a Centro-América en una nación estable, culta y respeta, y da a las naciones del Nuevo Mundo a la misma altura de las naciones líderes del Viejo Mundo. Las mismas ambiciones que tenía para su país y las Américas las tenía para él. El éxito del uno complementaba el éxito del otro. Y le es casi imposible, separar sus propios intereses de aquellos que tenía para su país y para América.

BIBLIOGRAFÍA DE FUENTES CITADAS

MANUSCRITOS

El Archivo General del Gobierno de Guatemala

Los manuscritos del Archivo están ordenados de acuerdo a la letra y número específico de la sección asignada al mismo por el archivista, Profesor J. Joaquín Pardo. Además, la división de los manuscritos de acuerdo a los períodos (colonial y nacional) ha sido mantenida. Las fechas que aparecen al final de las citas de cada manuscrito corresponden generalmente a la parte del legajo y del expediente en referencia. Algunas veces, el título del manuscrito no aparece, y en esos casos, llene el vacío con una pequeña referencia en inglés. En otros casos, el número de expediente no es dado debido a que el volumen de manuscritos (pases de títulos, por ejemplo) que compone el legajo y la cita puede rastrearse con facilidad por día o número de folio. Aunque un legajo puede contener cientos de páginas, cualquier expediente puede ser encontrado al momento por uno de los asistentes del cuidadoso e infatigable Profesor J. Joaquín Pardo. Sin embargo, en algunos casos un expediente puede extenderse a través de cientos de hojas (por ejemplo el tracto sucesivo de una propiedad) y en esas oportunidades la única manera segura para encontrar la cita es leyendo. Las fechas ofrecen algunas claves, pero también confunden. A lo largo de muchas páginas se mencionan fechas que se refieren a eventos ocurridos más de un siglo antes que el día en que se elaboró el manuscrito. El litigio sobre la hacienda "San Antonio" es un ejemplo de tales expedientes.

[PERÍODO COLONIAL]

A1.1, 4347, 37. Elecciones de los ayuntamientos de León, Tegucigalpa y San Vicente, 1809.

A1.1, 57003, 6924. Contra D. Manuel José Arce por infidencia que le resultó en sublevaciones de 5 de noviembre de 1811 y 24 de enero de 1814.

A1.1, 57215, 6931. Contra Don Joaquín Gutiérrez de Arce, 1821.

A1.1, 57305, 6931. Junta de Censura, 1821.

A1.2.2, 15732, 2187. Libro de cabildos de Guatemala, año 1805.

A1.2.2, 15733, 2187. Libro de cabildos de Guatemala, año 1808.

A1.2.2, 15738, 2190. Libro de cabildos de Guatemala, año 1812.

A1.2.2, 15739, 2190. Libro de cabildos de Guatemala, año 1813.

A1.2.2, 15740, 2191. Libro de cabildos de Guatemala, año 1814.

A1.2.2, 15741, 2191. Libro de cabildos de Guatemala, año 1815.

A1.2.2, 15742, 2192. Libro de cabildos de Guatemala, año 1816.

A1.2.2, 15743, 2192. Libro de cabildos de Guatemala, año 1817.

A1.2.2, 15745, 2194. Libro de cabildos de Guatemala, año 1819.

A1.2.2, 15747, 2194. Libro de cabildos de Guatemala, año 1821.

A1.2.5, 2835 (legajo). Cuaderno de correspondencia del ayuntamiento.

A1.2.5, 29956, 3099. El ayuntamiento indica al Licenciado José Cecilio del Valle, que lamentará su separación de dicho cuerpo al haber optado por el cargo de auditor de guerra, 1821.

A1.3-4, 12340, 1892. Libro de claustros de la Universidad de San Carlos, 1808-1831.

A1.5, 1273, 51. El Real Tribunal de Consulado, sobre fomentar la agricultura, industria, y comercio, 15 de abril de 1817.

A1.5.7, 2411, 18341. Entre Don Pedro José de Górriz y la testamentaría de Don José Biedna sobre treinta y cuatro tercios de tinta, agosto de 1806.

A1.6, 31117, 4035. Oficio del Capitán General Antonio González, transcribiendo la orden por cual es restablecida la Sociedad Económica, 12 de diciembre de 1812.

A1.6, 31118, 4035. Autos relativos al restablecimiento de la Sociedad Económica, 1812.

A1.15, 1818, 181. Francisco Estrada con Don Joseph Antonio

Díaz del Valle sobre la propiedad de la hacienda nombrada San Antonio, 1780-1782.

A1.15, 1821, 182. Autos de Joseph Díaz del Valle con Don Manuel Batres y Juan Manrique sobre la venta de la hacienda nombrada Santa Cruz, perteneciente a los bienes de Juan Félix Briceño, 1781-1787.

A1.15, 7084, 335. José del Valle pide incitativa para que las justicias de Comayagua remitan los autos con Juan Jacinto Herrera sobre la partición de bienes, 1804.

A1.15, 26038, 2867. Señora María Josefa Ramírez, sobre que se le nombre de abogado al Sr. Don Josef Tomás de Zelaya, y otros, 1804.

A1.15, 35435, 4361. Don José C. del Valle solicita el nombramiento de curador ad litem y propone al Procurador Ballesteros, 21 de febrero de 1799.

A1.15, 36409, 4415. Manuela García demanda daños y perjuicios de Don Julián González, 1805.

A1.15, 37619, 4466. Contra José María Flores por arma corta, 1813.

A1.15, 37774, 4474. Contra María Arriola por homicidio en Gregorio Mendoza, 1817.

A1.15, 37781, 4474. Contra Mariano Garóz, 1817.

A1.15, 37812, 4477. Sobre la formación de estados y modo de dar cuenta en las causas criminales para que se arreglen a lo dispuesto en la real cédula de 1800, 12 de marzo de 1817.

A1.15, 37839, 4477. Contra Gaspar Lucho por homicidio en Vicente Pacheco, 1817.

A1.15, 37856, 4479. Contra Rito Orantes por homicidio en José María Fuentes, 1817.

A1.15, 37856, 4479. Contra Manuel Eugenio Lito por homicidio en Miguel Lemús, 1817.

A1.17.1, 13999, 2020. Autos formados sobre la real cédula para que esta real audiencia, con la brevedad y reserva posible, remita una relación individual de los corregimientos y alcaldías mayores de este reyno, 1763.

A1.20, 9964, 1484. Libro de escribano José Antonio de Solís, 30 de abril de 1822.

A1.20, 39013, 4561. José C. del Valle traspasa un poder a José Antonio Solís, para que siga cierta mortual, 5 de octubre de 1800.

A1.20, 39045, 4562. Obligación escrita entre José del Valle y José Antonio García Zelaya, sobre la venta de una partida de novillas, 1819.

A1.22, 1510, 46. Providencia promulgada por el Capitán General Gaínza, 20 de enero de 1822.

A1.22, 1510, 142. Decreto de la Asamblea Nacional Constituyente sobre los productos de las rentas de tabaco y pólvora, 15 de diciembre de 1824.

A1.22.22, 5772, 262. Autos acerca de la falta de maíz en Comayagua, 1817.

Al.23, 1543, 449. Providencia promulgada por el Presidente, Gobernador, Capitán General Carlos de Urrutia, 9 de marzo de 1821.

A1.23, 2317, 273. Declaración y pronunciamiento de las autoridades civiles, eclesiásticas, y militares sobre que no reconozcan ni reconocieren en tiempo alguno la abdicación de Fernando VII, 14 de agosto de 1808.

A1.23, 4609 (legajo). Copias de títulos y reales cédulas de los años de 1731 hasta el de 1737.

A1.29, 25427, 2841. El ayuntamiento de Guatemala protesta por el asiento asignado al auditor de guerra, Licenciado José C. del Valle, 1814.

A1.30-4, 22002, 2639. Peticiones del ayuntamiento en la residencia contra el Capitán General Bustamante, 1818-1819.

A1.38.3.4, 655, 23. Instrucción sobre la plaga de langosta; medios de exterminarla, o de disminuir sus efectos; y de precaver la escasez de comestibles, 1803.

A1.39, 1758 (legajo). Mercedes y nombramientos, 1805-1807.

Al.39-58, 24946, 2819. Juramento de auditor de guerra por José del Valle, 14 de mayo de 1821.

A1.40, 1768 (legajo). Pases de títulos, 1818-1824.

A1.40-29, 22383, 2657. Juramento del fiscal interino José del Valle, 30 de enero de 1817.

A1.40-58, 14218, 2045. Juramento de José del Valle, auditor de guerra de ejército, 10 de junio de 1813.

A1.43, 3242, 348. Recurso de José Antonio Díaz del Valle, residente en Tegucigalpa, sobre la mortual de su padre, José del Valle, 1780-1789.

A1.47, 23784, 2756. Colegio de Abogados, 1810-1814.

A1.47, 44962, 5333. Listo de los individuos del Ilustre Colegio de Abogados de este Reyno de Guatemala, y de los que componen tan noble cuerpo, año 1813.

A1.47, 44942, 5334. El Ilustre Colegio de Abogados sobre nombramientos de los individuos que despachen los asuntos criminales y de pobres con el sueldo de 800 pesos anuales cada uno, 1811.

Al.47-1, 24915, 2818. Autos del examen de abogado de José del Valle, 1803.

Al.47.2, 32250, 4072. El Señor Licenciado Don José del Valle sobre continuar despachando los negocios en que estaba encargado antes de separarse de la carrera de abogado, 1813-1814.

A2.1, 746, 30. Oficio del arzobispo acerca de que prevenga al Capitán Rafael Ariza que se respete la autoridad eclesiástica, 11 de septiembre de 1821.

A3.1, 380, 18. Este documento señala el costo del cuidado y mantenimiento de Simón Bergaño y Villegas en Cuba, 18 de julio de 1814.

A3.1, 2852, 1790. Minuta del informe sobre que a fines de noviembre de 1814 fué ejecutado el ex-presidente Antonio González por Morelos, 12 de mayo de 1815.

A3.10, 1729, 178. Capitán José Díaz del Valle, regidor de la villa de Chuluteca [sic], pide que se le otorgue título al oficio de alférez real, 1736.

A3.10, 3561, 193. Títulos y méritos de Joseph Díaz del Valle, 1769.

[PERÍODO NACIONAL]

B1.1, 00002, 1. Minuta del oficio circulado por el ayuntamiento de la Ciudad de Guatemala con motivo de la prisión de la familia española, 18 de agosto de 1808.

B1.4, 582, 20. Correspondencia general.

B1.5, 00272, 7. Real decreto de 9 de octubre de 1812.

B1.5, 00426, 12. Oficio del Exmo. Sor. Capitán General sobre que la Real Audiencia se restablezca el estado del año 1808, 16 de enero de 1815.

B1.10, 2269, 77. Jueces de letras, 1821.

B1.13, 478, 16. Actas de la diputación provincial, 1820.

B1.13, 345, 18. Papeles indiferentes de la diputación provincial, 21 de febrero de 1821. Esta es una carta del ayuntamiento de la Ciudad de Guatemala protestando contra el establecimiento de los jueces de letras.

B1.13, 545, 18. Papeles indiferentes de la diputación provincial, 6 de abril de 1821. Esta es una carta escrita por el Alcalde Valle a la diputación provincial sugiriendo algunos medios para preservar el orden público.

B1.13, 562, 19. Actas de la Junta Consultiva Provisional, 1821-1822.

B1.13, 8337, 494. Testimonio de los autos tramitados en la Antigua, Guatemala, contra los asistentes a la junta celebrada el 17 de noviembre, en la casa de Don Tomás Arroyave, convocada por Don Mateo Ibarra, para tratar de la elección de miembros del ayuntamiento de dicha ciudad, 1820.

B1.13, 8338, 494. Varios ciudadanos se quejan de que su

libertad para votar fue limitada en la elección de 1820.

B1.13, 8361, 494. Manuel José Górris a la Junta Provincial, villa de Tuxtla, 5 de enero de 1821.

B2.2, 701, 24. El gobernador de Nicaragua al ayuntamiento de la ciudad de Granada y León, 7 de julio de 1813.

B2.7, 777, 31. Sobre averiguar la conducta de Simón Bergaño y Villegas, 1808.

B2.7, 778, 31. Autos pronunciados por la Real Sala del Crimen denegando la aplicación del indulto a favor de Don Simón Bergaño, 1812.

B2.7, 779, 31. Contra Simón Bergaño y Villegas, oficial escribiente de la secretaría de la capitanía general de Guatemala, por díscolo, 1808.

B3.4, 00934, 00937, 00938 (expedientes), 46. Junta Consultiva Provisional, 1821-1822.

B3.6, 1090, 48. El ayuntamiento del pueblo de San Marcos sobre los motivos que tuvo el alcalde para suspender el estanco de aguardiente, octubre de 1821.

B3.6, 100, 217. Sobre que se cobre un tanto por ciento de los caudales que en oro y plata extraen los europeos que regresan a la península, 16 de octubre de 1821.

B4.2, 1 167, 50. Almachapán sobre juramento de independencia, 29 de octubre de 1821.

B4.2, 1167, 50. Del ayuntamiento de San Miguel para Gaínza (12 de octubre de 1821) sugiriendo una alianza ofensiva y defensiva con México, Colombia y Chile.

B4.2, 1168, 50. Del ayuntamiento de Santa Anna para Gaínza (13 de octubre de 1821) sugiriendo una alianza ofensiva y defensiva con Mexico y Colombia.

B5-2, 1263, 57 Cuaderno que contiene la correspondencia de la Junta Consultiva, 1821-1822.

B5-2, 1264, 57. Condiciones propuestas por el Colegio de Abogados para la anexión de Guatemala a México, 29 de diciember de 1821.

B5.2, 1264, 57. Discurso pronunciado por José Francisco Barrundia, 7 de noviembre de 1821.

B5.2, 1264, 57. Discurso pronunciado por Licenciado José Domingo en la Tertulia Patriótica de Guatemala, 30 de noviembre de 1821.

B5.3, 1248, 58. Cuaderno que contiene los dictámenes e informes del ayuntamiento de la Ciudad de Guatemala, 1821.

B5.4, 01372, 59. José del Valle remite al Jefe Gaínza las contestaciones que deben darse a las autoridades de León, sin fecha (1821).

B5.8, 1894, 69 Valle al Jefe Gaínza, 20 de abril de 1822.

B5.10, 2208, 74. Esta es una nota que explica que Valle juro lealtad a México el 11 de marzo de 1822.

B6.1-1 , 2379, 83. Cuaderno que contiene los oficios del Jefe Vicente Filísola, nombrando comisionados para que preparen los trabajos del futuro congreso, 4 de abril de 1823.

B6.1-4, 02406, 86. Acta de instalación de la Asamblea Nacional Constituyente, 24 de junio de 1823.

B6.1-8, 2445, 90. Documentos acerca del donativo dado por vecinos de la Ciudad de Guatemala para sufragar los gastos del viage del ejército mexicano, 1823.

B6.7, 93, 94, 96 (legajos). Comisión de hacienda, 1824.

B6.9, 99 (legajo). Comisión de guerra, 1824-1825.

B6.13. 104 (legajo). Comisión de instrucción. 1824.

B6.16, 106 (legajo). Comisiones especiales de la Asamblea Nacional Constituyente, 1824.

B6.17, 2901,108. Reglamento del poder ejecutivo, 8 de julio de 1823.

B6.22, 02937, 110. Exposiciones de las autoridades y de particulares, 1824.

B6.25, 2949, 112. Sesión secreta de la Asamblea Nacional Constituyente, 14 de agosto de 1824.

B6.26, 113, 114, 117, 118, 119 (legajos) Actas de las sesiones de la Asamblea Nacional Constituyente, 1823-1825.

B6.28, 121 (legajo). Correspondencia recibida por la Asamblea Nacional Constituyente, 1823-1825.

B7.8, 03128, 134. Comisión de hacienda, 1826.

B7.9, 3145, 135. Comisión de puntos constitucionales, 1825.

B10.2-1, 157 (legajo). Correspondencia del ministro de relaciones, 1824.

B10.3, 3569, 169. Este es un escrito de Valle rechazando su nombramiento como ministro ante Inglaterra. 8 de julio de 1825.

B10.7, 184, 185 (legajos). Correspondencia del ministro de estado, 1824-1825.

B80.2, 22661, 1074. El Dr. Molina, presidente de la dirección de estudios, comunica al Secretario General del Supremo Gobierno sobre las tres secciones de la Academia de Estudios, 1833.

B85.1, 26290, 1148. Sobre establecimiento de la sociedad patriótica, 14 de mayo de 1829.

Manuscritos en El Archivo General del Gobierno de Guatemala sin clasificación archivistica.

Libro de contestaciones de la jura de independencia, año 1821. Documentos de Molina.

Documentos de Valle

Contrario a los manuscritos que se encuentran en los archivos del gobierno, los documentos de Valle preservados por sus descendientes en la Ciudad de Guatemala, no están disponibles al público, y a pesar de estar encuadernados y cuidadosamente guardados en cajas, no están ordenados. Como lo indican los pies de página, se componen principalmente de cartas para Valle y de borradores de escritos relacionados con sus obras e intereses diversos. Primero decidí agregar la lista de todos los manuscritos a la bibliografía, pero esa lista tendría más de 250 citas. Además, muchas de las explicaciones dadas en los pies de página tendrían que ser repetidas para volver comprensibles las citas. Así, el bulto de documentos y los costos adicionales me hicieron desviarme de mi intención inicial.

Archivo y Biblioteca Nacional de Honduras

Relación de los ejercicios literarios, grados, títulos, y méritos patrióticos de Don José Cecilio del Valle, Auditor Honorario de Guerra del ejército y provincia de Guatemala.

Archivo de la Catedral de Guatemala

Libro de entierros de la Parroquia Sagrario de Guatemala, 1816-1870.
Libro de matrimonios españoles de 1729 a 1821, Parroquia Sagrario.
Volumen sexto de bautismos de españoles, desde 6 de febrero de 1772 hasta el año de 1822, de la Parroquia Sagrario.

Archivo General de Indias

Audiencia de Guatemala, 629. El presidente y capitán general de Guatemala acusa el recibo de la real orden de 31 de julio del año próximo pasado, acompañando quatro documentos en comprobación de inconvenientes que se pulsaron para escribir por ahora las memorias que previene dicha real orden y hasta que S. M. en su vista se digne resolver lo que sea de su soberano agrado, 1815-1816.

Archivo General de Relaciones Exteriores, Mexico

H/131, 979, 385. Correspondencia del Secretario de Relaciones Exteriores, 1823.

Bibilioteca de la Universidad de Duke

Convenio celebrado entre los generales de los ejércitos titulados nacional y del Gobierno de Chile, 3 de mayo de 1814.

Cementerio General de la Ciudad de Guatemala

Libro de inhumaciones en mausoleos.

Biblioteca de Newberry , Chicago

The Edward Ayer Collection. Documentos de Alejandro Marure.

Biblioteca de la Universidad de Texas

Hernández Dávalos Collection.

DOCUMENTOS GENERALES IMPRESOS

ALAMAN, LUCAS. Historia de Méjico. México, 1849-1852. 5 vols.

ARCE, MANUEL JOSÉ. Memorias del General Manuel José Arce, primer presidente de Centro América. San Salvador, 1947.

BAILY, JOHN. Central America; Describing Each of the States of Guatemala, Honduras, Salvador, Nicaragua, and Costa Rica; Their Natural Features, Products, Population, and Remarkable Capacity for Colonization. Londres, 1850.

BARKER, EUGENE C., ed. Austin Papers (American Historical Association. Annual Report, 1919). Washington, 1920.

BERGAÑO Y VILLEGAS, SIMÓN. Proclama. Ciudad de

Guatemala, sin fecha.

BERISTAIN DE SOUZA, JOSÉ MARIANO. Biblioteca hispanoamericana septentrional; o, catálogo y noticias de los literatos, que o nacidos, o educados, o florecientes en la América septentrional española, han dado a luz algún escrito, o lo han dejado preparado para la prensa. México, 1816. 3 vols.

BIERCK, HAROLD A., ed. Selected Writings of Bolívar. Compilada por Vicente Lecuna. Traducido por Lewis Bertrand. Nueva York, 1951. 2 vols.

BOWRING, JOHN, ed. The Works of Jeremy Bentham. Edimburgo, 1843. 11 vols.

BUMGARTNER, LOUIS E., ed. "The Attempted Assassination of Honduran President Dionisio de Herrera, November 3, 1826," Hispanic American Historical Review, XLII, 1962.

- "Documentos de la independencia de Guatemala," Antropología e Historia de Guatemala, XIII, 1961.

- "José del Valle's Unfinished 'Diario de mi viaje de Guatemala a México en 1822,' " The Americas, XVIII, 1961.

BUSTAMANTE, CARLOS MARÍA. Diario histórico de México. Zacatecas, 1896.

- Historia del Emperador D. Agustín de Iturbide hasta su muerte, y sus consequencias; y establecimiento de la república popular federal. Mexico, 1846.

COSTA RICA. Revista de los Archivos Nacionales de Costa Rica. 1936.

DÍAZ DEL CASTILLO, BERNAL. The True History of the Conquest of New Spain. Editado por Genaro García. Traducido por Alfred Percival Maudslay. Londres, 1908-1916. 5 vols.

DUNN, HENRY. Guatimala [sic], or the Republic of Central America, in 1827-8; Being Sketches and Memorandums Made During a Twelve-Month's Residence. Londres, 1829.

DURON, ROMULO, ed. Obras de Don José Cecilio del Valle. Tegucigalpa, 1906.

ESPAÑA. Constitución Política de la Monarquía Española. Cádiz, 1812.

- Recopilación de las leyes de los reynos de las Indias. Madrid, 1791. 3 vols.

FILÍSOLA, VICENTE. La cooperación de México en la independencia de Centro América (Documentos inéditos o muy raros para la historia de México, XXXVI). México, 1911.

GARCÍA GRANADOS, MIGUEL. Memorias del General Miguel García Granados (Biblioteca de Cultura Popular, XXXVII, XXXVIII, XXXIX, XL). Ciudad de Guatemala, 1952. 4 vols.

GUATEMALA. Boletín del Archivo General del Gobierno.

- Constitución de la República Federal de Centro-América. Ciudad de Guatemala, 22 de noviembre de 1824.

- Escritos de Pedro Molina (Colección Documentos, X, XI, XII). Ciudad de Guatemala, 1954. 3 vols.

- Instrucciones para la constitución fundamental de la monarquia española y su gobierno de que ha de tratarse en las próximas cortes generales de la nación. Guatemala City, 1953.

- Junta publica de la Real Sociedad Económica de la Patria de Guatemala. Ciudad de Guatemala, 1796.

"Guatemala, hace ciento catorce años. Informe (inédito hasta ahora) del ministro tesorero de las reales cajas de Guatemala, acerca del estado deficiente del erario antes y después de 15 de septiembre de 1821," Anales de la Sociedad de Geografía E Historia de Guatemala, XII, septiembre de 1935.

HAEFKENS, J. Centraal Amerika, uit cen Geschliedkundig, Aardrijkskundig en Statistiek Oogpunt Beschouwd. Dordrecht, 1832.

HUMPHREYS, R. A., ed. British Consular Reports on the Trade and Politics of Latin America. Londres, 1940.

ITURBIDE AGUSTÍN DE. Breve diseño critico de la emancipación y libertad de la nación mexicana y de las causas que influyeron en sus más ruidosos sucesos, acaecidos desde el grito de

Iguala hasta la espantosa muerte del libertador en la villa de Padilla. México, 1827.

JUARROS, DOMINGO. Compendio de la historia de la Ciudad de Guatemala. Ciudad de Guatemala, 1937. 2 vols.

LANNING, JOHN TATE, ed. Dr. Narciso Esparragosa y Gallardo (Colección Historia, II). Caracas, 1953.

- Reales cédulas de la Real y Pontificia Universidad de San Carlos de Guatemala. Ciudad de Guatemala, 1954.

LAVAGNINO, FRANCISCO. "Guatemala," New Monthly Magazine, XIV, 1825.

LEÓN PINELO, ANTONIO DE. Tratado de confirmaciones de encomiendas, oficios, i casos, en que se requieren para las Indias Occidentales. Madrid, 1630. 2 vols.

LOPEZ DE VELASCO, JUAN. Geografía y descripción universal de las Indias. Madrid, 1894.

MANNING, WILLIAM R., ed. Diplomatic Correspondence Concerning the Independence of the Latin-American Nations. Nueva York, 1925. 3 vols.

MARURE, ALEJANDRO. Bosquejo histórico de las revoluciones de Centro América desde 1821 hasta 1834. Ciudad de Guatemala, 1877. 2 vols.

- Efemérides de los hechos notables acaecidos en la república desde el año de 1821 hasta el de 1842. Ciudad de Guatemala, 1844.

MATEOS, JUAN A., ed. Historia parlamentaria de los congresos mexicanos de 1821 a 1857. México, 1877-1912. 25 vols.

MEDINA, JOSÉ TORIBIO. La imprenta en Guatemala (1660-1821). Santiago, Chile, 1910.

MÉXICO. Colección de órdenes y decretos de la soberana Junta Provisional Gubernativa, y soberanos congresos generales de la nación mexicana. México, 1829. 2 vols.

- Documentos para la historia de la guerra de independencia (Publicaciones del Archivo General de la Nación, XXIII). México, 1933.

MOLINA, PEDRO. "Memorias acerca de la revolución de Centro América, desde el año de 1820 hasta el de 1840," Centro-Americano, XIII, 1921.

MONTUFAR Y CORONADO, MANUEL. Memorias para la historia de la revolución de Centro América. Ciudad de Guatemala, 1934.

PECCHIO, GIUSEPPE DE. "Bosquejo de la República de Centro-América," Anales de la Sociedad de Geografía E Historia de Guatemala, XXV, 1951.

PINEDA, JUAN DE. "Descripción de la provincia de Guatemala, año 1594," Relaciones históricas y geográficas de América Central (Colección de Libros y Documentos Referentes a la Historia de América, VIII). Madrid, 1908.

- "Relación de los ejercicios literarios, grados, títulos, y méritos patrióticos de Don José Cecilio del Valle, Auditor Honorario de Guerra del ejército y provincia de Guatemala." Revista del Archivo y de la Biblioteca Nacional de la República de Honduras, I, 1905.

THOMPSON, G. A. Narrative of an Official Visit to Guatemala from Mexico. Londres, 1829.

TORRES LANZAS, PEDRO, ed. Independencia de América, fuentes para su estudio. Catálogo de documentos conservados en el Archivo General de Indias de Sevilla. Madrid, 1912. 6 vols.

VALENZUELA, GILBERTO. La imprenta en Guatemala. Ciudad de Guatemala, 1933.

VALLADARES RODRÍGUEZ, JUAN, ed. El pensamiento económico de José Cecilio del Valle. Tegucigalpa, 1958.

VALLE, JOSÉ DEL, Y JORGE DEL VALLE MATHEU, eds. Obras de José Cecilio del Valle. Ciudad de Guatemala, 1929-1930. 2 vols.

VALLE, RAFAEL HELIODORO, ed. La anexión de Centro América a México (Archivo Histórico Diplomático Mexicano, Series I, nos. 11, 24, 40; Series II, nos. 2, 3). México, 1924-1946. 5 vols.

- Cartas de Bentham a Valle. México, 1942.

- Valle (El Pensamiento de América, X). México, 1943.

VÁZQUEZ DE ESPINOSA, ANTONIO. Compendium and Description of the West Indies. Traducido por Charles Upson Clark (Smithsonian Miscellaneous Collection, CII). Washington, 1942.

WEBSTER, C. K., ed. Britain and the Independence of Latin America 1812-1830. Select Documents from the Foreign Office. Londres, 1938. 2 vols.

WILSON, JAMES. A Brief Memoir of the Life of James Wilson (Late of Edinburgh) with Extracts from His Journal and Correspondence, Written Chiefly During a Residence in Guatemala, the Capital of Central America. Londres, 1829.

ZAVALA, LORENZO DE. Ensayo histórico de las revoluciones desde 1808 hasta 1830. París, 1831. 2 vols.

DOCUMENTOS IMPRESOS CON UNA CLASIFICACIÓN ARCHIVÍSTICA

A1.1, 56930, 6921. El Presidente, Gobernador y Capitán General de Guatemala, Teniente General de la Real Armada D. José de Bustamante a todas las autoridades y habitantes del reyno de su mando. Ciudad de Guatemala, 13 de abril de 1811.

A1.1, 57305, 6931. Un americano contradice el sistema de independencia de la América a que inclina el diálogo de Cortés y el Conde de la Cadena, publicado en el periódico Constitucional de Guatemala, con objeto de satisfacer a los españoles europeos que no es pensamiento de lo general de los pueblos americanos sino de cuatro necios ingratos preciados de políticos, cuando no son más que verdaderos insurgentes. Ciudad de Guatemala, 23 de febrero de 1821.

A1.3-12, 12813, 1927. Propositiones de rebus naturalibus defendenae a D. Josepho Cecilio del Valle. Ciudad de Guatemala, 1794.

A1.38.3.4, 22150, 2646. Instrucción sobre la plaga de langosta; medios de exterminarla, o de disminuir sus efectos; y de precaver la escasez de comestibles. Ciudad de Guatemala, 1804.

B5.8, 2037, 72. Estado que manifiesta el escrutinio de votos populares, practicado por el congreso en la sesión 20 de abril de 1825 para la elección de presidente de la república, expresando las juntas electorales de los partidos, el número de sufragios correspondiente a cada uno de ellos, y los sujetos que los obtuvieron. Ciudad de Guatemala, 26 de mayo de 1825.

B88.9, 4747, 189. Juicio sobre la primera elección constitucional de presidente de la república que ha hecho el congreso. Ciudad de Guatemala, 16 de mayo de 1825.

DOCUMENTOS IMPRESOS EN LA BIBLIOTECA NACIONAL DE GUATEMALA, COLECCIÓN VALENZUELA

Discurso del Gobierno Supremo de Guatemala sobre la renta de tabaco leído en la Asamblea el día 11 de octubre de 1824. Ciudad de Guatemala, 1824.

Informe del Supremo Poder Ejecutivo de Centro-América sobre San Salvador y la pacificación de Nicaragua. Ciudad de Guatemala, 11 de agosto de 1824. (El título correcto de este panfleto se ha extraviado.)

AUTORIDADES PUBLICADAS

AZNAR LOPEZ, JOSÉ. El Doctor Don José de Flores: una vida al servicio de la ciencia. Ciudad de Guatemala, 1960.

BANCROFT, HUBERT HOWE. History of Central America. Nueva York, 1883-1887, 3 vols.

- History of Mexico. Nueva York, 1888. 6 vols.

BATRES JAUREGUI, ANTONIO. La América Central ante la

historia. Ciudad de Guatemala, 1915-1949. 3 vols.

BENSON, NETTIE LEE. "Servando Teresa de Mier, Federalist," Hispanic American Historical Review, XXVIII, 1948.

CHAMORRO, PEDRO JOAQUÍN. Historia de la federación de la América Central, 1823-1840. Madrid, 1951.

CHAPMAN, CHARLE5 E. A History of Spain. New York, 1918.

CHINCHILLA AGUILAR, ERNESTO. La inquisición en Guatemala. Ciudad de Guatemala, 1953.

CID FERNANDEZ, ENRIQUE DEL. Don Gabino de Gaínza y otros estudios. Ciudad de Guatemala, 1959.

CONTRERAS, J. DANIEL. Una rebelión indígena en el partido de Totonicapán en 1820. El Indio y la independencia. Ciudad de Guatemala, 1951.

DELCADO; JAIME, España y México en el siglo XIX. Madrid, 1950. 3 vols.

DUHEM, PIERRE. The Aim and Structure of Physical Theory. Princenton, 1954.

DURÓN, RÓMULO, ed. "Primer centenario de la muerte de Don Dionisio de Herrera -vida, hechos, y escritos del prócer," Revista del Archivo y de la Biblioteca Nacional de la República de Honduras, XXVIII, 1950.

- "José Cecilio del Valle," Bulletin of the Pan American Union, LXIX, 1935.

FERNÁNDEZ GUARDIA, R. "La independencia: una gran sorpresa," Revista de los Archivos Nacionales de Costa Rica, IV, 1940.

FLOYD, TROY S. "The Guatemalan Merchants, the Government, and the Provincianos, 1750-1800," Hispanic American Historical Review, XLI, 1961.

GÁNDARA DURÁN, CARLOS. Pedro Molina. Ciudad de Guatemala, 1936.

GAVIDIA, FRANCISCO. Historia moderna de El Salvador. San

Salvador, 1918.

GUATEMALA. Noticia biográfica del Señor D. Manuel Francisco Pavón, Consejero de Estado y Ministro de lo Interior del gobierno de la República de Guatemala. Ciudad de Guatemala, 1855.

GUILLÉN, FLAVIO. Un fraile prócer y una fábula poema (estudio acerca de Fray Matías de Córdova). Ciudad de Guatemala, 1932.

HERR, RICHARD. The Eighteenth-Century Revolution in Spain. Princeton, 1958.

HOLLERAN, MARY P. Church and State in Guatemala. Nueva York, 1949.

JONES, CHESTER LLOYD. Guatemala Past and Present. Minneapolis, 1940.

KENYON, GORDON. "Gabino Gaínza and Gentral America's Independence from Spain," The Americas, XIII, 1957.

LAMADRID, LÁZARO. Una figura centroamericana, Dr. Fr. José Liendo y Goicoechea, O.F.M. San Salvador, 1948.

LANNING, JOHN TATE. The Eighteenth-Century Enlightenment in the University of San Carlos de Guatemala. Ithaca, Nueva York, 1956.

- The University in the Kingdom of Guatemala. Ithaca, Nueva York, 1955.

- "La recepción, en la América española con especial referencia a Guatemala, de la ilustración del siglo XVIII," Anales de la Sociedad de geografía E Historia de Guatemala, XXI, 1946.

LARDÉ Y LARÍN JORGE. "Orígenes de la villa de Choluteca," Revista del Archivo y de la Biblioteca Nacional de Honduras, XXIV, 1946.

LECUNA, VICENTE. Crónica razonada de las guerras de Bolívar. Nueva York, 1950. 3 Vols.

LEONARD, IRVING A. Books of the Brave, Being an Account of Books and of Men in the Spanish Conquest and Settlement of the

Sixteenth-Century New World. Cambridge, Massachusetts, 1949.

LEVENE, RICARDO. Historia de la nación argentina (desde los orígenes hasta la organización definitiva en 1862). Buenos Aires, 1936-1941. 10 vols.

LEYTON RODRÍGUEZ, RUBÉN. Valle, padre del panamericanismo. Tegucigalpa, 1955.

MACH, ERNST. The Science of Mechanics, a Critical and Historical Account of Its Development. Londres, 1942.

MARTÍNEZ DURÁN, CARLOS. "La Sociedad Económica de Amigos de Guatemala," Universidad de San Carlos, XXVI, 1952.

MAYES, GUILLERMO. Honduras en la independencia de Centro América y anexión a México. Tegucigalpa, 1956.

MONTES, ARTURO HUMBERTO. Morazán y la federación centro-americana. México, 1958.

MONTÚFAR, LORENZO. Reseña histórica de Centro América. Ciudad de Guatemala, 1878-1888. 7 Vols.

MORENO, LAUDELINO. "Guatemala y la invasión napoleónica de España," Anales de la Sociedad de Geografía E Historia de Guatemala, VII, 1930.

- "Independencia de la Capitanía General de Guatemala," Asociación Española para el Progreso de la Ciencia de Cádiz. Madrid, 1927.

NAYLOR, ROBERT A. "The British Role in Central America Prior to the Clayton-Bulwer Treaty of 1850," Hispanic American Historical Review, XL, 1960.

OTS CAPDEQUÍ, JOSÉ MARÍA. Instituciones sociales de la América española en el período colonial. La Plata, Argentina, 1934.

PARDO, J. JOAQUÍN, ed. Bibliografía del Doctor Pedro Molina (Colección Documentos, XVI). Ciudad de Guatemala, 1954.

PARKER, FRANKLIN DALLAS. José Cecilio del Valle and the Establishment of the Central American Confederation. Tegucigalpa, 1954.

- "José Cecilio del Valle: Scholar and Patriot," Hispanic

American Historical Review, XXXII, 1952.

PARRY, J. H. "The Sale of Public Offices in the Spanish Indies under the Hapsburgs," Ibero-Americano, XXXVII, 1953.

PÉREZ CADALSO, ELISEO. Valle, apóstol de América. Tegucigalpa, 1954.

PRIESTLEY, HERBERT INGRAM. The Mexican Nation, a History. Nueva York, 1924.

REINA VALENZUELA, JOSÉ. José Cecilio del Valle y las ciencias naturales. Tegucigalpa, 1946.

ROBERTSON, WILLIAM SPENCE. Iturbide of Mexico. Durham, North Carolina, 1952.

RODRÍGUEZ BETETA, VIRGILIO. Evolución de las ideas. París, 1929.

ROSA, RAMÓN. José Cecilio del Valle (Obras de José Cecilio del Valle. Editado por José del Valle y Jorge del Valle Matheu.) Ciudad de Guatemala, 1929-1930. 2 vols.

SALAZAR, RAMÓN A. Desenvolvimiento intelectual de Guatemala. Ciudad de Guatemala, 1897.

- Historia de veintiún años; la independencia de Guatemala. Ciudad de Guatemala, 1928.

- Mariano Aycinena (Biblioteca de Cultura Popular, XXII). Ciudad de Guatemala, 1948.

SAMAYOA GUEVARA, HÉCTOR HUMBERTO. La enseñanza de la historia en Guatemala (desde 1832 hasta 1852). Ciudad de Guatemala, 1959.

- Implantación del régimen de intendencias en el Reino de Guatemala. Ciudad de Guatemala, 1960.

SHAFER, ROBERT JONES. The Economic Societies in the Spanish World (1763-1821). Syracuse, Nueva York, 1958.

SIMPSON, LESLEY BYRD. Many Mexicos. Berkeley, California, 1952.

SMITH, ROBERT S. "Indigo Production and Trade in Colonial Guatemala," Hispanic American Historical Review, XXXIX, I959.

- "Origins of the Consulado of Guatemala," Hispanic American Historical Review, XXVI, 1946.

- "The Wealth of Nations in Spain and Hispanic America," The Journal of Political Economy, LXV, 1957.

SOLÓRZANO FERNÁNDEZ, VALENTÍN. Historia de la evolución económica de Guatemala. México, 1947.

SOTO HALL, M. "Dos grandes apóstoles del panamericanismo: Bernardo Monteagudo y José Cecilio del Valle," Anales de la Sociedad de Geografía E Historia de Guatemala, III, 1926-1927.

TOBAR CRUZ, PEDRO. Valle, el hombre, el político, el sabio. Ciudad de Guatemala, 1961.

TOWNSEND EZCURRA, ANDRÉS. Fundación de la república. Ciudad de Guatemala, 1958.

- "Monteagudo en Guatemala," Ateneo, I, 1953.

VALLE, RAFAEL HELIODORO, ed. Oro de Honduras. Antología de Ramón Rosa. Tegucigalpa, 1948.

VELA, DAVID. Barrundia ante el espejo de su tiempo. Ciudad de Guatemala, 1956. 2 vols.

VILLACORTA, J. ANTONIO. Historia de la Capitanía General de Guatemala. Ciudad de Guatemala, 1942.

WILLIAMS, MARY WILHELMINE. "The Ecclesiastical Policy of Francisco Morazán and the Other Central American Liberals," Hispanic American Historical Review, III, 1920.

WOLF, ABRAHAM. A History of Science, Technology, and Philosophy in the Sixteenth and Seventeenth Centuries. Nueva York, 1935.

WOODRUFF, L. L., ed. The Development of the Sciences. New Haven, Connecticut, 1941.

ZAMOCOIS, NICETO DE. Historia de Méjico desde sus tiempos más remotos hasta nuestros días. México, 1879-1888. 18 vols.

ZAMORA CASTELLANOS, PEDRO. El grito de independencia. Ciudad de Guatemala, 1935.

AUTORIDADES INÉDITAS

FIELD, HAROLD BOND. "The Central-American Federation, a Political Study, 1826-1839." Disertación doctoral inédita, Universidad de Chicago, 1942.

LANNING, JOHN TATE. "Grados académicos en el Reino de Guatemala." Manuscrito inédito.

STANGER, FRANCIS MERRIMAN. "The Struggle for Nationality in Central America." Disertación doctoral inédita, Universidad de California, 1930.

SZASDI, ADAM MATTHIAS. "The Career of Nicholas Raoul in Central America." Tesis de maestría inédita, Universidad de Tulane, 1954.

PERIÓDICOS

El Amigo de la Patria. Ciudad de Guatemala, 1820-1822.

Boletín Oficial. Ciudad de Guatemala, 1831-1832.

El Editor Constitucional. Ciudad de Guatemala, 1820-1821.

Gaceta de Gobierno. Ciudad de Guatemala, 1824.

Gaceta del Gobierno Imperial de México. Ciudad de México, 1823.

Gazeta de Guatemala. Ciudad de Guatemala, 1804-1809.

El Genio de la Libertad. Ciudad de Guatemala, 1821.

Periódico de la Sociedad Económica de Guatemala. 1815-1816.

El Redactor General. Ciudad de Guatemala, 1825-1826.

El Sol. Ciudad de México, 1823.